NCS 시리즈는?

스펙 쌓기 경쟁은 과열되고 취업의 벽은 점점 높아지는데…

NCS까지 대비하기에는 시간이 턱없이 부족하시죠?

그래서 시스컴이 야심차게 준비한

NCS 3일 벼락치기 시리즈!

태블릿 PC나 좀 큰 스마트폰과 유사한 그립감을 주는

작은 크기와 **얇은 두께**로 휴대성을 살렸지만

꽉 찬 구성으로, **효율성은 UP↑ 공부 시간은 DOWN↓**

3일의 투자로 최고의 결과를 노리는

3일 벼락치기 NCS 직업기초능력평가 6권 시리즈

간편하게
꺼내 푸는
내 손안의 NCS
직업기초능력평가
3일
벼락치기
NCS 직업기초능력평가
한국전력공사
한국가스공사
근로복지공단
LH 한국토지주택공사
우리은행
KB 국민은행
시스컴
SISCOM
www.siscom.co.kr

NCS 필기시험대비

3일 벼락치기

타임 NCS 연구소

우리은행

3일 벼락치기

우리은행

인쇄일 2020년 8월 1일 초판 1쇄 인쇄
발행일 2020년 8월 5일 초판 1쇄 발행
등　록 제17-269호
판　권 시스컴2020

ISBN 979-11-6215-525-7 13320
정　가 10,000원

발행처 시스컴 출판사
발행인 송인식
지은이 타임 NCS 연구소

주소 서울시 양천구 목동동로 233-1, 1007호(목동, 드림타워) | **홈페이지** www.siscom.co.kr
E-mail master@siscom.co.kr | **전화** 02)866-9311 | **Fax** 02)866-9312

발간 이후 발견된 정오 사항은 시스컴 홈페이지 도서 정오표에서 알려드립니다(시스컴 홈페이지→학습 자료실→도서 정오표).

머리말

NCS(국가직무능력표준, 이하 NCS)는 현장에서 직무를 수행하기 위해 요구되는 능력을 국가적 차원에서 표준화한 것으로 2015년부터 공공기관을 중심으로 본격적으로 실시되었습니다. NCS는 2016년 이후 산하기관을 포함한 약 600여 개의 공공기관으로 확대 실시되고, 이중 필기시험은 직업기초능력을 평가합니다.

NCS는 기존의 스펙위주의 채용과정을 줄이고자 실제로 직무에 필요한 능력을 위주로 평가하여 인재를 채용하겠다는 국가적 방침입니다. 기존의 공사 · 공단 등의 적성검사는 NCS 취지가 반영된 형태로 변하고 있기 때문에 변화하는 양상에 맞추어 시험을 준비해야 합니다.

필기시험의 내용으로 대체되는 직업기초능력은 총 10개 과목으로 출제기관마다 이 중에서 대략 5~6개의 과목을 선택하고 시험을 치르며 주로 의사소통능력, 수리능력, 문제해결능력을 선택합니다.

본서는 은행권 대비 수험서로, 직업기초능력을 NCS 공식 홈페이지의 자료로 연구하여 필요한 이론을 요약 정리하여 수록하였고, 실전 모의고사를 통해 학습자의 실력을 스스로 확인해 볼 수 있게 준비하였습니다.

예비 은행권 종사자들에게 아름다운 합격이 함께하길 기원하겠습니다.

타임 NCS 연구소

1 NCS(기초직업능력평가)란 무엇인가?

1. 표준의 개념

국가직무능력표준(NCS.national competency standards)은 산업현장에서 직무를 수행하기 위해 요구되는 지식 · 기술 소양 등의 내용을 국가가 체계화한 것으로 산업현장의 직무를 성공적으로 수행하기 위해 필요한 능력(지식, 기술, 태도)을 국가적 차원에서 표준화한 것을 의미합니다.

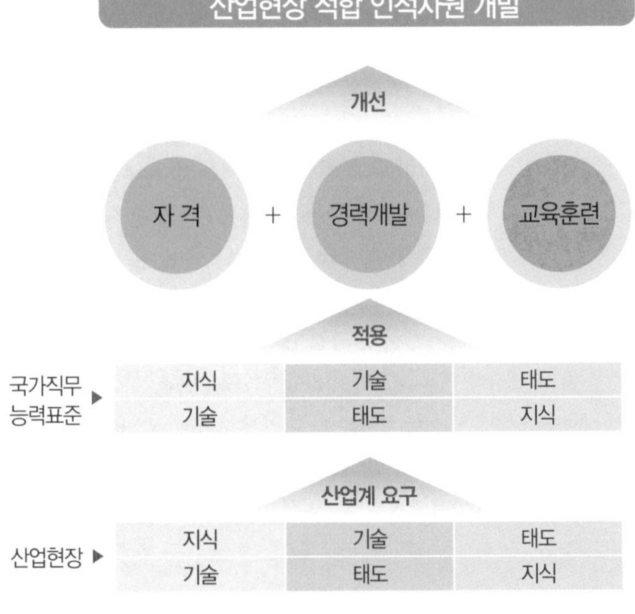

〈국가직무능력표준 개념도〉

2. 표준의 특성

| 한 사람의 근로자가 해당 직업 내에서 소관 업무를 성공적으로 수행하기 위하여 요구되는 실제적인 수행 능력을 의미합니다.

- 직무수행능력 평가를 위한 최종 결과의 내용 반영
- 최종 결과는 '무엇을 하여야 한다' 보다는 '무엇을 할 수 있다'는 형식으로 제시

| 해당 직무를 수행하기 위한 모든 종류의 수행능력을 포괄하여 제시합니다.

- **직업능력** : 특정업무를 수행하기 위해 요구되는 능력
- **직업관리 능력** : 다양한 다른 직업을 계획하고 조직화하는 능력
- **돌발상황 대처능력** : 일상적인 업무가 마비되거나 예상치 못한 일이 발생했을 때 대처하는 능력
- **미래지향적 능력** : 해당 산업관련 기술적 및 환경적 변화를 예측하여 상황에 대처하는 능력

| 모듈(Module)형태의 구성

- 한 직업 내에서 근로자가 수행하는 개별 역할인 직무능력을 능력단위(unit)화하여 개발
- 국가직무능력표준은 여러 개의 능력단위 집합으로 구성

| 산업계 단체가 주도적으로 참여하여 개발

- 해당분야 산업별인적자원개발협의체(SC), 관련 단체 등이 참여하여 국가직무능력표준 개발

- 산업현장에서 우수한 성과를 내고 있는 근로자 또는 전문가가 국가직무능력표준 개발 단계마다 참여

3. 표준의 활용 영역

- 국가직무능력표준은 산업현장의 직무수요를 체계적으로 분석하여 제시함으로써 '일-교육 · 훈련-자격'을 연결하는 고리 즉 인적자원개발의 핵심 토대로 기능

〈국가직무능력표준의 기능〉

- 국가직무능력표준은 교육훈련기관의 교육훈련과정, 직업능력개발 훈련기준 및 교재 개발 등에 활용되어 산업수요 맞춤형 인력양성에 기여합니다. 또한, 근로자를 대상으로 경력개발, 경로개발, 직무기술서, 채용 · 배치 · 승진 체크리스트, 자가진단도구로 활용 가능합니다.
- 한국산업인력공단에서는 국가직무능력표준을 활용하여 교육훈련과정, 훈련기준, 자격종목 설계, 출제기준 등 제 · 개정 시 활용합니다.
- 한국직업능력개발원에서는 국가직무능력표준을 활용하여 전문대학 및 마이스터고 · 특성화고 교과과정을 개편합니다.

2 NCS 구성

능력단위

- 직무는 국가직무능력표준 분류체계의 세분류를 의미하고, 원칙상 세분류 단위에서 표준이 개발됩니다.
- 능력단위는 국가직무능력표준 분류체계의 하위단위로서 국가직무능력표준의 기본 구성요소에 해당됩니다.

〈국가직무능력표준 능력단위 구성〉

- 능력단위는 능력단위분류번호, 능력단위정의, 능력단위요소(수행준거, 지식 · 기술 · 태도), 적용범위 및 작업상황, 평가지침, 직업기초능력으로 구성

구성항목	내 용
1. 능력단위 분류번호 (Competency unit code)	– 능력단위를 구분하기 위하여 부여되는 일련번호로서 14자리로 표현
2. 능력단위명칭 (Competency unit title)	– 능력단위의 명칭을 기입한 것
3. 능력단위정의 (Competency unit description)	– 능력단위의 목적, 업무수행 및 활용범위를 개략적으로 기술
4. 능력단위요소 (Competency unit element)	– 능력단위를 구성하는 중요한 핵심 하위능력을 기술
5. 수행준거 (Performance criteria)	– 능력단위요소별로 성취여부를 판단하기 위하여 개인이 도달해야 하는 수행의 기준을 제시
6. 지식 · 기술 · 태도 (KSA)	– 능력단위요소를 수행하는 데 필요한 지식 · 기술 · 태도
7. 적용범위 및 작업상황 (Range of variable)	– 능력단위를 수행하는 데 있어 관련되는 범위와 물리적 혹은 환경적 조건 – 능력단위를 수행하는 데 있어 관련되는 자료, 서류, 장비, 도구, 재료
8. 평가지침 (Guide of assessment)	– 능력단위의 성취여부를 평가하는 방법과 평가 시 고려되어야 할 사항
9. 직업기초능력 (Key competency)	– 능력단위별로 업무 수행을 위해 기본적으로 갖추어야 할 직업능력

구성과 특징

핵심이론

NCS 직업기초능력평가를 준비하기 위해 각 기업이 선택한 영역에 대한 핵심이론을 요약하여 수록하였다.

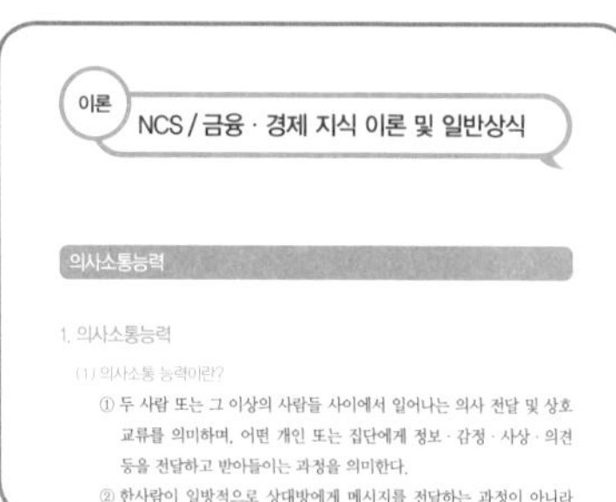

이론 NCS / 금융 · 경제 지식 이론 및 일반상식

의사소통능력

1. 의사소통능력

(1) 의사소통 능력이란?

① 두 사람 또는 그 이상의 사람들 사이에서 일어나는 의사 전달 및 상호 교류를 의미하며, 어떤 개인 또는 집단에게 정보 · 감정 · 사상 · 의견 등을 전달하고 받아들이는 과정을 의미한다.

② 한사람이 일방적으로 상대방에게 메시지를 전달하는 과정이 아니라

기출유형문제

최신 출제 경향을 최대 반영한 실전모의고사 형태의 대표유형 문제들을 수록하여 학습을 마무리한 후 최종점검을 할 수 있도록 하였다.

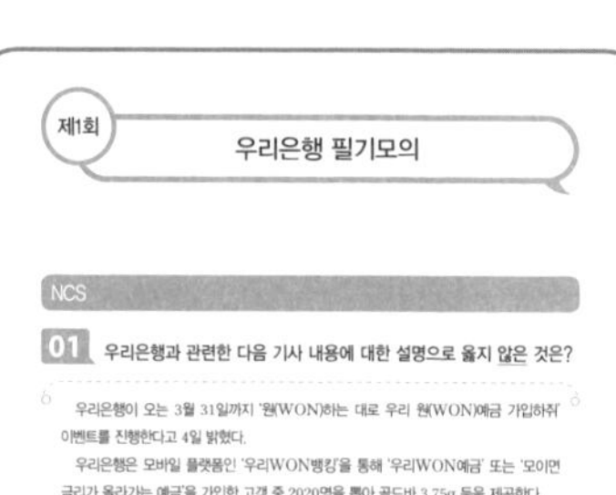

제1회 우리은행 필기모의

NCS

01 우리은행과 관련한 다음 기사 내용에 대한 설명으로 옳지 않은 것은?

우리은행이 오는 3월 31일까지 '원(WON)하는 대로 우리 원(WON)예금 가입하쥐' 이벤트를 진행한다고 4일 밝혔다.

우리은행은 모바일 플랫폼인 '우리WON뱅킹'을 통해 '우리WON예금' 또는 '모이면 금리가 올라가는 예금'을 가입한 고객 중 2020명을 뽑아 골드바 3.75g 등을 제공한다.

WON예금은 만기해지 시점에 신규 가입일 당시의 예금 기본금리와 같은 금리를 추가로 제공하는 게 특징인 상품이지만 계약기간이 끝나기 전에 중도해지하면 적용되지 않는다.

정답 및 해설

이론을 따로 참고하지 않아도 명쾌하게 이해할 수 있도록 상세한 설명과 오답해설을 함께 수록하여 학습한 내용을 체크하고 시험에 완벽히 대비할 수 있도록 하였다.

ⓒ 총 주문금액은 23,000원이며, '조건 2'를 고려하지 않는다면 총 주문금액은 22,000원이다.

ⓒ B가게가 휴업한 경우 총 주문금액은 달라지게 된다.

① ㉠ ② ㉡

③ ㉠, ㉡ ④ ㉡, ㉢

정답해설 ㉠ 〈조건〉에 따라 주문금액의 총 합계가 최소가 되도록 주문해야 한다. A가게의 배달가능 최소금액은 10,000원이 되므로, 두 가지의 치킨을 주문해야 하는데, 치킨 가격의 구성상 이 경우는 〈조건〉을 만족할 수 없으므로 A가게에서는 주문할 수 없다.

㉡ 〈조건〉을 모두 만족시키는 조합은 C가게에서 프라이드와 양념치킨을 주문하고 D가게에서 간장치킨을 주문하는 조합과, C가게에서 프라이드와 간장치킨을 주문하고 B 또는 C가게에서 양념치킨을 주문하는 조합이 되며, 이 조합의 경우 총 주문금액은 모두 '23,000원'이 된다. '조건 2(동일한 가게에 세 마리를 주문하지 않는다)'를 고려하지 않는다면, C가게에서 모두 주문하는 것이 총 주문가격이 가장 낮은 경우이며, 이 경우 총 주문가격은 '22,000원'이 된다.

오답해설 ㉢ B가게가 휴업한 경우도 ㉡의 세 조합 중 두 조합으로 주문할 수 있으므로, 이 경우 총 주문금액은 달라지지 않는다.

차 례

1 day NCS/금융 · 경제 지식 이론 및 일반상식

2 day 우리은행 필기모의 1회

3 day 우리은행 필기모의 2회

1.지원자격

- 학력, 연령, 성별 제한 없음
- 병역필 또는 면제자
- 외국인의 경우 한국 내 취업에 결격사유가 없는 자

2.지원부문

구분	주요업무	채용인원
디지털	• AI 기반 사업 기획/모델링 • 블록체인 활용 금융서비스 개발 • 빅데이터 기반 데이터 분석/데이터 엔지니어링 • 효율적인 빅데이터 분석을 위한 머신러닝, 딥러닝 기술 지원 • 비대면채널 마케팅 전략 수립/상품개발 • 모바일서비스 정책 및 개발요건 수립	00명
IT	• IT전략 수립/추진 및 IT서비스 투자 기획 • IT업무지원을 위한 IT프로젝트의 지원, 통제 • IT/정보보호 관련 전략 수립 및 상품서비스 전산개발 지원 • 비대면채널, 플랫폼, 핀테크, IT 등 관련 상품 · 서비스 개발 • IT서비스 품질관리 정책 및 점검 • IT인프라 관리 통제, 자원 및 가용성 관리 업무	00명
IB	• M&A 인수금융 • 항공기선박금융 • 부동산PF • 혁신성장금융 • 글로벌PF • 구조화금융 • 지분투자 • 글로벌신디케이션 • 발전에너지금융	00명
자금	• 자금/유동성 관리 • 지급준비금 및 예치금 관리 • 채권발행 • 유가증권 운용 • FX/파생상품 트레이딩 • 자금결제업무	00명

3. 우대사항

- 「국가유공자 등 예우 및 지원에 관한 법률」에 의한 취업지원대상자
- 「장애인 고용촉진 및 직업재활법」에 의한 장애인 또는 상이등급이 기재된 국가유공자증명서 소지자
- 공인 어학성적 보유자
  - 영어 : TOEIC, TOEIC Speaking, TOEFL(IBT), OPIc, New TEPS, IELTS
  - 중국어 : 新HSK, OPIc

4. 전형절차

서류전형 → 필기전형 → 직무면접 → 인성검사 및 임원면접 → 합격자발표 → 건강검진

※ 건강검진 결과가 업무수행에 지장을 줄 위험이 있는 상태로 판단될 경우 합격 취소

5. 시험과목

구분	영역	문항수	시간
NCS 직업기초능력평가	• 의사소통능력 • 수리능력 • 문제해결능력 • 조직이해능력	80문항	80분
일반상식	• 금융상식 • 시사상식	20문항	40분
경제/금융	• 미시/거시경제 • 금융/국제금융	20문항	

6.제출서류

- 최종학교 졸업(예정)증명서 원본(석 · 박사학위 이상 소지자는 학부 포함)
- 최종학교 성적증명서 원본(석 · 박사학위 이상 소지자는 학부 포함)
- 주민등록등본 원본(성별 무관 필수 제출, 병역사항 이행자의 경우 병역내역 포함하여 발급)
- 기본증명서 원본
- 반명함판(3×4) 사진 1매

※ 제출서류는 직무면접 합격자에 한해 임원면접 참석 시 제출 예정
※ 모든 서류는 발급 소요기간을 충분히 고려하여 사전 준비 요망
※ 모든 서류(최근 3개월 이내 발급분)는 주민등록번호 뒷자리 미표기로 발급 혹은 삭제 후 제출
※ 원본 제출서류들은 사본 또는 팩스본 인정 불가

7.기타안내

- 청탁 등 부정행위를 통해 합격한 사실이 확인된 경우 취소 또는 면직될 수 있고 향후 5년간 응시가 제한될 수 있습니다.
- 졸업예정자는 반드시 해당기간 내에 졸업해야 학위가 인정되며, 졸업하지 못할 경우 합격 및 채용이 취소됩니다.
- 신입행원 연수 및 수습기간에 연수/근무평가가 불량하거나 업무능력이 부족하다고 판단될 경우 합격 및 채용이 취소됩니다.
- 예정된 신입행원 연수일정에 불참 시 합격 및 채용이 취소됩니다.
- 외국인의 경우 VISA 취득 등 한국 내 취업에 결격사유가 있을 시 합격 및 채용이 취소됩니다.
- 제출한 서류는 최종합격자 발표 후 불합격자 및 연수 미참가자에 한하여 14일 이내에 반환청구 가능합니다.

NCS / 금융 · 경제 지식 이론 및 일반상식

NCS / 금융 · 경제 지식 이론 및 일반상식

의사소통능력

1. 의사소통능력

(1) 의사소통 능력이란?

① 두 사람 또는 그 이상의 사람들 사이에서 일어나는 의사 전달 및 상호 교류를 의미하며, 어떤 개인 또는 집단에게 정보 · 감정 · 사상 · 의견 등을 전달하고 받아들이는 과정을 의미한다.

② 한사람이 일방적으로 상대방에게 메시지를 전달하는 과정이 아니라 상대방과의 상호작용을 통해 메시지를 다루는 과정이므로, 성공적인 의사소통을 위해서는 자신이 가진 정보와 의견을 상대방이 이해하기 쉽게 표현해야 할 뿐 아니라 상대방이 어떻게 받아들일 것인가에 대해서도 고려해야 한다.

③ **의사소통의 기능** : 조직과 팀의 효율성과 효과성을 성취할 목적으로 이루어지는 정보 및 지식의 전달 과정으로써, 여러 사람의 노력으로 공동의 목표를 추구해 나가는 집단의 기본적인 존재 기반이자 성과를 결정하는 핵심 기능을 한다.

④ **의사소통의 중요성** : 제각기 다른 사람들의 시각 차이를 좁혀주며, 선입견을 줄이거나 제거해 주는 수단이다.

(2) 의사소통능력의 종류

① **문서적인 측면**

㉠ **문서이해능력** : 업무에 관련된 문서를 통해 구체적인 정보를 획득 · 수집 · 종합하는 능력

ⓛ **문서작성능력** : 상황과 목적에 적합한 문서를 시각적 · 효과적으로 작성하는 능력

② **언어적인 측면**

㉠ **경청능력** : 원활한 의사소통의 방법으로, 상대방의 이야기를 듣고 의미를 파악하는 능력

ⓛ **의사표현력** : 자신의 의사를 상황과 목적에 맞게 설득력을 가지고 표현하는 능력

(3) 바람직한 의사소통을 저해하는 요인

① '일방적으로 말하고', '일방적으로 듣는' 무책임한 마음
→ 의사소통 기법의 미숙, 표현 능력의 부족, 이해 능력의 부족

② '전달했는데', '아는 줄 알았는데'라고 착각하는 마음
→ 평가적이며 판단적인 태도, 잠재적 의도

③ '말하지 않아도 아는 문화'에 안주하는 마음
→ 과거의 경험, 선입견과 고정관념

(4) 의사소통능력 개발법

① 사후검토와 피드백 활용

② 언어의 단순화

③ 적극적인 경청

④ 감정의 억제

2. 문서이해능력

(1) 문서이해능력이란?

① 작업현장에서 자신의 업무와 관련된 인쇄물이나 기호화된 정보 등 필요한 문서를 확인하여 문서를 읽고, 내용을 이해하여 요점을 파악하는 능력이다.

② 문서에서 주어진 문장이나 정보를 읽고 이해하여 자신에게 필요한 행

동이 무엇인지 추론할 수 있어야 하며 도표, 수, 기호 등도 이해하고 표현할 수 있는 능력을 의미한다.

(2) 문서의 종류와 용도

① **공문서** : 정부 행정기관에서 대내외적 공무를 집행하기 위해 작성하는 문서

② **기획서** : 적극적으로 아이디어를 내고 기획해 하나의 프로젝트를 문서 형태로 만들어, 상대방에게 기획의 내용을 전달하고 기획을 시행하도록 설득하는 문서

③ **기안서** : 회사의 업무에 대한 협조를 구하거나 의견을 전달할 때 작성하며 흔히 사내 공문서로 불림

④ **보고서** : 특정한 일에 관한 현황이나 그 진행 상황 또는 연구 · 검토 결과 등을 보고할 때 작성하는 문서

⑤ **설명서** : 상품의 특성이나 사물의 성질과 가치, 작동 방법이나 과정을 소비자에게 설명하는 것을 목적으로 작성하는 문서

⑥ **보도자료** : 정부 기관이나 기업체, 각종 단체 등이 언론을 상대로 자신들의 정보가 기사로 보도되도록 하기 위해 보내는 자료

⑦ **자기소개서** : 개인의 가정환경과 성장과정, 입사 동기와 근무자세 등을 구체적으로 기술하여 자신을 소개하는 문서

⑧ **비즈니스 레터(E-mail)** : 사업상의 이유로 고객이나 단체에 편지를 쓰는 것이며, 직장 업무나 개인 간의 연락, 직접 방문하기 어려운 고객관리 등을 위해 사용되는 문서이나, 제안서나 보고서 등 공식적인 문서를 전달하는 데도 사용된다.

⑨ **비즈니스 메모** : 업무상 필요한 중요한 일이나 앞으로 체크해야 할 일이 있을 때 필요한 내용을 메모 형식으로 작성하여 전달하는 글이다.

(3) 문서 이해의 구체적 절차

① 문서의 목적 이해하기

② 문서가 작성된 배경과 주제 파악하기
③ 문서에 쓰여진 정보를 밝혀내고 문제가 제시하는 현안 파악하기
④ 문서를 통해 상대방의 욕구와 의도 및 나에게 요구하는 행동에 관한 내용 분석하기
⑤ 문서의 목적을 위해 취해야 할 행동을 생각하고 결정하기
⑥ 상대방의 의도를 도표나 그림 등으로 메모하여 요약 · 정리해보기

수리능력

1. 수리능력

(1) 수리능력이란?

직장생활에서 요구되는 사칙연산과 기초적인 통계를 이해하고, 도표 또는 자료(데이터)를 정리 · 요약하여 의미를 파악하거나, 도표를 이용해서 합리적인 의사결정을 위한 객관적인 판단근거로 제시하는 능력이다.

(2) 구성요소

① **기초연산능력**

직장생활에서 필요한 기초적인 사칙연산과 계산방법을 이해하고 활용하는 능력

② **기초통계능력**

직장생활에서 평균, 합계, 빈도와 같은 기초적인 통계기법을 활용하여 자료를 정리하고 요약하는 능력

③ **도표분석능력**

직장생활에서 도표(그림, 표, 그래프 등)의 의미를 파악하고, 필요한 정보를 해석하여 자료의 특성을 규명하는 능력

2. 사칙연산

(1) 사칙연산이란?

수 또는 식에 관한 덧셈(+), 뺄셈(−), 곱셈(×), 나눗셈(÷) 네 종류의 계산법이다. 보통 사칙연산은 정수나 분수 등에서 계산할 때 활용되며, 여러 부호가 섞여 있을 경우에는 곱셈과 나눗셈을 먼저 계산한다.

(2) 수의 계산

구분	덧셈(+)	곱셈(×)
교환법칙	$a+b=b+a$	$a\times b=b\times a$
결합법칙	$(a+b)+c=a+(b+c)$	$(a\times b)\times c=a\times(b\times c)$
분배법칙	$(a+b)\times c=a\times c+b\times c$	

3. 검산방법

(1) 역연산

답에서 거꾸로 계산하는 방법으로 덧셈은 뺄셈으로, 뺄셈은 덧셈으로, 곱셈은 나눗셈으로, 나눗셈은 곱셈으로 바꾸어 확인하는 방법이다.

(2) 구거법

어떤 수를 9로 나눈 나머지는 그 수의 각 자리 숫자의 합을 9로 나눈 나머지와 같음을 이용하여 확인하는 방법이다.

4. 단위환산

(1) 단위의 종류

① **길이** : 물체의 한 끝에서 다른 한 끝까지의 거리 (mm, cm, m, km 등)

② **넓이(면적)** : 평면의 크기를 나타내는 것 (mm^2, cm^2, m^2, km^2 등)

③ **부피** : 입체가 점유하는 공간 부분의 크기 (mm^3, cm^3, m^3, km^3 등)

④ **들이** : 통이나 그릇 따위의 안에 넣을 수 있는 물건 부피의 최댓값 (㎖,

dℓ, ℓ, kℓ 등)

(2) 단위환산표

단위	단위환산
길이	1cm=10mm, 1m=100cm, 1km=1,000m=100,000cm
넓이	$1cm^2=100mm^2$, $1m=10,000cm^2$, $1km^2=1,000,000m^2$
부피	$1cm^3=1,000mm^3$, $1m^3=1,000,000cm^3$, $1km^3=1,000,000,000m^3$
들이	$1m\ell=1cm^3$, $1d\ell=100cm^3=100m\ell$, $1\ell=1,000cm^3=10d\ell$
무게	1kg=1,000g, 1t=1,000kg=1,000,000g
시간	1분=60초, 1시간=60분=3,600초
할푼리	1푼=0.1할, 1리=0.01할, 모=0.001할

문제해결능력

1. 문제

(1) 문제란?

원활한 업무수행을 위해 해결되어야 하는 질문이나 의논 대상을 의미한다.

※ **문제점** : 문제의 근본원인이 되는 사항으로 문제해결에 필요한 열쇠인 핵심 사항

(2) 문제의 분류

구분	창의적 문제	분석적 문제
문제제시 방법	현재 문제가 없더라도 보다 나은 방법을 찾기 위한 문제 탐구로 문제자체가 명확하지 않음	현재의 문제점이나 미래의 문제로 예견될 것에 대한 문제 탐구로, 문제자체가 명확함
해결 방법	창의력에 의한 많은 아이디어의 작성을 통해 해결	분석, 논리, 귀납과 같은 논리적 방법을 통해 해결

해답 수	해답의 수가 많으며, 많은 답 가운데 보다 나은 것을 선택	답의 수가 적으며, 한정되어 있음
주요 특징	주관적, 직관적, 감각적, 정성적, 개별적, 특수성	객관적, 논리적, 정량적, 이성적, 일반적, 공통성

(3) 문제의 유형

① 기능에 따른 문제 유형

제조문제, 판매문제, 자금문제, 인사문제, 경리문제, 기술상 문제

② 해결방법에 따른 문제 유형

논리적 문제, 창의적 문제

③ 시간에 따른 문제유형

과거문제, 현재문제, 미래문제

④ 업무수행과정 중 발생한 문제유형

발생형 문제 (보이는 문제)	• 눈앞에 발생되어 당장 걱정하고 해결하기 위해 고민하는 문제 • 눈에 보이는 이미 일어난 문제 • 원인지향적인 문제
탐색형 문제 (찾는 문제)	• 현재의 상황을 개선하거나 효율을 높이기 위한 문제 • 눈에 보이지 않는 문제 • 잠재문제, 예측문제, 발견문제
설정형 문제 (미래 문제)	• 미래상황에 대응하는 장래의 경영전략의 문제 • 앞으로 어떻게 할 것인가 하는 문제 • 목표 지향적 문제 • 창조적 문제

2. 문제해결

(1) 문제해결의 정의 및 의의

① 정의

문제해결이란 목표와 현상을 분석하고, 그 결과를 토대로 주요과제를

도출하여 바람직한 상태나 기대되는 결과가 나타나도록 최적의 해결안을 찾아 실행, 평가해가는 활동을 의미한다.

② 의의

㉠ **조직 측면** : 자신이 속한 조직의 관련분야에서 세계 일류수준을 지향하며, 경쟁사와 대비하여 탁월하게 우위를 확보하기 위해 끊임없는 문제해결 요구

㉡ **고객 측면** : 고객이 불편하게 느끼는 부분을 찾아 개선과 고객감동을 통한 고객만족을 높이는 측면에서 문제해결 요구

㉢ **자기 자신 측면** : 불필요한 업무를 제거하거나 단순화하여 업무를 효율적으로 처리하게 됨으로써 자신을 경쟁력 있는 사람으로 만들어 나가는데 문제해결 요구

(2) 문제해결의 기본요소

① 체계적인 교육훈련

② 문제해결방법에 대한 지식

③ 문제에 관련된 해당지식 가용성

④ 문제해결자의 도전의식과 끈기

⑤ 문제에 대한 체계적인 접근

(3) 문제해결 시 갖추어야할 사고

① **전략적 사고**

현재 당면하고 있는 문제와 그 해결방법에만 집착하지 말고, 그 문제와 해결방안이 상위 시스템 또는 다른 문제와 어떻게 연결되어 있는지를 생각하는 것이 필요하다.

② **분석적 사고**

전체를 각각의 요소로 나누어 그 요소의 의미를 도출한 다음 우선순위를 부여하고 구체적인 문제해결방법을 실행하는 것이 요구된다.

㉠ **성과 지향의 문제** : 기대하는 결과를 명시하고 효과적으로 달성하는 방법을 사전에 구상하고 실행에 옮긴다.

㉡ **가설 지향의 문제** : 현상 및 원인분석 전에 지식과 경험을 바탕으로 일의 과정이나 결과, 결론을 가정한 다음 검증 후 사실일 경우 다음 단계의 일을 수행한다.

㉢ **사실 지향의 문제** : 일상 업무에서 일어나는 상식, 편견을 타파하여 객관적 사실로부터 사고와 행동을 출발한다.

③ **발상의 전환**

기존에 갖고 있는 사물과 세상을 바라보는 인식의 틀을 전환하여 새로운 관점에서 바로 보는 사고를 지향한다.

④ **내 · 외부자원의 효과적인 활용**

문제해결 시 기술, 재료, 방법, 사람 등 필요한 자원 확보 계획을 수립하고 내 · 외부자원을 효과적으로 활용한다.

(4) 문제해결 시 방해요소

① **문제를 철저하게 분석하지 않는 경우**

어떤 문제가 발생하면 직관에 의해 성급하게 판단하여 문제의 본질을 명확하게 분석하지 않고 대책안을 수립하여 실행함으로써 근본적인 문제해결을 하지 못하거나 새로운 문제를 야기한다.

② **고정관념에 얽매이는 경우**

상황이 무엇인지를 분석하기 전에 개인적인 편견이나 경험, 습관으로 증거와 논리에도 불구하고 정해진 규정과 틀에 얽매여서 새로운 아이디어와 가능성을 무시해 버릴 수 있다.

③ **쉽게 떠오르는 단순한 정보에 의지하는 경우**

문제해결에 있어 종종 우리가 알고 있는 단순한 정보들에 의존하여 문제를 해결하지 못하거나 오류를 범하게 된다.

④ **너무 많은 자료를 수집하려고 노력하는 경우**

무계획적인 자료 수집은 무엇이 제대로 된 자료인지를 알지 못하는 실수를 범할 우려가 많다.

조직이해능력

(1) 조직 이해 능력이란?

① 직업인이 속한 조직의 경영과 체제업무를 이해하고, 직장생활과 관련된 국제 감각을 가지는 능력이다.

② 조직은 두 사람 이상이 공동의 목표를 달성하기 위해 의식적으로 구성된 상호작용과 조정을 행하는 행동의 집합체이다.

③ 기업은 직장생활을 하는 대표적인 조직으로 노동, 자본, 물자, 기술 등을 투입하여 제품이나 서비스를 산출하는 기관이다.

(2) 조직의 유형

① **공식성**

㉠ **공식조직** : 조직의 규모, 기능, 규정이 조직화된 조직

㉡ **비공식조직** : 인간관계에 따라 형성된 자발적 조직

② **영리성**

㉠ **영리조직** : 사기업 등

㉡ **비영리조직** : 정보조직, 병원, 대학, 시민단체 등

③ **조직 규모에 따른 유형**

㉠ **소규모 조직** : 가족 소유의 상점 등

㉡ **대규모 조직** : 대기업 등

(3) 경영이란?

조직의 목적을 달성하기 위한 전략, 관리, 운영활동

① 경영의 구성요소

㉠ **경영목적** : 조직의 목적을 달성하기 위한 방법이나 과정

㉡ **인적자원** : 조직의 구성원, 인적자원의 배치와 활용

㉢ **자금** : 경영활동에 요구되는 돈, 경영의 방향과 범위 한정

㉣ **경영전략** : 변화하는 환경에 적응하기 위한 경영활동 체계화

② 경영자의 역할

경영자는 조직의 전략, 관리 및 운영활동을 주관하며, 조직구성원들과 의사결정을 통해 조직이 나아갈 방향을 제시하고 조직의 유지와 발전에 대해 책임을 지는 사람이다.

㉠ **대인적 역할** : 조직의 대표자, 조직의 리더, 지도자, 상징자

㉡ **정보적 역할** : 외부환경 모니터, 변화전달, 정보전달자

㉢ **의사결정적 역할** : 문제 조정, 대외적 협상 주도, 분쟁 조정자, 자원배분자, 협상가

(4) 조직체제

① 조직체제 구성요소

㉠ **조직 목표** : 조직이 달성하려는 장래의 상태

㉡ **조직의 구조** : 조직 내의 부문 사이에 형성된 관계로 조직구성원들의 상호작용(규칙과 규정이 정해진 기계적 조직, 의사결정권이 하부구성원에게 많이 위임되고 업무가 고정적이지 않은 유기적 조직)

㉢ **조직 문화** : 조직 구성원들이 생활양식이나 가치를 공유하는 것

㉣ **규칙 및 규정** : 조직의 목표나 전략에 따라 수립. 조직 구성원들의 활동 범위를 제약하고 일관성을 부여함

② 조직변화

㉠ **조직변화 과정** : 환경변화 인지 → 조직변화방향 수립 → 조직변화

실행 → 변화결과 평가

ⓛ **조직 변화 유형**

ⓒ **제품과 서비스** : 제품이나 서비스를 고객의 요구에 부응하는 것

ⓡ **전략과 구조** : 조직의 목적 달성과 효율성을 위해 개선하는 것

ⓜ **기술** : 신기술이 도립되는 것

ⓑ **문화** : 구성원들의 사고와 가치를 변화시켜 조직의 목적과 일치시키는 것

금융 이론

1. 금융시장

(1) 금융과 금융시장

① 금융이란 자금의 융통, 즉 돈을 빌려주고 빌리는 행위를 말한다.

② 금융시장이란 기업, 가계, 정부, 금융기관 등 경제주체들이 금융상품을 거래하여 필요한 자금을 조달하고 여유자금을 운용하는 조직화된 장소를 말한다.

(2) 금융시장의 기능

① **자금의 중개** : 금융시장의 가장 중요한 기능은 자금잉여부문의 여유자금을 흡수하여 자금부족 부문, 특히 투자수익이 높은 기업에 투자자금을 저렴하게 공급함으로써 거시적인 측면에서 국민경제의 후생을 증대시키는 것이다. 또한 가계에 미래소비를 위해 저축한 여유자금을 금융자산에 투자하거나 현재소비를 위해 필요한 자금을 빌릴 기회를 제공하므로, 소비자인 가계의 효용을 높이는 데에도 기여한다.

② **금융자산가격의 결정** : 금융시장은 수요자와 공급자 간에 끊임없이 적정가격을 찾아가는 과정을 거쳐 금융자산의 가격을 결정하는 기능을

수행한다.

③ **유동성 제공** : 금융시장이 발달하면 투자자들이 필요할 경우 언제든지 시장에 보유자산을 매각하여 자금을 회수할 수 있기 때문에 금융자산의 유동성이 높아지므로, 기업입장에서는 금융자산을 더 비싸게 매각함으로써 자금조달비용을 낮추는 효과가 발생한다.

④ **정보비용의 절감**

㉠ **탐색비용** : 금융거래 의사를 밝히고 거래 상대방을 찾는 데 드는 비용

㉡ **정보비용** : 금융자산의 투자가치를 평가하고자 필요한 정보를 얻는 데 소요되는 비용

⑤ **위험관리** : 금융시장은 시장참가자들에게 다양한 금융상품과 금융거래기회를 제공함으로써 위험관리를 도와준다.

⑥ **시장규율** : 금융시장은 시장에 참가하는 기업과 정부를 감시하고 평가하는 규율기능을 제공하는데, 이는 최근에 금융시장의 중요한 역할로서 부각되고 있다.

(3) 금융시장의 유형

① **단기금융시장과 자본시장**

㉠ **단기금융시장** : 기업, 개인 또는 금융기관이 일시적인 여유자금을 운용하거나 부족자금을 조달하는 데 활용된다. 우리나라에는 콜, 기업어음, 양도성예금증서, 환매조건부채권매매, 표지어음, 통화안정증권 시장이 이에 포함된다.

㉡ **자본시장** : 기업, 정부 등 자금부족부문이 장기적으로 필요한 자금을 조달하는 데 활용된다. 주식시장과 채권시장을 포함한다.

② **발행시장과 유통시장**

㉠ **발행시장** : 국채 · 회사채 등 채권과 주식이 처음 발행되며 투자자의 신규자금이 발행자에게 공급되는 기능을 한다. 제1차 시장이라고도 한다.

㉡ **유통시장** : 유가증권과 파생금융상품이 상장되어 거래되는 거래소와 비상장으로 거래되는 장외시장 등이 포함되며 이미 발행된 회사채나 주식을 쉽게 현금화할 수 있게 유동성을 높임으로써 발행시장이 활성화되는 역할을 수행하고, 금융상품의 유통가격 결정을 통하여 새로 발행되는 금융상품의 가격을 책정하는 데 중요한 지표를 제공한다. 제2차 시장이라고도 한다.

③ 거래소시장과 장외시장

㉠ **거래소시장** : 시장참가자가 특정 금융상품에 대한 매수 · 매도 주문을 중앙장소인 거래소에 보내고 거래소는 이를 경쟁 입찰 원칙 등 표준화된 규칙에 의해 처리하는 조직화된 시장으로, 장내시장이라고도 부른다. 우리나라의 거래소시장으로는 한국거래소가 있다.

㉡ **장외시장** : 거래소 이외의 장소에서 상장 또는 비상장 유가증권의 거래가 이루어지는 시장을 말한다. 매매당사자 간의 개별적인 접촉에 의해 거래가 이루어지는 직접거래시장과 딜러/브로커 상호 간 또는 딜러/브로커와 고객 간의 쌍방거래로 이루어지는 점두시장으로 구분된다. 이들 시장은 거래정보의 투명성이나 거래 상대방의 익명성이 낮은 편이며, 장외채권시장과 제3주식시장 등이 있다.

2. 금융기관

(1) 금융기관의 정의

① 금융시장에서 자금의 수요자와 공급자 사이에서 자금의 중개기능을 수행하는 경제주체를 말한다.

② 자금의 공급자인 가계와 자금의 수요자인 기업에 적절한 금융수단을 제공함으로써 저축 및 차입 수요를 충족시키는 역할을 한다.

(2) 금융기관의 역할

① 유동성 제고를 통한 자산전환

② 거래비용 절감 및 위험분산

③ 지급제도 등 금융서비스 제공

(3) 금융기관의 종류

① **은행** : 은행은 가계나 기업 등 일반 국민으로부터 예금 · 신탁을 받거나 채권을 발행하여 조달한 자금을 자금수요자에게 대출해주는 업무를 주로 취급하는 대표적인 금융기관이다.

② **증권회사** : 주식, 국 · 공채, 회사채 등 유가증권의 매매 · 인수 · 매출을 전문적으로 취급하는 기관이다. 직접금융시장에서 기업이 발행한 증권을 매개로 하여 투자자의 자금을 기업에 이전시키는 기능, 즉 기업과 투자자를 직접 연결시킨다는 점에서 저축자의 예금을 받아 기업에 대출하는 은행과는 업무성격이 다르다.

③ **보험회사(생명보험회사 및 손해보험회사)** : 다수의 보험계약자에게서 보험료를 받아 이를 대출, 유가증권, 부동산 등에 투자하여 보험계약자의 노후, 사망, 질병, 사고 시 보험금을 지급하는 업무를 한다.

④ **상호저축은행** : 일정 행정구역 내에 소재하는 서민 및 영세 상공인에게 금융편의를 제공하도록 설립된 대표적인 지역밀착형 서민금융기관이다. 주요 업무로는 일정기간 부금을 납입받고 그 기간의 중도 또는 만료가 되는 시점에서 부금 납입자에게 일정한 금액을 지급하는 신용부금업무였으나, 지금은 일반은행과 거의 같은 업무를 하고 있다.

⑤ **투자신탁운용회사** : 투자신탁운용회사는 다수의 고객에게서 위탁받은 장 · 단기자금을 공동기금으로 조성하고, 이를 채권 · 주식 등 유가증권에 투자함으로써 발생한 수익을 고객들에게 되돌려주는 증권투자대행기관이다. 따라서 주식 · 채권 등의 유가증권투자에 관하여 전문지식이 부족하거나 시간적 여유가 없는 투자자, 직접적인 증권투자가 어려운 소액투자자가 이용하기에 적합한 금융기관이다.

3. 금융상품

(1) 수신 상품

① **예금** : 은행이 전통적으로 취급하는 수신 상품으로, 그 기능에 따라 크게 요구불성예금과 저축성예금으로 나뉜다.

요구불성 예금	• 고객이 언제든지 인출할 수 있도록 유동성이 가장 중요한 선택기준이 되는 상품이다. 따라서 수익은 작지만 언제든지 인출할 수 있는 특성이 있어 높은 안전성이 확보되어있다.
저축성 예금	• 결제서비스 또는 단기예치보다는 상당기간의 저축을 통하여 높은 수익을 기대하는 자금의 운용에 적합한 수신 상품을 말한다. 과거에는 정기예금과 정기적금으로 구분되었으나 최근에는 정보기술의 발달로 통합되는 추세이다.
시장성 상품 및 특수목적부 상품	• 시장성 상품 : 단기금융시장에서 거래되는 유가증권과 같은 금융상품을 매개로 예금거래가 발생하는 것으로, 은행에서는 CD · RP · 표지어음 등이 있다. • 특수목적부 상품 : 일반 수신 상품에 정부 정책적 차원에서 특수한 조건을 부가하여 별도의 상품으로 판매하는 것을 일컫는데, 주로 정기예금이나 정기적금에 세제혜택이 부여되어 있거나 아파트 청약권이 부여된 상품들이 대표적이다.

② **비은행 금융기관의 예수금** : 상호저축은행에서 취급하는 각종 예 · 적금 및 부금, 신용협동기구 및 우체국에서 취급하는 예수금은 물론 종합금융회사나 증권회사 등에서도 단기예치 목적의 수신 상품을 취급하며, 시장성 상품도 각 기관이 취급할 수 있도록 허용된 범위 내에서 은행과 유사한 방법으로 판매되고 있다. 증권회사 CP, 종합금융회사 발행어음도 이에 포함된다.

③ **실적배당상품**

은행신탁 상품	• 은행신탁이란 위탁자가 주식 · 채권 등에 직접 투자하기보다는 투자를 전문적으로 하는 회사에 재산을 대신해서 관리 · 운용해줄 것을 위탁하는 넓은 의미의 신탁의 일종이다. • 특정금전신탁 : 신탁재산운용대상을 특정주식이나 대출 등으로 고객이 구체적으로 정한다.

	• 불특정금전신탁 : 수탁자인 은행에 일임하고 신탁종류 시에 금전으로 환급할 것을 약정하는 것으로, 주로 고수익을 목적으로 한다.
단기실적 배당상품	• MMA : 여러 고객이 투자한 자금을 모아 주로 양도성예금증서, 기업어음, 잔존만기 1년 이하의 국채 및 통화안정증권 등 금융자산에 투자하여 얻은 수익을 고객에게 배당하는 초단기형 채권투자신탁상품으로, 환매수수료가 없어 은행의 보통예금처럼 자유롭게 입 · 출금이 가능하다. • CMA(어음관리계좌) : 투자자에게 자금을 예탁하고 이를 주로 기업어음(CP) 등과 같은 단기금융자산으로 운용하여 그 운용수익을 투자자에게 지급하는 상품으로, 현재 종합금융회사가 이를 취급하는데 증권회사의 MMF 및 은행의 MMDA와 경쟁상품이다.
변액보험	• 고객이 납입한 보험료를 모아 펀드를 구성한 후 주식 · 채권 등 유가증권에 투자하여 이익을 배분하는 실적 배당형 보험을 말한다.
수익증권 및 뮤추얼펀드	• 수익증권 : 계약형 투자신탁이라고도 하는데, 이는 위탁자인 투자신탁운용회사와 수탁자인 은행, 수익자인 고객 간의 신탁계약에 의해 이루어진다. • 뮤추얼펀드 : 회사형 투자신탁이라고도 하는데, 증권투자 전문가가 투자자들에게서 자금을 모아 주식회사인 투자회사를 조직하고 일반투자자는 그 주주가 되어 재산은 관리협정에 따라 보관자에게 예탁하는 형태이다.
부동산 투자신탁 (REITs)	• 불특정다수인에게서 금전을 수탁 또는 납부 받아 이 금전으로 부동산을 매입, 개발, 관리, 처분하거나 부동산 관련 채권, 유가증권 등에 투자하고 그 수익을 수익자나 투자자에게 교부하는 투자 상품을 말한다.

(2) 대출상품

① **일반대출상품** : 통상 기업이 주요 차입자로서 상업어음할인, 무역금융 등 단기운전자금과 장기시설자금을 취급하며, 가계의 경우 부동산담보대출, 예 · 적금담보대출, 주택관련대출과 일부 신용대출이 있다.

② **한국주택금융공사의 모기지론** : 주택을 담보로 주택저당증권(MBS)을 발행하여 10년 이상 20년까지 장기자금을 대출해주는 제도이다. 주택담보인정비율은 집값의 70%까지 대출받을 수 있으며 대출한도는 3억원까지이다.

경제 이론

1. 경제

(1) 경제의 정의

① 경제란 세상을 바르게 다스려 환난에서 백성을 구한다는 '경세제민(經世濟民)'에서 유래된 용어이다. 사람은 욕망을 채우기 위해 재화를 얻으려고 노력한다. 재화를 얻으려면 돈이 필요하므로 기업과 가계 등의 경제 주체들은 돈을 얻기 위해 생산과 판매, 고용, 투자, 소비 등의 활동을 벌인다. 이렇게 인간생활에 필요한 재화와 용역을 생산 · 소비하는 활동을 통틀어 경제라고 한다.

② **경제 주체** : 경제행위를 독자적으로 수행하는 대상으로 가계, 기업, 정부, 외국 등이 있다.

㉠ 가계＋기업＝민간경제

㉡ 가계＋기업＋정부＝국민경제

㉢ 가계＋기업＋정부＋외국＝국제경제

③ **경제의 원칙**

㉠ **최대잉여 원칙** : 비용과 효과의 차를 최대로 하려는 원칙이다.

㉡ **최대효과 원칙** : 일정한 비용으로 최대의 효과를 얻으려는 원칙이다.

㉢ **최소비용의 원칙** : 일정한 효과를 얻는 데 최소의 비용을 지불하려는 원칙이다.

(2) 경제의 종류

① **거시경제(Macro Economy)** : 나무가 아닌 숲을 보는 것처럼, 경제 현상을 전체적인 관점에서 파악하는 것을 거시경제라 한다. 예를 들어, 미시경제에서 다루는 세부적인 내용인 생필품가격, 외식가격 등을 합쳐 '물가'라는 개념으로 파악하는 것이다. 거시경제에서는 여러 경제 주체들의 활동을 큰 범위에서 진행되는 경제 현상들, 즉 인플레이션, 실

업, 경제성장 등의 측면에서 다룬다. 따라서 거시경제는 정부가 경제 정책을 수립할 때 정책방향을 제시한다.

② **미시경제(Micro Economy)** : 경제 현상을 좁게 해석하고 작게 파악하는 것으로, 거시경제와는 달리 경제에 대한 의사결정을 할 수 있는 가계, 기업, 해외, 정부 등과 이러한 경제주체들의 거래대상인 재화, 서비스 등을 다룬다.

2. 경제지표

(1) 국민소득

① **정의** : 한 나라 안의 가계, 기업, 정부 등 모든 경제 주체가 일정기간 동안 새로이 생산한 재화와 서비스의 가치를 금액으로 평가하여 합산한 것으로, 한 나라의 경제수준을 종합적으로 나타내는 대표적인 거시경제지표이다. 포괄범위나 평가방법 등에 따라 국내총생산(GDP), 국민총소득(GNI), 국민순소득(NNI), 국민처분가능소득(NDI), 국민소득(NI), 개인처분가능소득(PDI) 등으로 구분할 수 있다.

② **GDP(국내총생산, Gross Domestic Product)** : 국민경제의 규모를 파악하기 위한 지표로, 국민경제를 구성하는 가계, 기업, 정부 등 경제활동 주체가 일정기간 동안 생산하고 판매한 재화의 총액을 나타낸다. 국내의 내국인과 외국인의 차별을 두지 않고 국내에서 생산한 모든 것을 포함한다.

③ **GNP(국민총생산, Gross National Product)** : 국민이 일정기간 동안(보통 1년) 생산한 재화와 용역을 시장가격으로 평가하고 여기서 중간 생산물을 차감한 총액을 의미한다. 내국인이라면 국내와 외국에서 생산한 모든 것을 총생산에 포함시키지만 외국인은 제외된다. 과거에는 GNP가 국민경제의 지표로 쓰였지만 세계화 시대에 외국인이 국내에서 벌어들이는 돈을 차감하여 정확한 규모를 파악하기가 어렵기 때문에 내국인과 외국인을 가리지 않고 국경을 단위로 생산한 것을 집계

한 GDP가 국가경제를 나타내는 지표로 GNP를 대체하고 있다.

GDP와 GNP

- GDP(국내총생산)=GNP+해외로 지불하는 요소소득−해외에서 수취하는 요소소득)
- GNP(국민총생산)=최종생산량의 총량
  =총생산물−중간생산물
  =국민순생산(NNP)+감가상각비
  =GDP+자국민의 해외생산−외국인의 국내생산

GDP	GNP
• 국내총생산 • 영토를 기준으로 파악	• 국민총생산 • 거주성을 중심으로 파악

④ **GNI(국민총소득, Gross National Income)** : 생산 활동을 통해 획득한 소득의 실질구매력을 반영한 지표로 '국민소득'으로 줄여 부르기도 한다. 전 국민이 일정기간 동안 올린 소득의 총합으로 GDP가 국민소득의 실질적인 구매력을 표현하지 못하기 때문에 GNI를 사용한다. 국민소득의 실질 구매력이란 GDP(국내총생산)로 상품을 소비할 수 있는 능력을 뜻한다.

⑤ **경제성장률(Economic Growth Rate)** : 경제활동부문이 만들어낸 부가가치가 전년에 비해 얼마나 증가하였는가를 보기 위해 이용하는 지표로, 흔히 경제성장률이라 하면 물가요인을 제거한 실질 GDP 성장률을 의미한다.

⑥ **GDP 디플레이터(GDP Deflator)** : 명목 GDP를 실질 GDP에 대비한 지수로 경제 전반에서 가장 종합적인 지표로 활용된다. GDP 디플레이터 수치는 명목 GDP 값과 실질 GDP 값 사이의 물가변동분이다. 따라서 GDP 디플레이터를 구하면 물가의 변화를 파악할 수 있다.

⑦ **국민순소득(Net National Income)** : 국민총소득(GNI)에서 고정자본소모를 제외한 것을 말한다. 고정자본소모란 공장이나 기계설비 등이 생산

활동 과정에서 마모되는 것처럼 생산 활동에서 이용된 자산의 가치가 감소하는 것을 뜻한다. 고정자본소모를 제외하는 이유는 일정기간 동안 생산된 생산물의 순수한 가치를 평가하기 위해 현재의 생산능력이 저하되지 않고 그대로 유지된 상태에서 생산이 이루어지는 것으로 파악해야 하기 때문이다

⑧ **국민처분가능소득(NDI ; National Disposable Income)** : 국민경제 전체가 소비나 저축으로 자유로이 처분할 수 있는 소득의 규모를 의미한다. 즉, 처분가능소득이란 소득에서 세금이나 사회보장부담금, 비영리단체로의 이전, 타 가구로의 이전 등 비소비지출을 공제하고 남은 소득, 즉 가구에서 이전되는 부분을 제외하고 자유롭게 소비지출할 수 있는 소득을 말한다.

⑨ **개인처분가능소득(PDI ; Personal Disposable Income)** : 개인이 임의로 소비와 저축으로 처분할 수 있는 소득의 크기를 나타내는 것으로, 국민소득을 분배 면에서 볼 때 제도부문별 분류 중 개인 부문의 처분가능소득이 해당된다. 제도부문별 소득계정에서 개인부문에 표시된 소비와 저축을 합산하여 구하며 투자를 위한 자금조달의 원천이다.

⑩ **소득**

㉠ **경상소득** : 일상적인 경제활동을 통해 정기적으로 얻는 소득으로서 가구가 근로제공의 대가로 받은 근로소득, 자영사업으로부터의 사업소득, 자산으로부터의 이자, 배당금 등의 재산소득, 정부, 타 가구, 비영리단체 등으로부터 이전되는 이전소득 등 경상적으로 발생하는 소득을 말한다.

㉡ **비경상소득** : 경조소득, 퇴직수당 등 일정하지 않고 확실하지 않으며 일시적으로 발생하는 소득을 말한다.

일반상식 용어 정리

1. 정치/법률

● 연동형 비례대표제

정당의 득표율에 연동해 의석을 배정하는 방식으로, 지역구 후보에게 1표, 정당에게 1표를 던지는 '1인 2표' 투표방식이지만, 소선거구에서의 당선 숫자와 무관하게 전체 의석을 정당득표율에 따라 배분한다. 그리고 정당득표율로 각 정당들이 의석수를 나눈 뒤 배분된 의석수보다 지역구 당선자가 부족할 경우 이를 비례대표 의석으로 채우게 된다.

● 패스트트랙(Fast Track)

한국에서는 국회법 제85조의2에 따른 '신속처리안건 지정'을 패스트트랙이라 부른다. 긴급하고 중요한 안건을 신속하게 처리하기 위해 2015년 도입한 제도로, 일정 기간 내 해당 법안이 본회의에 상정되도록 만들었다. 패스트트랙 안건을 지정하려면 전체 혹은 소관 상임위원회 재적의원 과반수의 서명을 받아 국회의장이나 위원장에게 제출해야 한다. 의장이나 위원장은 지정동의에 대한 표결을 바로 진행하여, 전체 또는 상임위원회 재적의원 5분의 3 이상이 찬성하면 해당 법안은 '신속처리대상 안건'으로 지정된다. 패스트트랙 안건으로 지정된 법안에 대해 소관 상임위원회는 180일, 법제사법위원회는 90일 이내에 심사를 마쳐야 한다. 본회의에 부의된 이후로는 60일 이내에 본회의에 상정되어야 한다. 따라서 패스트트랙 안건은 최대 330일 이내에 본회의에 상정된다.

● 캐스팅보트(Casting Vote)

두 세력이 균형을 이룬 상태에서 대세를 좌우할 열쇠를 가진 제3세력의 표를 말하는 정치 용어로 양대 정당의 세력이 비슷해 소수의 제3당 의결에 의해 사안이 결정되는 것을 의미한다. 의회 의결에서 가부동수인 때

의장이 가지는 결정권을 지칭하기도 하며 우리나라 국회에서는 가부동수일 때 의장의 캐스팅보트를 인정하지 않고 부결처리한다.

- 비토크라시(Vetocracy)

상대 정파의 정책과 주장을 모조리 거부하는 극단적 파당 정치를 의미하며 모든 수단을 동원하는 정치 세력의 강력한 반대에 의해 입법과 정책이 좌절되는 현상이다.

- 고위공직자 범죄수사처

고위공직자 및 그 가족의 비리를 중점적으로 수사 · 기소하는 독립기관으로, '공수처'라고도 한다. 검찰이 독점하고 있는 고위공직자에 대한 수사권과 기소권, 공소유지권을 이양해 검찰의 정치 권력화를 막고 독립성을 제고하고자 하는 취지로 추진되었으며, 2019년 12월 30일 '고위공직자범죄수사처 설치 및 운영에 관한 법률안(공수처법)'이 국회 본회의를 통과하면서 2020년 7월 설립이 이뤄질 전망이다.

- 가속상각법

기계, 설비 등을 감가상각하는 방법의 일종으로 내용연수 초기에 많은 금액을 상각하고 내용연수가 지날수록 상각비를 줄여 회계상 반영하는 원가배분법을 말한다. 고정자산의 수익창출 능력은, 초기에는 크지만 후기에는 크게 떨어진다는 가정에서 출발해 감가상각을 하더라도 초기와 후기에 차별을 두자는 것이 가속상각법이다.

- 촉법소년

10세 이상 만 14세 미만의 형사미성년자로서 형벌을 받을 범법행위를 한 소년범으로 형사책임능력이 없기 때문에 형벌이 아닌 보호처분을 받게 되지만 대신 가정법원 등에서 감호 위탁, 사회봉사, 소년원 송치등 보호처분을 받게 된다. 범행 당시 만 14세 이상은 범죄소년으로 형사처벌할 수 있지만 만 10세 미만은 형사처벌은 물론 보호처분도 할 수 없다.

● 민식이법

2019년 9월 충남 아산의 어린이보호구역(스쿨존)에서 교통사고로 사망한 김민식 군 사고 이후 발의된 법안으로, 12월 10일 국회 본회의를 통과했다. 법안은 ▷어린이보호구역 내 신호등과 과속단속카메라 설치 의무화 등을 담고 있는 '도로교통법 개정안'과 ▷어린이보호구역 내 안전운전 부주의로 사망이나 상해사고를 일으킨 가해자를 가중 처벌하는 내용의 '특정범죄 가중처벌 등에 관한 법률 개정안' 등 2건으로 이뤄져 있다.

● 하준이법

2017년 10월 서울랜드 주차장에 세워둔 차가 굴러오는 사고로 숨진 최하준 군의 이름을 딴 '주차장법 개정안'과 '도로교통법 개정안'을 말한다. 2018년 11월 발의된 도로교통법 개정안은 아파트 단지도 '도로'에 포함시키는 내용의 법안이다. 또 2019년 1월 발의된 '주차장법 일부개정안'은 경사진 곳에 설치된 주차장에 대해 고임목 등 주차된 차량이 미끄러지는 것을 방지하는 시설과 미끄럼 주의 안내표지를 갖추도록 하는 내용을 담고 있다. 또 시 · 군 · 구에서 주차장 경사도를 비롯한 안전관리실태조사를 실시하도록 의무화하는 내용도 포함되었다.

● 데이터 3법

개인정보보호법, 정보통신망법, 신용정보법을 말한다. 이 3개법에는 개인정보보호에 관한 법령이 소관 부처별로 상이하게 분산돼 있어 불필요한 중복규제를 초래하고 있다. 이에 국회는 2018년 11월 데이터산업 활성화를 위한 '데이터경제 3법' 개정안을 발의했다. 이후 2019년 12월 4일 국회가 정보통신망법 개정안을 통과시킨 후 2020년 1월 9일 국회 본회의를 최종 통과했다.

● 사면

국가원수의 특권으로서 형의 선고의 효과의 전부 또는 일부를 소멸시키거나, 형의 선고를 받지 않은 자에 대하여 공소권(公訴權)을 소멸시키는 일로 헌법과 사면법이 정하는 바에 따라 대통령이 사면을 할 수 있도록 하고 있으며, 종류에는 사면 · 감형 · 복권이 있고, 사면은 일반사면과 특별사면으로 나누어진다.

● 공소

검사가 형사사건에 대하여 법원의 재판을 청구하는 신청으로 이러한 신청의 절차를 공소의 제기(提起), 또는 기소(起訴)라고 한다. 제기에는 기소장의 제출을 필요로 하므로 이 조건을 충족하고 장애가 없어야 할 필요가 있으며 취소는 제1심 판결이 있기까지 가능하다.

● 각하

소송법상으로는 당사자의 소송(절차)상의 신청에 대하여 법원에서 부적법(不適法)을 이유로 배척하는 재판을 가리킨다. 본안재판이 아닌 형식재판 또는 소송재판으로서, 소송요건의 흠결이나 부적법 등을 이유로 본안심리를 거절하는 재판이며, 본안심리 후 그 청구에 이유가 없다 하여 청구를 배척하는 기각(棄却)과 구별된다.

● 예비타당성조사

대형 신규 공공투자사업의 정책적 의의와 경제성을 판단하고, 사업의 효율적이고 현실적인 추진방안을 제시하는 데 목적이 있다. 수요가 없거나 경제성이 낮은 사업의 무리한 추진을 방지하고, 예기치 않은 사업비 증액과 잦은 사업계획 변경으로 인한 재정운영의 불확실성을 차단하고, 중도에 사업을 취소하는 것을 방지하며, 경제적 · 기술적 측면에서 타당성이 있다 하더라도 전반적인 재정운용이라는 정책적 측면에서 문제가 되는 경우를 막기 위해 대형 투자사업에 대한 면밀한 사전검토를 실시하게 된다.

● 코로나 3법

코로나 19의 확산에 대응하기 위해 2020년 2월 26일 국회 본회의에서 의결한 1) 감염법 예방 · 관리법, 2) 검역법, 3) 의료법 개정안으로 이를 통해 마스크 · 손 소독제 등 물품의 수출 · 국외반출을 금지하고 감염취약계층에게 마스크를 우선 지급하며, 코로나19 유행지로부터의 입국을 금지할 수 있는 법적 토대가 마련되었다.

2. 사회/현상

● 에코세대(Echo Generation)

베이비붐 세대의 자녀인 1977~1997년에 태어난 세대로 산 정상에서 소리치면 얼마 후 메아리(에코)가 되돌아오듯 전쟁 후 대량 출산이라는 사회 현상이 수십 년이 지난 후 2세들의 출생붐이라는 메아리를 만들었고 베이비붐 세대가 낳았다고 해서 이름이 붙었다.

● 밀레니얼 세대(Millennials Generation)

1980년대 초반~2000년대 초반 출생한 세대를 가리키는 말로, 정보기술(IT)에 능통하며 대학 진학률이 높다는 특징이 있는 반면 2008년 글로벌 금융위기 이후 사회에 진출해 고용 감소, 일자리 질 저하 등의 어려움을 겪은 세대이기도 하다.

● 오팔 세대(OPAL)

'활동적인 인생을 계속 이어가는 노년층(Old People with Active Lives)'이란 뜻의 신조어로 새로운 소비층으로 부각되고 있는 5060세대를 일컫는 베이비부머 세대인 58년생을 뜻한다. 이들은 은퇴를 한 후 새로운 일자리를 찾고, 여가 활동을 즐기면서 젊은이들처럼 소비하며 자신을 가꾸는 데에도 많은 시간과 돈을 투자한다.

● 포모(FOMO)

'잊히는 두려움(Fear Of Missing Out)'의 약자로 유행에 뒤처지면 누군가에게 잊힐지 모른다고 느끼거나 다른 사람이 자신보다 더 만족스러운 삶을 사는 것 같아서 공포를 느낀다는 의미로 사용된다. 이들은 스스로

를 '제2의 나'가 필요한 존재로 인식하며 또 다른 나를 상대적으로 자유롭게 표현 가능한 사이버 공간에서 페르소나로 만들며 그들만의 만족감을 채우기도 한다.

- 조모(JOMO)

'잊히는 즐거움(Joy Of Missing Out)'의 약자로 디지털과 연결된 보여주기 식 관계 대신 유행에 뒤처지는 걸 두려워하지 않고 경험 자체를 즐기는 사람들을 의미하며 SNS는 시간을 낭비하는 것으로 생각하기 때문에 관련 앱을 모두 배척하거나 온라인 모임을 가지지 않는다는 주의를 가지기도 한다.

- 파이어족(FIRE)

30대 말이나 늦어도 40대 초반까지는 조기 은퇴하겠다는 목표로, 회사생활을 하는 20대부터 소비를 극단적으로 줄이며 은퇴 자금을 마련하는 이들을 가리킨다. 이는 2008년 금융위기 이후 미국의 젊은 고학력 · 고소득 계층을 중심으로 확산됐는데, 이들은 '조기 퇴사'를 목표로 수입의 70~80%를 넘는 액수를 저축하는 등 극단적 절약을 실천한다.

- 시빌 미니멈(Civil Minimum)

도시형 사회에서 시민의 생활권과 이것에 수반되는 최소한의 사회보장 기준을 말하며 영국 도시사회주의가 설정한 내셔널 미니멈을 재편한 1965년의 일본식 영어이다. 이 정책 공준은 자치단체기준, 국가기준, 국제기준으로 3분화하여 오늘날에는 서로 3극 긴장상태이다.

- 티핑 포인트(Tipping Point)

'1만 시간의 법칙'으로 유명한 워싱턴포스트(WP) 기자 출신 말콤 글래드웰이 동명의 저서에서 제시한 개념으로, 균형이 무너지면서 어느 한쪽으로 기울어지는(tipping) 현상이 나타나기 시작하는 시점(point)을 뜻한다. 작은 변화들이 어느 정도 기간을 두고 쌓여, 갑자기 큰 변화를 일으킬 수 있는 상태가 된 단계라고 할 수 있다.

● 풍선효과(Balloon Effect)

풍선의 한쪽을 누르면 다른 쪽이 불룩 튀어나오는 것처럼 어떤 부분의 문제를 해결하면 다른 부분에서 문제가 다시 발생하는 현상을 가리키는 말로 사회적으로 문제가 되는 특정 사안을 규제 등의 조치를 통해 억압하거나 금지하면 규제조치가 통하지 않는 또 다른 경로로 우회하여 유사한 문제를 일으키는 사회적 현상을 의미한다.

● 쿼터리즘(Quarterism)

4분의 1을 뜻하는 영어 쿼터(Quarter)에서 나온 말로 15분 이상 집중하지 못하고 인내심을 잃어버린 요즘 세대의 사고 · 행동양식을 이르는 말이다. 최근의 10대들은 자극에는 즉각 반응하나 금세 관심이 바뀌는 감각적 찰나주의가 한 특징이며, 이는 순간적 적응력을 요구하는 고속정보통신과 영상매체의 급격한 팽창이 한 가지 일에 진지하게 접근하고 집중하는 능력을 잃게 하는 원인으로 지적되고 있다.

● 최저임금제

일정금액 이상을 임금으로 지급할 것을 법으로 강제하는 제도로 헌법 32조 1항에서 '국가는 사회적, 경제적 방법으로 근로자의 고용 증진과 적정임금의 보장에 노력하여야 하며 법률이 정하는 바에 의하여 최저임금제를 시행하여야 한다'고 규정한다.

● 소셜 임팩트(Social Impact)

특정 조직이 사회적 가치를 추구하는 활동을 통해 사회에 긍정적인 영향력을 끼치는 것을 말하며 금전적 지원을 넘어 과정 및 성과 창출 전반에 걸쳐 직접적으로 연계되는 활동이다.

● 특수형태근로종사자

계약의 형식에 관계없이 근로자와 유사하게 노무를 제공함에도 근로기준법 등이 적용되지 않아 업무상 재해로부터 보호할 필요가 없는 자이다. 노무를 상시적으로 제공하고 보수를 받아 생활하며 노무 제공사 타인을 사용하지 않아야 하며 사업주의 지휘와 감독을 받으면서도 개인 사업자 신분을 가진 사람들이 포함된다.

- 온정주의(Paternalism)

노사 관계를 대등한 인격자 상호간의 계약에 의한 권리 · 의무 관계로 보지 않고, 사용자의 온정에 따른 노동자 보호와, 이에 보답하고자 노동자가 더욱 노력하는 협조관계로 보는 것이며, 합리적인 계약 관계 대신에 서로의 정감(情感)에 호소함으로써 노사관계를 원활하게 하려는 노무관리 방법이다.

3. 국제/외교

- 브렉시트(Brixit)

영국의 유럽연합(EU) 탈퇴를 뜻하는 신조어로 영국(Britain)과 탈퇴(exit)의 합성어이다. 영국은 이민자 문제와 남부 유럽 국가들의 경제위기를 지원하는 문제 때문에 EU 탈퇴를 주장하는 여론이 확대되었으며 2016년 6월 진행된 찬반 국민투표에서 결정되었고, 당초 2018년 3월 브렉시트를 단행할 예정이었다. 하지만 이후 영국 의회의 합의안 부결로 총 3차례 연기되면서 2020년 1월 31일로 결정되었으며, 이후 영국 내부의 법안 통과 절차와 EU 유럽의회 · 유럽이사회의 승인 절차까지 완료되면서 단행되었다. 다만 브렉시트가 실현되어도 당장 변화는 없는데, 영국과 EU가 전환기(2020년 12월 31일까지) 동안 현재의 관계를 그대로 유지하면서 무역협정 등 미래관계협상을 하도록 협의했기 때문이다.

- 신남방정책

문재인 대통령이 2017년 열린 '한-인도네시아 비즈니스포럼' 기조연설을 통해 공식 천명한 정책으로 아세안 국가들과의 협력 수준을 높여 미국 ·

중국 · 일본 · 러시아 등 주변 4강국 수준으로 끌어올린다는 것이 핵심이다. 여기에는 상품 교역 중심에서 기술, 문화예술, 인적 교류로 그 영역을 확대하는 내용도 포함돼 있는데, 특히 중국 중심의 교역에서 벗어나 시장을 다변화하는 등 한반도 경제 영역을 확장한다는 의미도 담고 있다.

세컨더리 보이콧(Secondary Boycott)

미국이 제재하는 국가는 물론 그 국가와 거래하는 제3국의 정부와 기업까지 미국 금융기관과 거래하지 못하도록 하는 금융제재 방식으로 국제거래의 90%는 미국 달러로 결제되므로 달러 흐름을 차단하여 '경제적 사형 선고'나 다름없는 매우 강력한 조치다.

카운터파트(Counterpart)

사전적으로는 다른 장소나 상황에서 어떤 사람, 사물과 동일한 지위나 기능을 가진 상대, 즉 서로 비슷한 사람 혹은 사물을 뜻한다. 다만 그냥 상대방이라기보다 사전적 의미와 같이 지위와 계급, 신분이 비슷한 '격(格)에 맞는' 인사를 나타내는 의미로 주로 활용된다. 특히 외교 분야에서 자주 거론되는데, 실무 협상 차원에서 직접 만나 업무상 대화를 나눌 수 있는 비슷한 직급의 당사자로 볼 수 있다.

환율조작국

미국 종합무역법에 규정된 개념으로 현저한 대미 무역흑자 및 상당한 경상수지 흑자를 기록한 국가를 환율조작국으로 지정하도록 했다. 환율조작국으로 지정되면 미국은 해당 국가에 대해 환율 저평가 및 지나친 무역흑자 시정을 요구한 후 1년이 지나도 개선되지 않을 경우 해당국에 대한 미국 기업의 투자 제한, 해당국 기업의 미 연방정부 조달계약 체결 제한, 국제통화기금(IMF)에 추가적인 감시 요청 등의 구체적인 제재 조치를 취하게 된다.

- 적색수배(Red Notice)

체포영장이 발부된 중범죄 피의자를 체포해 본국으로 송환할 수 있는 국제 수배를 의미하며 인터폴 수배 단계 가운데 가장 강력한 조치로서 주로 흉악범죄를 저지르고 해외로 도피한 중범죄자에게 내려진다.

- 미국국가안전보장국(NSA ; National Security Agency)

1952년 트루먼 대통령이 미국 국방부 소속 정보기관으로 발족시켰으며, 통신 감청을 통한 정보 수집, 암호 해독을 전문적으로 수행한다. FBI(Federal Bureau of Investigation: 미국연방수사국), CIA(Central Intelligence Agency: 미국중앙정보국)와는 별개이며, 세계를 무대로 전자 첩보 활동을 하는 방대한 국가 안보기관으로서 육군안전국 및 해군·공군의 통신 정보기구에 대한 광범위한 감독권도 있다.

4. 과학/IT

- 신종 코로나바이러스(2019-nCoV)

2019년 12월 유행하기 시작한 급성호흡기증후군을 일으키는 사스(SARS) 계열의 바이러스이다. 중국 후베이성 우한시에서 처음 발견되어 중국 전역과 인근 국가로 퍼져나갔다. 최초 발생 원인은 아직 밝혀지지 않았고 백신 또한 미개발 상태이다. 2003년 유행했던 사스보다 치사율은 낮지만 잠복기에도 감염될 가능성과 점막을 통해서도 감염될 가능성이 높다는 점 때문에 더욱 치명적인 피해를 입힐 수 있다고 보고된다.

- 오가노이드(Organoid)

줄기세포를 시험관에서 키워 사람의 장기 구조와 같은 조직을 구현한 것으로 "장기유사체"라고도 한다. 한스 클레버 네덜란드 후브레히트연구소 교수팀이 2009년 성체 줄기세포로 장관 오가노이드를 만든 것이 시작으로 이후 심장 위 간 피부 뇌 등을 축소한 오가노이드가 개발되었으며 신약 독성 평가 등에 유용하게 쓸 수 있다.

- 유전자 가위(Genetic Scissors)

유전체(게놈)에서 특정한 유전자 염기서열을 인지하여 해당 부위의 DNA를 절단하는 인공 제한효소로서 인간 및 동식물 세포의 유전자 교정에 사용된다. 유전자 교정은 미리 특정하게 조작된 인공 제한효소가 유전체에서 특정한 DNA 구간을 절단한 후 이를 수리하는 과정에서 원하는 유전자를 짜깁기하듯이 빼거나 더하는 방식으로 이루어진다.

- 글루타민(Glutamine)

단백질을 구성하는 기본 단위인 아미노산의 일종으로, 신장 등에서 글루탐산과 암모니아로부터 합성된다. 인체에 에너지를 공급하고 장 건강을 유지시켜주며, 항 바이러스 면역반응을 활성화시킨다.

- 신재생에너지 공급인증서(REC ; Renewable Energy Certificate)

발전 설비 용량이 500메가와트(MW) 이상인 발전 사업자는 신재생에너지를 의무적으로 발전해야하며 정부에서 인증서를 받아야 한다. 대상 사업자는 한국수력원자력을 비롯한 6개 발전자회사와 지역난방공사, 포스코파워, 지에스이피에스(GS EPS) 등이다.

- 자율주행차(Self-driving Car)

운전자가 핸들과 가속페달, 브레이크 등을 조작하지 않아도 정밀한 지도, 위성항법시스템(GPS) 등 차량의 각종 센서로 상황을 파악해 스스로 목적지까지 찾아가는 자동차를 말한다. 자율주행 자동차가 실현되기 위해선 수십 가지의 기술이 필요한데 차간 거리를 자동으로 유지해 주는 HDA 기술이 그중 하나이며 이외에도 차선이탈 경보 시스템(LDWS), 차선유지 지원 시스템(LKAS), 후측방 경보 시스템(BSD), 드밴스트 스마트 크루즈 컨트롤(ASCC), 자동 긴급제동 시스템(AEB) 등도 필요하다.

- 스마트 공장

설계 · 개발, 제조, 유통 · 물류 등 생산 전체 과정에 정보 통신 기술(ICT)

를 적용하여 생산성, 품질, 고객만족도 등을 향상시킬 수 있는 지능형 공장으로 사이버 물리 시스템(CPS : Cyber Physical Systems)를 이용하여 실제와 똑같이 제품 설계 및 개발을 모의 실험해서 자산을 최적화하고, 공장 내 설비와 기기 간에 사물 인터넷(IoT)을 설치하여 실시간 정보를 교환하며 생산성을 증가시키고 돌발 사고를 최소화한다.

- 가상현실(VR ; Virtual Reality)

어떤 특정한 환경이나 상황을 컴퓨터로 만들어서, 그것을 사용하는 사람이 마치 실제 주변 상황 · 환경과 상호작용을 하고 있는 것처럼 만들어 주는 인간-컴퓨터 사이의 인터페이스를 말한다. 항공기의 조종법 훈련, 가구의 배치 설계, 수술 실습, 게임 등에 활용되며 인간 참여자와 실제 · 가상 작업공간이 하드웨어로 상호 연결된다.

- 증강현실(AR ; Augmented Reality)

사용자가 눈으로 보는 현실화면 또는 실영상에 문자, 그래픽과 같은 가상정보를 실시간으로 중첩 및 합성하여 하나의 영상으로 보여주는 기술이다. 현실세계를 가상세계로 보완해주는 증강현실은 사용자가 보고 있는 실사 영상에 3차원 가상영상을 겹침으로써 현실 환경과 가상화면과의 구분이 모호해지도록 하며 가상현실(VR)과는 구분되는 개념이다.

- 딥러닝(Deep Learning)

방대한 자료에서 패턴을 감지하고 학습하며 더 복잡한 패턴을 찾아내는 인공신경망으로 인간의 신경시스템을 모방한 알고리즘이다. 데이터에 기반을 두고 예측을 하는 기술로, 얼굴 인식, 자연어 처리, 번역, 추천 알고리즘 등 기술 발전의 바탕이 됐다. 현재의 인공지능(AI)을 뒷받침한 기술이라고 할 수 있다.

- 클라우드(Cloud)

데이터를 인터넷과 연결된 중앙컴퓨터에 저장해 인터넷에 접속하기만

하면 언제 어디서든 방대한 데이터를 분석 · 관리할 수 있게 하는 첨단 기술이다. 사물인터넷 · 빅데이터 · 인공지능(AI) 등 4차 산업혁명시대의 핵심 기반이다. 구름을 뜻하는 영어 단어 클라우드(cloud)에서 온 말로, 컴퓨팅 서비스 사업자 서버를 구름 모양으로 표시하는 관행에 따라 이 같이 이름 붙여졌다. 저렴한 비용으로 높은 효율을 자랑하며 기업들은 데이터나 서버를 관리할 전문 인력 없이도 이 서비스를 통해 전산 작업을 모두 할 수 있다.

- 크리덴셜 스터핑(Credential Stuffing)

유출된 아이디와 비밀번호를 여러 웹사이트나 앱에 대입해 로그인이 될 경우 개인정보나 자료를 유출하는 방법으로 대다수의 사람들이 모든 웹사이트나 앱에 동일한 아이디와 비밀번호를 사용한다는 허점을 노렸으며 피해를 입지 않으려면 웹사이트와 앱마다 서로 다른 아이디와 비밀번호를 사용하는 게 좋다.

- 랜섬웨어(Ransomeware)

몸값을 뜻하는 ransome과 제품을 뜻하는 ware의 합성어로 사용자 컴퓨터 시스템에 침투하여 중요 파일에 대한 접근을 차단하고 금품을 요구하는 악성프로그램이다. 인터넷 사용자의 컴퓨터에 잠입해 내부 문서나 사진 파일 등을 제멋대로 암호화해 열지 못하도록 한 뒤 돈을 보내면 해독용 열쇠 프로그램을 전송해준다며 금품을 요구한다.

- 온 디바이스 AI(On-device Artificial Intelligence)

멀리 떨어진 클라우드 서버를 거치지 않고 스마트 기기 자체적으로 정보를 수직하고 연산할 수 있는 기술로 단말기기 내부에서 정보를 처리하기 때문에 인터넷 연결이 어려운 상황에서도 빠른 작업이 가능하다.

- 데이터 센터(Data Center)

대형 빌딩에 중앙 네트워크를 설치한 뒤 기업들의 인터넷 서버를 대신

관리하거나 서버를 직접 준비한 뒤 기업들에게 서버 호스팅 서비스를 제공하는 인터넷 전산센터를 일컫는다.

- 자연어 처리(NLP ; Natural Language Processing)

컴퓨터를 이용해 사람의 자연어를 분석하고 처리하는 기술로 자연어 분석, 자연어 이해, 자연어 생성 등의 기술이 사용된다. 컴퓨터가 자연어로 주어진 입력에 따라 동작하게 하는 기술이며, 동영상이나 표의 내용 등을 사람이 이해할 수 있는 자연어로 변환하는데 인공지능의 주요 분야 중 하나로 최근에는 심층 기계 학습(deep learning) 기술이 기계 번역 및 자연어 생성 등에 적용되어 정보 검색, 기계 번역, 질의응답 등 다양한 분야에 응용된다.

- WiFi 6

현재 쓰이고 있는 와이파이 기술표준인 WiFi 5의 차세대 기술표준으로 다중 접속 환경에 최적화되어 있어 공공 와이파이 환경에서 속도가 느려지고 접속이 불안정해지는 문제를 해결해줄 것으로 보인다.

- 데이터베이스 관리시스템(Database Management System)

다수의 컴퓨터 사용자들이 컴퓨터에 수록한 수많은 자료들을 쉽고 빠르게 추가 · 수정 · 삭제할 수 있도록 해주는 소프트웨어로 DBMS라는 용어를 더 많이 사용한다. 축적된 자료구조의 정의, 자료구조에 따른 자료의 축적, 데이터베이스 언어에 의한 자료 검색 및 갱신, 정보의 기밀보호(security) 등의 기능이 있으며 인터넷의 발달과 함께 기업정보화의 급속한 진행으로 컴퓨터 운영체제(OS)에 버금가는 중요한 소프트웨어로 인식되고 있다.

- 클램셸(Clamshell)

과거 폴더폰처럼 펼쳐지는 새 폼팩터(하드웨어의 크기와 형태)를 업계에서 지칭하는 용어로 조개껍데기처럼 여닫힌다는 뜻에서 이처럼 불린다.

과거 폴더폰이 펼친 안쪽 면만 화면과 버튼으로 이용되었던 것과 달리 새로운 클램셸 스마트폰은 안쪽 면 전체가 디스플레이다.

- 불쾌한 골짜기(Uncanny Valley)

인간이 인간과 거의 흡사한 로봇의 모습과 행동에 거부감을 느끼는 감정 영역으로 1970년 일본의 로봇 공학자 모리 마사히로에 따르면 로봇이 사람과 흡사해질수록 인간이 로봇에 대해 느끼는 호감도가 증가하지만 어느 정도 도달하게 되면 섬뜩함과 혐오감을 느끼게 되고 로봇의 외모나 행동이 인간과 완전히 구별할 수 없을 정도가 되면 다시 호감도가 증가해 인간에게 느끼는 감성과 비슷해진다.

- 핀테크(Fintech)

금융(Financial)과 기술(Technology)의 합성어로 정보기술(IT)로 진화된 금융서비스 기술을 의미하며 송금, 모바일 결제, 개인자산관리, 크라우드펀딩 등이 속한다. 빠른 속도와 비용 절감을 장점으로 전통적 금융 산업을 대체하며 빠르게 성장하였다.

- 프롭테크(Proptech)

부동산 자산(property)과 테크(tech)의 합성어로 인공지능(AI), 빅데이터, 블록체인 등 첨단 정보기술(IT)을 기반으로 한 부동산 서비스를 말한다. 2000년대 등장한 인터넷 부동산 시세조회 · 중개 서비스에서 기술적으로 더 나아갔으며 부동산 중개, 3차원(3D) 공간설계, 부동산 크라우드펀딩, 사물인터넷(IoT) 기반의 건물관리 등이 해당한다.

5. 문화/미디어

- 기생충(Parasite)

2019년 5월 개봉된 봉준호 감독의 작품으로, 극과 극의 삶을 사는 두 가족을 중심으로 빈부격차와 양극화로 인한 계급 · 계층 간 단절을 다뤄낸

1DAY 2DAY 3DAY

영화다. 2019년 칸영화제 황금종려상을 수상하며 한국영화 100년사에 큰 기염을 이뤄낸 데 이어 2020년 2월 열린 제92회 아카데미 시상식에서는 작품상 · 감독상 · 각본상 · 국제장편영화상 등 4개 부문을 수상하는 쾌거를 이뤘다.

● 아카데미 시상식(Academy Awards)

미국 영화업자와 미국 내 영화단체인 영화예술과학 아카데미협회(Academy of Motion Picture Arts and Sciences)에서, LA의 개봉관에서 일주일 이상 상영된 영화를 대상으로 심사하여 수여하는 미국 최대의 영화상이다. '오스카(Oscar)'상이라고도 하며, 작품상 · 감독상 · 주연상 등 총 25개 부문에 대한 수상이 이뤄진다. 시상식은 매년 2월 말에서 4월 초에 개최되는데, 미국 영화계뿐만 아니라 전 세계적으로 주목도가 높아 각국에서 생중계 또는 위성중계를 진행하기도 한다.

● 골든글로브 시상식(Golden Globes Awards)

1943년에 설립된 할리우드 외신기자협회(Hollywood Foreign Press Association)에서 수여하는 상으로 그 영향력이 아카데미상까지 이어지기 때문에 아카데미상의 전초전이라고 불린다. 1944년 개최된 이래로 세계 영화시장을 움직일 정도의 영향력을 갖게 되었으며 약 3시간 동안 진행되는 시상식은 드라마 부문과 뮤지컬, 코미디 부문으로 나뉘어 진행되고 생방송으로 세계 120여 개 국에 방영되어 매년 약 2억 5,000만 명의 시청자들이 이를 지켜본다.

● 레거시 미디어(Legacy Media)

'과거의 유산'을 뜻하는 레거시(Legacy)라는 단어에서 알 수 있듯 전통적인 언론을 뜻하며 전통 매체로 분류되는 텔레비전, 신문, 잡지, 라디오 등이 속한다. 레거시 미디어가 정보를 일방적으로 대중에게 전달한다면 인터넷으로 대표되는 유튜브, SNS 등 뉴 미디어는 상호작용성이 강하다.

● 통합 마케팅 커뮤니케이션(IMC ; Integrated Marketing Communication)

광고, 직접마케팅, 판매촉진, 홍보 등 다양한 커뮤니케이션 수단들의 전략적인 역할을 비교, 검토하고, 명료성과 정확성 측면에서 최대의 커뮤니케이션 효과를 거둘 수 있도록 이들을 통합하는 총괄적인 계획의 수립 과정이다.

● 인플루언서 마케팅(Influencer Marketing)

기업들이 인스타그램 유튜브 등 소셜네트워크서비스(SNS)에서 수십만 명의 구독자(팔로어)를 보유한 'SNS 유명인'인 인플루언서에게 돈을 주고 제품 사용 후기 등을 올리게 하는 식으로 진행하는 마케팅으로 인플루언서는 제품 사용 후기 등을 올리며 업체에서 협찬받았다는 사실을 밝히지 않는 경우가 대부분이었다. 하지만 2018년 공정거래위원회는 인플루언서'에게 돈을 주고 홍보성 제품 사용 후기 등을 올리게 하는 기업을 단속할 것이라고 밝히며 SNS에 사용 후기가 많이 올라오는 다이어트 제품, 화장품, 소형 가전제품 업체를 중심으로 조사를 실시했다.

● 바이럴 마케팅(Viral Marketing)

네티즌들이 이메일이나 다른 전파 가능한 매체를 통해 자발적으로 어떤 기업이나 기업의 제품을 홍보할 수 있도록 제작하여 널리 퍼지는 마케팅 기법으로, 컴퓨터 바이러스처럼 확산된다고 해서 이러한 이름이 붙었다.

● 레트로 마케팅(Retro Marketing)

일명 복고마케팅으로, 과거의 제품이나 서비스를 현재 소비자들의 기호에 맞게 재해석하여 마케팅에 활용하는 것을 말한다. 복고는 오래된 것이라는 느낌을 줄 수 있지만, 당시를 향유하던 세대들에게는 향수를 불러일으키며 반가움과 위로를 줄 수 있고, 젊은 세대들에게는 새로운 문화를 접하는 듯한 신선함을 줄 수 있다.

- 뉴트로(New-tro)

복고(retro)를 새롭게(new) 즐긴다는 뜻으로, 중장년층에는 추억과 향수를, 젊은 세대에는 새로움과 재미를 안겨 주는 것이 특징이다. 기성의 것들을 토대로 새로운 것을 재창조하는 측면이 있으며 일종의 복고의 현대적 재해석이라고 할 수 있다.

- 중간 광고(Commercial Break)

방송프로그램의 중간에 나오는 광고로 케이블 TV, 종편채널에는 허용되어 있다. 회에 1분 이내로 제한하며 횟수도 프로그램 길이가 45분 이상이면 1회,60분 이상이면 2회,90분 이상이면 3회로 정했다. 지상파에서는 스포츠 프로그램에 한해 중간광고를 허용하고 있다.

- 플렉스(Flex)

요즘 1020 세대에게 '돈을 쓰며 과시하다' 혹은 '지르다'라는 뜻으로 사용되는 단어로 구부리다'라는 뜻에서 파생해 '몸 좋은 사람들이 등을 구부리며 근육을 자랑하다'라는 의미에서 유래했다. 플렉스를 목표로 돈을 모은 1020 세대들이 명품 구매 시장에 뛰어들었고 아르바이트하거나 용돈을 모아 명품을 사며, 소셜네트워크서비스(SNS) 등을 통해 플렉스하는 게 트렌드가 되었다.

- 트라이슈머(Trysumer)

슈머는 관습이나 광고에 얽매이지 않고 항상 새로운 무언가를 시도하는 '체험적 소비자' 집단을 의미한다. 사전에 정보와 리뷰 등을 확인한 후 새로운 서비스, 맛, 제품, 장소 등의 경험을 즐기는 소비자들이 바로 트라이슈머이다.

- 스트리밍 라이프(Streaming Life)

음악 파일 등을 내려 받지 않고 네트워크를 통해 물 흐르듯 재생하는 스트리밍 기술처럼 집, 가구, 차 등을 소유하지 않고 향유하거나 경험을 추구하는 소비의 의미를 담고 있다. 다운로드와의 가장 근본적인 차이는 저장, 즉 소유하지 않고 일회성으로 경험한다는 것에 있으며 여기서 스트리밍(streaming)은 인터넷에서 영상이나 음향 등의 파일을 다운로드 없이 실시간으로 재생해 주는 기법을 말한다.

편리미엄

편리함과 프리미엄을 결합한 용어로, 편리함이 중요 소비 트렌드로 부상하고 있음을 나타내는 말이며 소비자들이 가격이나 품질 등 가성비를 넘어 시간과 노력을 아낄 편리한 상품이나 서비스를 선호하는 현상을 가리킨다.

우리은행 필기모의 1회

제1회

우리은행 필기모의

NCS

01 우리은행과 관련한 다음 기사 내용에 대한 설명으로 옳지 않은 것은?

우리은행이 오는 3월 31일까지 '원(WON)하는 대로 우리 원(WON)예금 가입하쥐' 이벤트를 진행한다고 4일 밝혔다.

우리은행은 모바일 플랫폼인 '우리WON뱅킹'을 통해 '우리WON예금' 또는 '모이면 금리가 올라가는 예금'을 가입한 고객 중 2020명을 뽑아 골드바 3.75g 등을 제공한다.

WON예금은 만기해지 시점에 신규 가입일 당시의 예금 기본금리와 같은 금리를 추가로 제공하는 게 특징인 상품이지만 계약기간이 끝나기 전에 중도해지하면 적용되지 않는다.

모이면 금리가 올라가는 예금은 공동구매 상품으로 가입자, 모집금액이 많을수록 금리가 높아지는 상품이다. 최소 가입금액에 제한을 두지 않아 소액 예금으로도 우대금리를 적용받을 수 있다.

우리은행은 다음 달 말까지 '소WON을 말해봐' 이벤트도 벌인다. 우리WON뱅킹 이벤트 페이지에 올해 소원을 댓글로 남기면 추첨을 통해 모바일 쿠폰을 제공한다.

① 모바일 플랫폼을 통해 우리은행의 예금에 가입한 고객들만 골드바를 제공받을 수 있다.

② 예금 기본금리와 같은 금리를 추가로 제공받으려면 모든 예금을 중도해지하지 말아야 한다.

③ 모이면 금리가 올라가는 예금은 최소 가입금액에 제한을 두지 않는다.

④ 또 다른 이벤트에서 모바일 쿠폰을 제공받을 수 있다.

정답해설 셋째 단락에서 'WON예금은 만기해진 시점에 신규 가입일 당시의 예금 기본금리와 같은 금리를 추가로 제공하는 게 특징'이라는 기사가 나온 다음 계약기간이 끝나기 전에 중도해지하면 상품의 혜택을 제공받을 수 없다고 했으므로 고객이 예금 기본금리와 같은 금리를 추가로 제공받으려면 모든 예금이 아닌 'WON예금'만을 중도해지하지 말아야 한다.

① 둘째 단락의 첫 번째 문장에서 우리은행 모바일 플랫폼인 '우리WON뱅킹'을 통해 예금에 가입한 고객 가운데 추첨하여 골드바를 제공한다고 했으므로 옳은 설명이다.

③ 넷째 단락의 첫 번째 문장에서 '모이면 금리가 올라가는 예금'이라고 언급했으므로 해당 예금에 대한 설명이 맞다.

④ 마지막 단락에서 다음 달 말까지 '소WON을 말해봐' 이벤트를 벌일 것이고 올해 소원을 댓글로 남기면 추첨으로 모바일 쿠폰을 제공할 것이라 밝히고 있다.

[02~03] 다음 지문을 읽고 이어지는 질문에 답하시오.

보험은 보험자인 보험회사가 일정한 보험료를 내는 보험가입자에게 특정한 손실이 발생했을 경우 사전에 약정한 보험금을 가입자 또는 수혜자에게 지불하는 명문화된 약정이다. 보험금액은 사전에 결정되는 경우도 있고, 손실 비용의 전액 또는 일부를 사후에 보전할 수도 있다. 즉 보험은 보험 가입자에게 보험 약관에 명시된 재해에 의해 발생한 경제적 손실을 보상해주는 계약이다.

보험 가입자는 미래에 발생할 수 있는 손실을 보험자로부터 보장받기 위해 일정하게 약정된 금액을 지불해야 한다. 이러한 방법에 의해 보험 가입자는 미래에 발생할 수 있는 잠재적인 경제적 위험을 보험회사에 이전시키는 것이다. 결국 예상되기는 하지만 발생이 불확실한 손실의 위험이 피보험자로부터 보험자에게로 이전되는 것이 보험이다.

02 다음 중 윗글을 통해 추론할 수 없는 내용은?

① 사전에 약정한 보험금은 보험가입자도 지급받을 수 있다.

② 보험금액은 손실 비용을 사후에 보전할 수 있다.

③ 명확히 예상되는 손실에 대해서도 보험이 만들어지는 데 용이하다.

④ 보험을 통해 가입자는 미래의 경제적 위험을 회피한다.

정답 해설 제시문의 마지막 줄에서 보험은 발생이 불확실한 손실의 위험이 피보험자로부터 보험자에게로 이전되는 것이라고 하였다. 그러므로 명확히 예상되는 손실에 대해서는 보험이 만들어지기 어렵다.

오답 해설 ① 제시문의 두 번째 줄에서 보험은 사전에 약정한 보험금을 가입자 또는 수혜자에게 지불하는 명문화된 약정이라고 하였으므로 옳은 설명이다.

② 제시문의 세 번째 줄에서 보험금액은 사전에 결정되는 경우도 있고, 손실 비용의 전액 또는 일부를 사후에 보전할 수 있다고 밝히고 있다.

④ 제시문에서 나타난 방법에 의해 보험 가입자는 미래에 발생할 수 있는 잠재적인 경제적 위험을 보험회사에 이전시키는 것이므로 위험을 회피한다고 볼 수 있다.

03 다음 중 윗글의 제목으로 가장 적절한 것은?

① 명문화된 보험의 중요성

② 차근차근 알아보는 보험의 원리

③ 손실에 대비하는 최고의 방법, 보험

④ 보험자와 피보험자 사이의 갑을 관계

정답 해설 위 글에서는 보험이 어떻게 성립하며, 어떠한 역할을 하는지, 어떠한 성격을 띠고 있는지 설명해 주고 있으며 이러한 내용은 '보험의 원리'를 설명해 주고 있는 것이라고 할 수 있다.

04 다음 제시된 글의 내용과 일치하는 것은?

대기업의 고객만족 콜센터에서 상담원으로 8년째 근무하고 있는 김씨는 매일 아침마다 극심한 두통에 시달리며 잠에서 깬다. 김씨는 "욕설을 듣지 않는 날이 손에 꼽을 정도"라며 "물론 보람을 느낄 때도 있지만, 대부분 자괴감이 드는 날이 많다"고 '감정노동자'들의 고충을 호소하였다.

이처럼 콜센터 안내원, 호텔관리자, 스튜어디스 등 직접 사람을 마주해야 하는 서비스업 종사자의 감정 노동 스트레스는 심각한 수준으로 나타났다. 특히 텔레마케터의 경우 730개 직업 가운데 감정노동 강도가 가장 높았다. 최근 지방자치단체와 시민단체, 기업 등을 중심으로 감정노동자 보호를 위한 대안들이 나오고 있지만 서비스업 종사자들이 느끼는 감정노동의 현실이 개선되기까지는 여전히 많은 시간이 걸릴 것으로 보인다.

문제는 감정노동자들의 스트레스가 병으로도 이어질 수 있다는 점이다. 산업안전보건공단에 따르면 감정노동자들 중 80%가 인격 모독과 욕설 등을 경험했고, 38%가 우울증을 앓고 있는 것으로 조사됐다. 이는 심한 경우 불안장애증상이나 공황장애 등의 질환으로 발전할 수 있어 전문가들은 감정노동자들에게 각별한 주의를 요하고 있다.

하지만 이런 현실에 비해 아직 우리 사회의 노력은 많이 부족하다. 많은 감정노동자들이 스트레스로 인한 우울증과 정신질환을 앓고 있지만, 재계의 반대로 '산업재해보상보험법 시행령 및 시행규칙 개정안'은 여전히 공중에 맴돌고 있는 상태이다. 서비스업 특성상 질병의 인과관계를 명확히 구별하기 어렵기 때문에 기업들은 산재보험료 인상으로 기업의 비용이 부담된다며 반대의 목소리를 내고 있다.

① 텔레마케터는 감정노동으로 인한 스트레스가 가장 높은 직업이다.
② 지방자치단체나 기업의 반대로 산업재해보상보험법령이 개정되지 않은 상태이다.
③ 감정노동자의 80%가 스트레스로 인한 정신 질환을 앓고 있다.
④ 많은 기업들은 서비스업의 스트레스가 질병으로 전혀 이어지지 않는다고 생각한다.

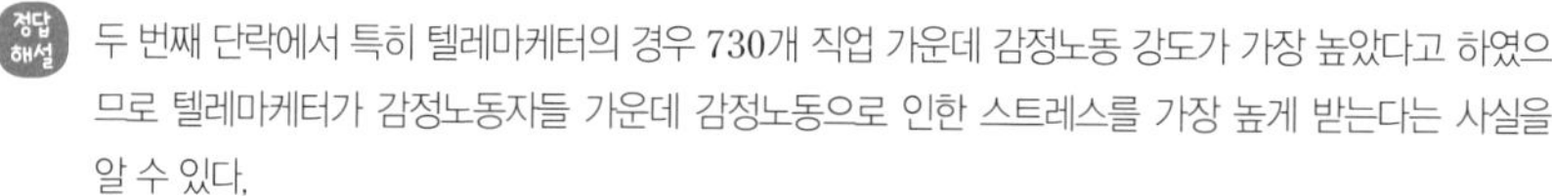
정답 해설 두 번째 단락에서 특히 텔레마케터의 경우 730개 직업 가운데 감정노동 강도가 가장 높았다고 하였으므로 텔레마케터가 감정노동자들 가운데 감정노동으로 인한 스트레스를 가장 높게 받는다는 사실을 알 수 있다.

05 다음 글에 대한 내용으로 옳은 것은?

인적판매는 판매원과 예상고객 사이의 대인적 커뮤니케이션으로서 자사의 제품과 서비스에 대한 구매 요구에 영향을 미치는 것을 말한다. 다른 마케팅 커뮤니케이션과는 달리 개인과 개인의 상호작용(interpersonal interactions)이 포함된다.

인적판매의 근본적인 목적은 도 · 소매상에게는 마케팅 지원을, 소비자에게는 제품의 사용, (판매 후) A/S를 제공하는 것이다. 인적판매는 대인 접촉에 의해 이루어지므로 고객이 높은 수준의 주의를 기울인다. 판매원이 고객 개개인에 따라 메시지를 차별화, 즉 고객

맞춤(customization)이 가능하다. 쌍방향의 커뮤니케이션이므로 고객으로부터 즉각적인 피드백을 얻을 수 있어 유능한 판매원이라면 지금 자기가 하고 있는 판매 활동이 효과가 있는가를 즉석에서 파악할 수 있다.

인적판매는 다른 마케팅 커뮤니케이션보다 훨씬 많고 복잡한 제품 정보를 전달할 수 있다. 고객과 빈번하게 접촉하여 장기적인 관계를 형성하고 상호 이익을 높일 수 있는 방향으로 나아갈 수 있다.

인적판매의 주요한 단점은 한 번에 한 사람의 고객과 접촉하므로 다른 촉진에 비하여 비용이 많이 든다는 점이다. 인적판매의 성과만을 고려하여 평가한다면 가장 효과적인 촉진 방법이지만, 비용을 대비한 성과로 평가한다면 효율성이 떨어진다. 따라서 인적판매와 다른 촉진 활동(광고나 판매 촉진)에 예산을 분배함으로써 촉진의 유효성과 효율성의 균형을 이루어야 한다.

① 인적판매는 판매원과 고객 사이의 대인적 커뮤니케이션으로서 다른 마케팅 커뮤니케이션과 유사한 개인과 개인의 상호작용을 포함한다.

② 인적판매는 쌍방향의 커뮤니케이션이므로 고객으로부터 즉각적인 피드백을 얻을 수 있어 누구나 현재의 판매 활동이 효과가 있는가를 즉석에서 파악할 수 있을 만큼 간단하다.

③ 인적판매의 성과는 다른 촉진 수단에 비해 성과가 높으므로 예산을 우선적으로 배정해야 한다.

④ 인적판매는 다른 마케팅 커뮤니케이션에 비해 고객에게 훨씬 많고 복잡한 제품 정보를 전달할 수 있다.

정답 해설 네 번째 단락에서 인적판매는 다른 마케팅 커뮤니케이션보다 훨씬 많고 복잡한 제품 정보를 전달할 수 있다고 직접적으로 언급하였다.

오답 해설 ① 첫 번째 단락에서 인적판매는 다른 마케팅 커뮤니케이션과는 달리 개인과 개인의 상호작용을 포함한다고 하였으므로 잘못된 설명이다.

② 두 번째 단락에서 쌍방향의 커뮤니케이션이므로 고객으로부터 즉각적인 피드백을 얻을 수 있지만 유능한 판매원이라면 지금 자기가 하고 있는 판매 활동이 효과가 있는가를 즉석에서 파악할 수 있다고 하였고 네 번째 단락에서 인적판매는 다른 마케팅 커뮤니케이션보다 훨씬 많고 복잡한 제품 정보를 전달할 수 있다고 하였으므로 간단하다는 설명을 옳지 않다.

③ 인적판매는 다른 촉진에 비하여 비용이 많이 들고 비용을 대비한 성과로 평가할 경우 효율성이 떨어지므로, 인적판매와 다른 촉진 활동에 예산을 분배하여 촉진의 유효성과 효율성의 균형을 이루어야 한다.

[06~07] 다음 지문을 읽고 이어지는 질문에 답하시오.

(가) 과학은 이 세상의 어떤 부분에 대한 믿을 만한 지식을 추구하고, 그런 지식을 이용해서 사회를 발전시키는 데에 크게 기여하였다. 과학의 핵심은 ㉠ 자연은 물론 자연에 대한 인간의 간섭을 주의 깊게 관찰하는 것이라고 할 수 있다. 티리언퍼플의 색깔이 어떤 분자에서 비롯된 것이고, ㉡ 어떻게 그 분자를 변형시켜서 더 밝은 자주색이나 파란색을 얻을 수 있을까를 알아내려는 노력이 바로 그런 관찰에 해당된다.

(나) 로마인들은 도로에 대해 잘 알고 있었다. 즉 ㉢ 도로를 어떻게 닦고 어디에서 어디로 연결해야 할 지 그리고 그것들을 오래 유지하는 방법을 알고 있었다. 로마 도로의 영구성은 오늘날에도 감탄을 자아내기에 충분하다. 20세기를 넘어서까지 계속해서 사용해 왔는데도 수백 마일의 로마 도로는 여전히 건재하고 있으니 말이다. 예를 들어, 로마의 남쪽에서부터 나폴리와 브린디쉬까지 갈 수 있는 아피아 가도는 오늘날에도 많은 자동차들이 달리고 있을 정도로 견고하다.

(다) 섹스투스에게서는 친절을 배웠다. 또 그로 인해 부성애로 다스려지는 가정의 전형을 알게 되었다. ㉣ 자연에 순응하는 사상을, 거만에 물들지 않은 근엄함을, 친구의 생각을 중히 여기고 그 희망을 따르는 마음씨를 배웠다. 그리고 무식한 무리들에 대해서도 관대해야 한다는 것을 배웠다.

06 다음 중 윗글의 ㉠~㉣ 중 나머지와 그 속성이 가장 다른 것은?

① ㉠ ② ㉡

③ ㉢ ④ ㉣

정답 06 ④

정답 해설 윗글의 세 개 지문은 다양한 속성의 '앎'에 대해서 서술하고 있다. (가)에서는 과학적 지식을, (나)에서는 도구 혹은 기술적인 지식을, (다)에서는 삶의 지혜를 이야기하고 있다. 각각의 앎의 속성을 생각해 볼 때 (가)와 (나)의 앎은 객관적인 '지식'의 속성을, (다)는 삶에 대한 태도, 철학과 같은 '지혜'의 속성을 띠고 있다. 따라서 ㉣은 나머지 예시와 앎의 성격이 가장 다르다고 볼 수 있다.

07 다음은 (가)~(다)의 내용을 읽고 난 후의 감상이다. 가장 적절하지 않은 것은?

① 보다 더 나은 인격체가 되는 삶은 (다)와 가깝지.
② 세상을 살아가는 데는 (다)와 같은 앎이 (가)와 같은 앎보다 중요해.
③ 오늘날 과학기술의 발달에는 (가), (나)와 같은 앎이 큰 기여를 했지.
④ (가)와 (다) 제시문에서 바라보는 자연에 대한 시각은 다소 차이가 있어.

정답 해설 다양한 '앎'에 대해 서술하고 있는 지문에서 (가)에서는 과학적 지식, (나)에서는 도구 혹은 기술적인 지식, (다)에서는 삶의 지혜로서의 앎을 이야기하고 있다. 따라서 (다)의 앎은 자기성찰적인 보다 높은 차원의 앎이며, (가), (나)의 기술적인 지식이 올바르게 나아갈 방향을 제시할 수 있다. 그러나 자기성찰적인 앎이 지식적인 앎보다 중요하거나 우월하다고 말할 수 없으며, 이 두 가지 성격의 앎이 조화를 이룰 때 균형 있는 성장과 발전이 가능하다

08 다음의 글을 읽고, 추론할 수 있는 것으로 가장 적절한 것은?

비단을 유리에 문지르면 비단이 유리에 끌려가는 것을 볼 수 있다. 반면에 유리에 문지른 두 비단 조각을 서로 가까이 대면 두 비단 조각은 서로를 밀어 낸다. 이 힘들이 '전하'에서 비롯된다는 사실은 오래 전부터 알려져 있었다. 벤자민 프랭클린은 그런 힘들을 이해하는 데 중요한 기여를 했다. 프랭클린은 전하를 띠고 서로를 끌어당기는 물체들이 접촉하면 그것들 사이의 인력이 약해지는 것에 주목했다. 반면에 서로 밀어내는 물체들이 접촉할 때는 그 물체들 사이의 척력이 약해지지 않는 것을 확인한 프랭클린은, 서로 끌어당기는 물체들이 접촉하는 경우 서로의 전하를 없앤다는 것을 깨달았다.

이는 양수와 음수가 지닌 속성과 동일하다. 프랭클린은 양과 음을 나타내는 수학 부호 '+'와 '−'를 대전된 물체에 부여했다. 반대 부호의 전하를 띤 물체들은 서로 끌어당기고, 같은 부호의 전하를 띤 물체들은 서로 밀어낸다. 오늘날 우리들은 원자가 양전하를 띤 원자핵을 지녔고, 원자핵은 양전하를 띤 양성자들과 전하를 띠지 않은 중성자들로 이루어졌다는 것을 안다.

또한 양성자의 양전하와 크기가 같은 음전하를 각각 띤 전자들은 원자핵을 둘러싸고 있다. 원자에 들어 있는 전자의 개수는 양성자의 개수와 같다. 따라서 원자 전체는 알짜 전하가 영이기 때문에 전기적으로 중성이다. 하지만 두 물체를 맞비비면, 일부의 전자들이 한 물체에서 다른 물체로 옮겨가서 두 물체가 전하를 띠게 되는 것이다. 이를 물체들이 대전되었다고 부른다.

① 원자 내부에 여러 개의 전자가 존재할 수 있는 것은 전자들이 서로 끌어당기기 때문이다.

② 핵의 양성자들이 서로를 밀어내지 않는 것은 서로 작용하는 전기력이 인력이기 때문이다.

③ 비단을 유리에 문지르면 일부 전자들이 유리로 이동하여 비단은 양전하로 대전된다.

④ 서로 끌어당기는 두 대전 물체를 접촉시킨 후 두 물체 사이의 인력이 약해지는 것은 접촉 시 일부 전하가 이동하여 알짜 전하의 양이 적어졌기 때문이다.

정답 해설 본문에서 원자 전체는 알짜 전하가 영이기 때문에 전기적으로 중성이라고 하였으므로, 두 물체 사이의 인력이 약해지는 것은 접촉시 일부 전하가 이동하여 알짜 전하의 양이 적어졌기 때문이라는 ④의 추정은 옳은 설명이다.

오답 해설 ①, ② 같은 부호의 전하 사이에는 척력이 작용한다고 하였으므로 내용과 일치하지 않는다.

③ 두 물체를 맞비비면 반대 부호의 전하로 대전되긴 하지만, 전하의 부호에 대해서는 제시되지 않았으므로 추정할 수 없다.

09 다음은 ○○은행에서 진행하고 있는 행사 포스터이다. 포스터를 보고 해당 행사에 대해 잘못 파악한 사람은?

○○은행 가족사랑 출시기념 이벤트

• 행사 기간 : 2020년 12월 16일(수) ~ 2020년 12월 31일(목)

• 세부내용

대상	응모조건	보상
가족사랑 통장 · 적금 · 대출 신규 가입대상	① 가족사랑 통장 신규 ② 가족사랑 적금 신규 ③ 가족사랑 대출 신규	• 가입고객 모두에게 OTP 또는 보안카드 무료발급
가족사랑 고객	가족사랑 통장 가입 후 다음 중 1가지 이상 신규 ① 급여이체 신규 ② 가맹점 결제대금 이체 신규 ③ 신용(체크)카드 결제금액 20만원 이상 ④ 가족사랑 대출 신규(1천만원 이상)	• 여행상품권(200만원)(1명) • 최신 핸드폰(3명) • 한우세트(300명) • 연극 티켓 2매(전 고객)
국민행복카드 가입고객	① 국민행복카드 신규 + 당행 결제계좌 등록	• ○○은행 고객 Gold 등급 (1,000명)

• 당첨자 발표 : 2021년 1월 초(예정), 홈페이지 공지 및 문자 · 이메일 통보

※ 유의사항

- 상기 이벤트 당첨자 중 핸드폰 등 연락처 누락, 수령 거절 등의 고객 사유로 1개월 이상 상품 미수령시 당첨이 취소될 수 있습니다.
- 제세공과금은 ○○은행이 부담하며 본 이벤트는 당행의 사정으로 변경 또는 중단될 수 있습니다.
- 당첨고객은 추첨일 기준 해당당품 유지고객에 한하며, 당첨발표는 추첨일 기준 1월 중 ○○은행 홈페이지에서 확인하실 수 있습니다.
- 기타 자세한 내용은 인터넷 홈페이지(www.○○bank.co.kr)를 참고하시거나, 가까운 영업점, 고객센터(0000 - 0000)에 문의하시기 바랍니다.

① 웅태 : 이 행사는 2020년 12월에 약 보름간 진행되는구나.

② 종찬 : 가족사랑 통장을 신규로 만들면 모두 OTP 또는 보안카드를 무료로 받을 수 있어.

③ 혜영 : 가족사랑 통장으로 급여이체를 신규로 하고, 가맹점 결제대금 이체를 신

규로 한다면 한우세트를 모든 고객이 받을 수 있어.

④ 수연 : 이번 이벤트에 제세공과금은 ○○은행에서 부담하지만, 은행의 사정으로 중단될 수도 있으니 유의해야겠어.

정답 해설 문제에서 주어진 이벤트는 가족사랑 통장 · 적금 · 대출 신규 가입대상, 가족사랑 고객, 국민행복카드 가입고객을 대상으로 2020년 12월 16일부터 약 보름(15일)간 진행되며, 각 대상에 대하여 응모조건을 충족 시 참여가능하다. 가족사랑 통장 · 적금 · 대출 신규 가입대상이 조건을 충족하면, 모두가 OTP 또는 보안카드를 무료로 받을 수 있다. 가족사랑 고객이 조건을 충족하면, 추첨을 통하여 다양한 상품을 받을 수 있고, 국민행복카드 가입고객이 조건을 충족하면 추첨을 통하여 ○○은행 고객 Gold 등급을 부여 받게 된다. 이 이벤트의 보상에 대하여 제세공과금은 ○○은행에서 부담하며, 당첨자는 문자 또는 이메일로 통보를 받거나, 홈페이지를 방문하여 확인할 수 있다.

1DAY 2DAY 3DAY

10 다음 중 (가)~(라)를 순서에 맞게 바르게 배열한 것은?

(가) 아담 스미스의 '보이지 않는 손'이라는 가정은 시장에서 개인의 이익 추구 활동을 제한하지 않는 것이 전체 이윤을 극대화하는 최선의 방책임을 보여주는 것으로 간주되었다. 그렇다면 다음의 경우는 어떠한가?

(나) 하지만 목초지의 수용한계를 넘어 양을 키울 경우, 목초가 줄어들어 그 목초지에서 양을 키워 얻을 수 있는 전체 생산량이 줄어든다. 나아가 수용한계를 과도하게 초과할 정도로 사육 수가 늘어날 경우 목초지 자체가 거의 황폐화된다.

(다) 공동 소유의 목초지에 양을 치기에 알맞은 풀이 자라고 있다고 생각해보자. 일정 넓이의 목초지에 방목할 수 있는 가축 수에는 일정한 한계가 있기 마련이다. 즉 '수용한계'가 존재하는 것이다. 그 목초지에 한 마리를 더 방목시킨다고 해서 다른 가축들이 갑자기 죽거나 병에 걸리는 것은 아니다.

(라) 예를 들어 수용한계가 양 20마리인 공동 목초지에서 4명의 농부가 각각 5마리의 양을 키우고 있다고 해보자. 그중 한 농부가 자신의 이익을 늘리고자 방목하는 양의 수를 늘리면 수를 늘린 농부의 경우 그의 수익이 기존보다 조금 늘어난다. 손실을 만회하기 위해 다른 농부들도 사육 수를 늘리고자 할 것이다. 이러한 상황이 장기화 될 경우, 농부들의 총이익은 기존보다 감소할 것이다.

정답 09 ③ | 10 ③

① (가) → (나) → (다) → (라)
② (가) → (나) → (라) → (다)
③ (가) → (다) → (나) → (라)
④ (가) → (다) → (라) → (나)

정답해설 주어진 글은 시장에서 개인의 이익 추구 활동을 제한하지 않는 것이 전체 이윤을 극대화하는 최선의 방책이 아님을 주장하는 글이다. 그 예로 농부가 사육하는 양의 수를 늘고 있다. 따라서 농부의 예시를 드는 이유를 설명하는 (가)가 가장 먼저 위치한다. 그리고 양을 사육하는 데에는 '수용한계'가 존재함을 알려주는 (다)가 (가) 다음으로 위치한다. (나)와 (라)는 (다)의 내용에 부정적인 결과를 나타낸다. 따라서 (나)의 역접 접속사인 '그러나'를 사용하여 글을 전개하면 된다. 그리고 (나)의 예시를 드는 (라)가 다음에 위치하면 된다. 따라서 알맞은 문단 배열은 (가) → (다) → (나) → (라)이다.

11 다음 상황에서 친구에게 보이는 경청의 방해요인은 무엇인가?

나는 친구에게 현재 일에 대한 힘든 점을 말하자 "너는 성격에 문제가 있다. 스스로 발전하기 위한 노력을 해라. 그에 관한 자격증 공부를 시작해봐"라는 말을 들었다. 나는 공감을 통해 잠깐이나마 위로를 받고 싶었지만 이런 친구의 반응이 반복되자 나를 이해하지 못하다는 생각이 들어 그 친구에게 더는 말을 걸지 않았다.

① 비위 맞추기
② 대답할 말 준비하기
③ 짐작하기
④ 조언하기

정답해설 어떤 사항에 대해서 다른 사람의 문제를 본인이 해결해 주고자 지나친 조언을 한다면 상대는 마음을 털어놓고 싶은 생각이 사라진다.

오답해설
① **비위 맞추기** : 상대방을 위로하기 위하거나 비위를 맞추기 위해서 너무 빨리 동의하는 것을 말하며 의도는 좋지만 상대방이 걱정이나 불안을 말하자마자 지지하고 동의하는데 너무 치중함으로써 상대방에게 자신의 생각이나 감정을 충분히 표현할 시간을 주지 못한다.
② **대답할 말 준비하기** : 상대방의 말을 듣고 곧 자신이 할 말을 생각하는데 집중해 상대방이 말하는 것을 잘 듣지 않는 것을 말하며 자기 생각에 빠져서 상대방의 말에 제대로 반응할 수 없게 된다.
③ **짐작하기** : 상대방의 말을 듣고 받아들이기보다 자신의 생각에 들어맞는 단서들을 찾아 자신의 생각을 확인하는 것으로 상대방의 하는 말을 무시하고 자신이 옳다는 것만 확인하게 된다.

12 다음을 읽고, 가장 관련이 있는 의사표현의 지침은?

서로 강경한 두 집단 중 한쪽이 자기주장의 단점을 밝히면서 상대방의 태도에 변화를 가져왔다. 강경한 태도를 굽히지 않던 상대방을 같은 쪽으로 끌어올 수 있다.

① 군중 심리를 이용하여 설득하라.
② 겉치레 양보로 기선을 제압하라.
③ 약점을 보여 주어 심리적 거리를 좁혀라.
④ 혼자 말하는 척하면서 상대방을 지적하라.

정답 해설 자기주장을 굽히지 않는 상대방에게 자신의 주장에 단점을 알려주면서 '약점을 보여주어 심리적 거리를 좁혀라.'의 설득력 있는 표현지침을 사용하였다.

1DAY 2DAY 3DAY

13 은행 본점의 신규상품 기획팀 사원인 A는 한 지점의 고객홍보처 직원과의 미팅이 길어져 사무실에 조금 늦게 복귀하였다. A는 기획팀의 B팀장에게 늦게 복귀하게 된 상황을 설명하려고 하는데 다음 대화의 상황에서 B팀장이 가져야 할 경청의 방법으로 가장 적절한 것은?

A : 팀장님, 늦어서 죄송합니다. 미팅이 늦어지는 바람에 그만…….
B : 왜 이렇게 늦은 거야? 3시에 급한 회의가 있으니 2시 30분까지 꼭 복귀하라고 했는데 도대체 지금이 몇 시야? 도중에라도 왔어야지!
A : 죄송합니다. 미팅 중 해당 지점에서 갑자기 대출사고가…….
B : 알았으니까 30분 뒤에 미팅관련 업무내용 보고해.

① 상대방의 말을 끝까지 경청한다.
② 상대방과 의견이 다르더라도 일단 수용한다.
③ 관련 질문을 적절히 하여 대화의 적극성을 부여한다.
④ 상대방이 무엇을 말한 것인지를 추측하려고 노력한다.

정답 11 ④ | 12 ③ | 13 ①

정답 해설 경청이란 일반적으로 다른 사람의 말을 끝까지 듣고 공감하는 능력을 말한다. 제시된 대화에서 B팀장은 A사원의 말이 채 끝나기 전에 자신의 말을 함으로써 A사원의 발언을 가로막고 있다. 따라서 B팀장은 상대방의 말을 가로막지 말고 끝까지 경청하는 자세가 필요하므로 가장 바람직한 경청의 방법은 ①이다.

14 다음은 원활한 의사소통에 대해 팀원들끼리 대화를 나누는 내용이다. 마지막 질문에 대한 윤 대리의 답변에 들어갈 말로 가장 적절하지 않은 것은?

김 과장 : 나는 상대방의 눈을 보며 이야기를 나누어야 이야기를 했다 말할 수 있는 것 같아.
윤 대리 : 맞아요. 과장님 말씀이 맞지만 시선을 맞추기 힘든 경우는 다른 방법으로 상대방에게 집중한다는 표시를 해야 하죠.
김 과장 : 어떤 방법으로 하면 좋지?
윤 대리 : 그건, ________________

① 서로의 말이 끊기지 않도록 바로바로 말하면 돼요.
② 적절한 리액션을 통해 대화의 활력을 불어 넣으면 돼요.
③ 상황에 맞는 어조와 세기로 상대방을 공감하며 말하면 돼요.
④ '왜?'라는 질문보다는 상대방이 한 말을 이용하여 재질문하면 돼요.

정답 해설 올바른 경청을 하고 원활한 의사소통을 하는 방법은 다양하다. 우호적인 시선, 개방적인 자세, 편안한 자세, 상대방에게 기울이는 자세 등의 외향적인 자세나 행동을 통하여 상대방에게 집중함을 들어낼 수 있고, 목소리의 크기, 어조 등의 반언어적 표현을 통하여 상대방의 말에 공감 또는 지지의 표시를 할 수 있다. 이러한 적절한 리액션은 대화의 활력을 불어 넣을 수 있다. '왜?'라는 질문보다는 상대방의 말 속의 단어를 사용하여 재질문하는 것이 원활한 의사소통을 돕는다.

15 다음은 문서의 이해를 위한 절차이다. 빈칸에 들어갈 내용으로 알맞은 것을 순서대로 나열한 것은?

1. 문서의 제목을 이해하기
2. 문서가 작성된 (   ) 파악하기
3. 문서에 쓰인 정보를 밝혀내고 문서가 제시하고 있는 현안문제 파악하기
4. 문서를 통해 상대방의 (   ) 및 내게 요구하는 행동에 관한 내용을 분석하기
5. 문서에서 이해한 (   )을 위해 취해야 할 행동을 생각하고 결정하기
6. 상대방의 의도를 도표나 그림 등으로 메모하여 요약, 유추해보기

① 배경과 주제 – 목적 달성 – 욕구와 의도
② 배경과 주제 – 욕구와 의도 – 목적 달성
③ 욕구와 의도 – 배경과 주제 – 목적 달성
④ 욕구와 의도 – 목적 달성 – 배경과 주제

정답 해설 문서의 제목을 이해한 다음에는 문서가 작성된 배경과 주제를 파악해야 한다. 이후 문서에 나타난 상대방의 욕구 및 의도와 내게 요구하는 행동의 내용을 분석하고 문서로 이해한 목적 달성을 위해 취해야 할 행동을 생각하고 결정해야 한다.

16 다음 용도에 맞고 빈칸에 들어갈 문서로 옳은 것은?

최 부장 : "김 과장 한 달 후에 있을 행사에 대해 알고 있지? 모레까지 (   ) 만들어서 제출하도록 하세요."
김 과장 : "네 알겠습니다. 이번 프로젝트 반드시 성공시키겠습니다."

① 기안서 ② 비즈니스 레터
③ 기획서 ④ 보고서

정답 해설 기획서는 적극적으로 기획하여 하나의 프로젝트를 문서형태로 만들고, 상대방에게 전달하여 프로젝트를 시행하기 위한 문서이다. 따라서 기획서는 대게 대외비인 경우가 많다.

17 다음 지문의 빈칸에 들어갈 말로 가장 적절한 것은?

제목 : 인터넷 뱅킹 도난에 대한 은행의 대처
본론 : 1. 인터넷 뱅킹 도난을 고객의 탓으로 돌리는 은행의 행동
2. (   )
3. 금융 약관상의 맹점
결론 : 은행의 충실한 대처 촉구

① 인터넷 뱅킹의 최신화
② 인터넷 뱅킹의 문제점
③ 은행 서비스의 보완
④ 보안 시스템의 점검 · 개발 미비

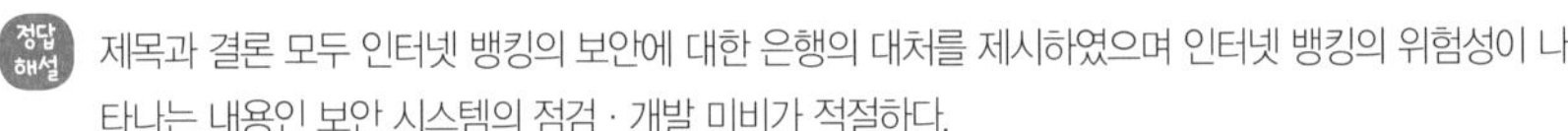

정답 해설 제목과 결론 모두 인터넷 뱅킹의 보안에 대한 은행의 대처를 제시하였으며 인터넷 뱅킹의 위험성이 나타나는 내용인 보안 시스템의 점검 · 개발 미비가 적절하다.

18 다음 문장의 밑줄 친 부분과 같은 의미로 쓰인 것은?

자기 앞 공출량도 제대로 못 감당해 나가는 소작인들한테 식량을 의탁할 수는 없는 노릇이었다.

① 이번 외상값은 이 친구 앞으로 달아 놓게.
② 어려운 현실 앞에서는 그도 어쩔 도리가 없었다.
③ 지금은 무엇보다 앞을 내다볼 수 있는 자세가 요구된다.
④ 연병장 앞에는 드넓은 해안선이 이어져 있다.

정답 해설 제시된 문장의 '앞'은 '어떤 사람이 떠맡은 몫' 또는 '차례에 따라 돌아오는 몫'을 의미하므로 이러한 의미로 사용된 것은 ①이다.

오답 해설 ② '어떤 조건에 처한 상태'를 의미한다.
③ '장차 올 시간'을 의미한다.
④ '나아가는 방향이나 장소'를 의미한다.

1DAY 2DAY 3DAY

19 다음 글의 내용과 관련된 사자성어는?

비판적 사고는 지엽적이고 시시콜콜한 문제를 트집 잡아 물고 늘어지는 것이 아니라 문제의 핵심을 중요한 대상으로 삼는다. 비판적 사고는 제기된 주장에 어떤 오류나 잘못이 있는가를 찾아내기 위해 지엽적인 사항을 확대하여 문제로 삼는 태도나 사고방식과는 거리가 멀다.

① 결자해지(結者解之)
② 구밀복검(口蜜腹劍)
③ 본말전도(本末顚倒)
④ 부화뇌동(附和雷同)

정답 해설 제시문에서 비판적 사고는 지엽적이고 시시콜콜한 문제를 트집 잡아 물고 늘어지는 것이 아니라 문제의 핵심을 중요한 대상으로 삼는다고 하였는데 이는 일의 경중이나 본질과 지엽적인 사항을 구분하지 못함을 경계하는 것이므로 ③과 관련된 내용이 된다. '본말전도'는 '일의 근본 줄기는 잊고 사소한 부분에만 사로잡힘'을 뜻하는 말이다.

오답 해설 ① '결자해지'는 '매듭을 묶은 자가 풀어야 한다'는 뜻으로 일을 저지른 사람이 일을 해결해야 함을 비유한 말이다.
② '구밀복검'은 '입에는 꿀이 있지만 배에는 칼이 있다'는 뜻으로 내심으로는 음해할 생각을 하거나, 돌아서서 헐뜯는 것을 비유한 말이다.
④ '부화뇌동'은 '우레 소리에 맞춰 함께한다'는 뜻으로 자신의 뚜렷한 소신 없이 그저 남이 하는 대로 따라가는 것을 의미(意味)한다.

정답 17 ④ | 18 ① | 19 ③

20 다음과 같은 뜻의 속담은?

임시변통은 될지 모르나 그 효력이 오래가지 못할 뿐 아니라 결국에는 사태가 더 나빠진다는 것을 말한다.

① 쥐 잡으려다 장독 깬다. ② 가랑비에 옷 젖는 줄 모른다.
③ 여름 불도 쬐다 나면 서운하다 ④ 언 발에 오줌 누기

정답해설 제시문과 같은 상황을 비유적으로 이르는 속담은 '언 발에 오줌 누기'이다.

오답해설 ① '쥐 잡으려다 장독 깬다.'는 조그만 일을 하려다가 큰일을 그르친다는 뜻이다.
② '가랑비에 옷 젖는 줄 모른다.'는 아무리 사소한 것이라도 그것이 거듭되면 무시하지 못할 정도로 크게 됨을 비유적으로 이르는 말이다.
③ '여름 불도 쬐다 나면 서운하다.'는 오랫동안 해 오던 일을 그만두기 어렵다는 뜻이다.

21 다음 숫자는 일정한 규칙을 따르고 있다. ㉠, ㉡, ㉢에 들어갈 가장 적절한 숫자의 합은?

3	5	8
9	15	24
㉠	25	40
21	㉡	56
27	45	㉢

① 120 ② 122
③ 124 ④ 126

정답해설 표에서 세로로 한 줄씩 보면 배수관계임을 알 수 있다.

3	5	8	x
9	15	24	$3x$
㉠	25	40	$5x$
21	㉡	56	$7x$
27	45	㉢	$9x$

㉠ 15, ㉡ 35, ㉢ 72이므로 세 수의 합은 15+35+72=122이다.

22 한 해의 43번째 수요일은 어느 달에 속하는가?

① 9월
② 10월
③ 11월
④ 12월

정답 해설 매년 첫 번째 수요일은 1월 1일에서 1월 7일 사이에 있다. 그리고 42주는 '42×7=294일'이므로 43번째 수요일은 '294일+1일=295일'에서 '294일+7일=301일 사이에 있다. 매년 1월 1일을 기준으로 295일과 301일은 모두 10월이다. 따라서 43번째 수요일은 언제나 10월에 속한다.

23 위조지폐일 가능성이 있는 10장의 지폐 중 진짜 위조지폐는 3장이 있다고 한다. 위조지폐에 대한 전문지식이 없는 '갑'과 '을' 두 사람이 순서대로 지폐를 한 장씩 고를 때, 두 장 모두 위조지폐일 확률은?(단, 먼저 고른 지폐는 다시 섞지 않는다.)

① $\frac{3}{50}$
② $\frac{1}{15}$
③ $\frac{1}{10}$
④ $\frac{2}{9}$

정답 해설 전체 지폐가 10장이고 이 중 위조지폐는 3장이 있으므로, 먼저 갑이 고른 지폐가 위조지폐일 확률은 $\frac{3}{10}$이 된다. 이 경우 남은 지폐는 9장이며, 이 중 위조지폐는 모두 2장이 남게 되므로, 을이 고른 지폐도 위조지폐일 확률은 $\frac{2}{9}$가 된다. 따라서 갑, 을 두 사람이 고른 지폐가 모두 위조지폐일 확률은 '$\frac{3}{10}\times\frac{2}{9}=\frac{1}{15}$'이 된다.

24 다음에 일정한 규칙에 따라 숫자를 나열한 것이다. 빈칸에 가장 알맞은 숫자는?

$\frac{4}{27}$ $\frac{9}{20}$ $\frac{1}{15}$ ( ) 13 91 8 $\frac{11}{4}$ 22

① $\frac{45}{7}$ ② 7

③ $\frac{43}{6}$ ④ 9

정답 해설 $\frac{4}{27} \times \frac{9}{20} = \frac{1}{15}$

$(\quad) \times 13 = 91$

$8 \times \frac{11}{4} = 22$

따라서 '( )=7'이 된다.

25 그릇에 담겨 있는 물에 식염 60g을 넣어 녹였을 때 이 식염수의 농도는 25%가 된다고 한다. 원래 그릇에 담겨 있는 물의 양으로 알맞은 것은?

① 160g ② 180g

③ 200g ④ 240g

정답 해설 '식염수의 양=물의 양+식염의 양'이며, '식염수의 농도$=\frac{\text{식염의 양}}{\text{식염수의 양}}\times 100(\%)$'이 된다. 여기서 처음 그릇에 담겨 있는 물의 양을 x(g)이라고 하면, '$\frac{60}{(x+60)} \times 100 = 25(\%)$'가 성립한다. 이를 풀면 '$x=180$(g)'이 된다.

26 어떤 일을 하는데 A는 60시간, B는 40시간이 걸린다고 했을 때 A와 B가 함께 일을 하면 각자 능력의 20%를 분업효과로 얻을 수 있다고 한다. A와 B가 함께 일을 한다면 걸리는 시간은?

① 15　　② 20
③ 25　　④ 30

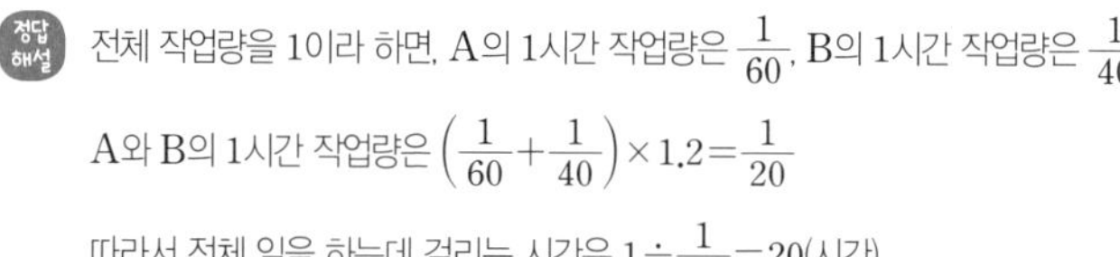
정답해설 전체 작업량을 1이라 하면, A의 1시간 작업량은 $\frac{1}{60}$, B의 1시간 작업량은 $\frac{1}{40}$

A와 B의 1시간 작업량은 $\left(\frac{1}{60}+\frac{1}{40}\right)\times 1.2=\frac{1}{20}$

따라서 전체 일을 하는데 걸리는 시간은 $1\div\frac{1}{20}=20$(시간)

27 집에서 회사까지 갈 때는 시속 3km, 회사에서 집으로 올 때는 시속 5km의 속력으로 걸어서 집에서 회사까지 왕복하는데 2시간이 걸렸다고 할 때 집에서 회사까지의 거리를 구하면?

① 3.5km　　② 3.75km
③ 4.5km　　④ 4.25km

정답해설 집에서 회사까지의 거리를 x(km)라 하면, 갈 때 걸린 시간은 $\frac{x}{3}$(시간), 올 때 걸린 시간은 $\frac{x}{5}$(시간)이 된다. 따라서 '$\frac{x}{3}+\frac{x}{5}=2$'이므로 '$5x+3x=30$'이 된다. 따라서 $x=3.75$(km)이다.

28 1부터 15까지의 숫자가 적힌 같은 크기와 모양을 가진 구슬이 주머니 속에 들어 있다. 이 주머니에서 구슬을 한 개 꺼낼 때 나올 수 있는 숫자의 평균은?

① 6　　② 7
③ 8　　④ 9

정답 24 ② | 25 ② | 26 ② | 27 ② | 28 ③

정답 해설 주머니 속의 구슬을 꺼낼 때 나올 수 있는 수는 1~15이이므로, 총합은 240이다. 따라서 나올 수 있는 숫사의 평균은 240÷15=8이다.

[29~30] 우리은행의 입사시험에서 서류전형을 통과한 200명의 지원자들이 취득한 NCS점수와 면접점수의 분포수를 다음과 같이 표시하였다. 물음에 알맞은 답을 고르시오.

〈표〉우리은행 신입사원모집 지원자 점수 분포

(단위 : 명)

NCS \ 면접	10점	20점	30점	40점	50점
50점	3	8	10	7	3
40점	6	8	9	12	8
30점	7	10	15	9	10
20점	8	7	13	11	6
10점	3	6	11	6	4

29 다음의 조건에 따를 때 합격자 수는?

㉠ 면접점수와 NCS점수의 총점이 80점 이상인 사람만 합격자로 결정한다.
㉡ 합격자의 면접점수와 NCS점수는 각각 40점 이상이어야 한다.
㉢ NCS점수가 50점인 경우는 면접점수가 30점 이상이면 합격자가 된다.

① 20명
② 30명
③ 40명
④ 50명

총점이 80점 이상인 사람 중 면접점수와 NCS점수가 모두 40점 이상인 사람을 표시하면 괄호와 같다. 그리고 ⓒ에 따라 NCS점수가 50점이고 면접점수가 30점 이상인 사람을 표시하면 아래 밑줄과 같다.

NCS \ 면접	10점	20점	30점	40점	50점
50점	3	8	10	(7)	(3)
40점	6	8	9	(12)	(8)
30점	7	10	15	9	10
20점	8	7	13	11	6
10점	3	6	11	6	4

따라서 괄호 또는 밑줄이 있는 사람이 합격자가 되므로 합격자 수는 모두 40명이다.

30 면접점수와 NCS점수의 총점이 높은 순으로 합격자를 선발한 결과 서류전형을 통과한 지원자 중 25%가 합격하였다고 했을 때 합격자의 총점 평균을 구하면?(단, 소수점 첫째 자리에서 반올림한다.)

① 82점 ② 84점

③ 86점 ④ 88점

200명의 지원자 중 25%가 합격하였으므로 모두 '$200 \times 0.25 = 50$명'이 합격하였다. 총점이 높은 순으로 50명을 표시하면 괄호와 같다.

NCS \ 면접	10점	20점	30점	40점	50점
50점	3	8	(10)	(7)	(3)
40점	6	8	9	(12)	(8)
30점	7	10	15	9	(10)
20점	8	7	13	11	6
10점	3	6	11	6	4

따라서 합격자 50명의 총점 평균은 '$\frac{(100 \times 3) + (90 \times 15) + (80 \times 32)}{50} = 84.2$(점)'이다. 소수점 첫째 자리에서 반올림하므로 합격자의 총점 평균은 84점이 된다.

31 어떤 행원이 '61+18'이 적힌 전표를 보고 두 수의 합을 100이라고 하였다. 이와 같은 방식으로 '86+99'가 적힌 전표를 읽는 경우 다음의 합은?

① 186 ② 198

③ 164 ④ 205

정답해설 '61+18'이 적힌 전표를 180도 뒤집어 읽으면 '81+19'이므로, 두 수의 합이 100이 된다.
따라서 '86+99'도 뒤집어 읽는 경우 '66+98'이므로 두 수의 합은 '164'이다.

32 자동판매기에서 수금한 동전의 총 개수가 257개이다. 50원짜리 동전은 10원짜리 동전보다 15개가 적고, 100원짜리 동전은 10원짜리 동전보다 22개가 많으며, 500원짜리 동전의 합계금액은 12,500원이다. 50원짜리 동전의 합계 금액은?

① 2,250원 ② 2,500원

③ 3,000원 ④ 3,250원

정답해설 10원짜리 동전의 개수를 x(개)라 할 때, 나머지 동전의 개수는 다음과 같다.
50원짜리 동전의 개수 : $x-15$(개)
100원짜리 동전의 개수 : $x+22$(개)
500원짜리 동전의 개수 : $12{,}500\div500=25$(개)
동전의 총 개수가 257개이므로, '$x+(x-15)+(x+22)+25=257$'이 된다.
$\therefore x=75$(개)
따라서 50원짜리 동전의 개수는 '$75-15=60$(개)'이며, 50원짜리 동전의 합계 금액은 '$50\times60=3{,}000$(원)'이다.

33 같은 회사의 '갑'과 '을'은 사내 걷기대회에 함께 참가하였다. '갑'은 시속 4.62km, '을'은 3.3km의 속력으로 걷는다고 할 때 '갑'이 5시간 후 목표지점에 도착하였다면, '을'은 '갑'이 도착한 뒤 얼마 후에 도착하는가? (단, 출발부터 도착까지 쉬는 시간은 없으며, 출발지에서 도착지까지 모두 같은 코스를 걷는다고 가정한다.)

① 40분 후 ② 1시간 20분 후
③ 2시간 후 ④ 2시간 40분 후

정답 해설 '거리=속력×시간'이므로, 갑이 5시간 동안 걸은 거리는 '4.62×5=23.1(km)'이다. 또한 '걸린 시간$=\frac{\text{거리}}{\text{속력}}$'이므로, 을은 출발점에서 23.1km떨어진 목표지점에 도착하기까지 걸리는 시간은 '$\frac{23.1}{3.3}$=7시간'이다. 따라서 갑이 도착한 뒤 2시간 후에 을이 도착한다.

[34~35] 다음의 〈표〉는 어느 나라의 기업 기부금 순위 상위 기업의 현황과 연도별 기부금 추이를 나타낸 것이다. 물음에 알맞은 답을 고르시오.

〈표 1〉 2017년 기부금 순위 상위 5개 기업 현황

순위	기업명	총기부금(억 원)	현금기부율(%)
1	A	350	20
2	B	300	24
3	C	280	26
4	D	250	15
5	E	240	29

〈표 2〉 연도별 기부금 추이

구분 \ 연도	2013	2014	2015	2016	2017
기부금 총액(억원)	5,520	6,240	7,090	7,820	8,220

기업 기부금 총액 (억원)	1,980	2,190	2,350	2,610	2,760

34 다음 중 2017년의 현금기부금 액수가 가장 많은 기업은?

① A기업
② B기업
③ C기업
④ E기업

현금기부금은 총기부금에서 현금기부가 차지하는 비율과 같으므로, '총기부금 × 현금기부율(%)'로 구할 수 있다. 〈표 1〉을 토대로 2017년의 기업별 현금기부금을 구하면 다음과 같다.

- A기업 : 350 × 0.2 = 70(억 원)
- B기업 : 300 × 0.24 = 72(억 원)
- C기업 : 280 × 0.26 = 72.8(억 원)
- E기업 : 240 × 0.29 = 69.2(억 원)

따라서 2017년의 현금기부금이 가장 많은 기업은 C기업이다.

35 다음 〈보기〉의 설명 중 옳은 것을 모두 고르면?

보기

㉠ 기부금 총액과 기업의 기부금 총액은 매년 지속적으로 증가하였다.
㉡ 기부금 총액에서 기업의 기부금이 차지하는 비중은 매년 지속적으로 증가하였다.
㉢ 2017년 상위 5개 기업의 총기부금은 기부금 총액의 17% 이하이다.

① ㉠
② ㉢
③ ㉠, ㉢
④ ㉡, ㉢

〈표 2〉를 통해 2013년 이후 기부금 총액과 기업의 기부금 총액이 매년 지속적으로 증가하고 있음을 알 수 있다. 따라서 ㉠은 옳은 설명이다.

36 다음 〈표〉는 과목 등급 산정기준과 과목별 이수단위 및 '갑'의 과목별 석차에 대한 자료이다. 〈표〉와 〈평균등급 산출 공식〉에 따라 산정한 '갑'의 4개 과목 평균등급을 M이라 할 때, M의 범위로 옳은 것은?

〈표 1〉 과목 등급 산정기준

등급	과목석차 백분율
1	0% 초과 4% 이하
2	4% 초과 11% 이하
3	11% 초과 23% 이하
4	23% 초과 40% 이하
5	40% 초과 60% 이하
6	60% 초과 77% 이하
7	77% 초과 89% 이하
8	89% 초과 96% 이하
9	96% 초과 100% 이하

※ 과목석차 백분율(%)$=\frac{\text{과목석차}}{\text{과목이수인원}}\times 100$

〈표 2〉 과목별 이수단위 및 민수의 과목별 석차

과목 \ 구분	이수단위(단위)	석차(등)	이수인원(명)
국어	3	270	300
영어	3	44	300
수학	2	27	300
과학	3	165	300

〈평균등급 산출 공식〉

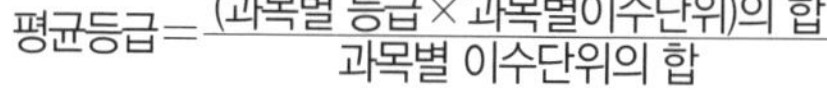

평균등급$=\frac{\text{(과목별 등급}\times\text{과목별이수단위)의 합}}{\text{과목별 이수단위의 합}}$

① $3 \leq M < 4$ ② $4 \leq M < 5$

③ $5 \leq M < 6$ ④ $6 \leq M < 7$

정답 해설 '과목석차 백분율(%)$=\frac{\text{과목석차}}{\text{과목이수인원}} \times 100$'이므로, 〈표 1〉과 〈표 2〉를 통해 과목석차 백분율과 해당 과목별 등급을 구하면 다음과 같다.

과목 \ 구분	이수단위(단위)	석차(등)	이수인원(명)	과목석차 백분율(%)	등급
국어	3	270	300	90	8
영어	3	44	300	(대략) 14.7	3
수학	2	27	300	9	2
과학	3	165	300	55	5

평균등급은 '$\frac{\text{(과목별 등급} \times \text{과목별 이수단위)의 합}}{\text{과목별 이수단위의 합}}$'이므로,

'갑'의 4개 과목 평균등급은 '$\frac{(8 \times 3)+(3 \times 3)+(2 \times 2)+(5 \times 3)}{11} \fallingdotseq 4.7$'이 된다.

따라서 4개 과목 평균등급 M의 범위로 적절한 것은 ②이다.

37 다음 〈표〉는 산업재산권 유지를 위한 등록료에 관한 자료이다. 다음 중 권리 유지비용이 가장 많이 드는 것은?

〈표〉 산업재산권 등록료

(단위 : 원)

권리 \ 구분		설정등록료 (1~3년분)	연차등록료 4~6년차	7~9년차	10~12 년차	13~15 년차	16~18 년차	19~21 년차	22~25 년차
특허권	기본료	81,000	매년 60,000	매년 120,000	매년 240,000	매년 480,000	매년 960,000	매년 1,920,000	매년 3,840,000
	가산료 (청구범위의 1항마다)	54,000	매년 25,000	매년 43,000	매년 55,000	매년 68,000	매년 80,000	매년 95,000	매년 120,000

실용신안권	기본료	60,000	매년 40,000	매년 80,000	매년 160,000	매년 320,000	–
	가산료(청구범위의 1항마다)	15,000	매년 10,000	매년 15,000	매년 20,000	매년 25,000	
디자인권	75,000		매년 35,000	매년 70,000	매년 140,000	매년 280,000	–
상표권	211,000(10년분)		10년 연장시 256,000				

※ 권리 유지비용은 설정등록료와 연차등록료의 합으로 구성됨.

※ 특허권, 실용신안권의 기본료는 청구범위의 항 수와는 무관하게 부과되는 비용임. 예를 들어, 청구범위가 1항인 경우 기본료와 1항에 대한 가산료가 부과됨.

① 청구범위가 1항인 특허권에 대한 4년간의 권리 유지

② 청구범위가 3항인 실용신안권에 대한 5년간의 권리 유지

③ 한 개의 디자인권에 대한 6년간의 권리 유지

④ 한 개의 상표권에 대한 10년간의 권리 유지

정답해설 '청구범위가 3항인 실용신안권에 대한 5년간의 권리 유지비용'은 다음과 같이 구성된다.

㉠ 설정등록료

- 기본료 : 60,000원
- 가산료 : 15,000 × 3(3항) = 45,000원

㉡ 연차등록료

- 기본료 : 40,000 × 2(4, 5년차) = 80,000원
- 가산료 : 10,000 × 3(3항) × 2(4, 5년차) = 60,000원

따라서 ②의 권리 유지비용은 '245,000원'으로 가장 많다.

오답해설 ① 청구범위가 1항인 특허권에 대한 4년간의 권리 유지비용은 '81,000 + 54,000 + 60,000 + 25,000 = 220,000원'이 된다.

③ 한 개의 디자인권에 대한 6년간의 권리 유지비용은 4~6년차의 연차등록료를 포함하므로, '75,000 + (35,000 × 3) = 180,000원'이 된다.

④ 한 개의 상표권에 대한 10년간의 권리 유지비용은 '211,000원'이다.

정답 37 ②

[38~39] 다음은 도시별 인구와 컴퓨터 보유수를 나타낸 자료이다. 이를 토대로 다음 물음에 답하시오.

구 분	인구(만 명)	인구 100명당 컴퓨터 보유수(대)
A시	102	24
B시	80	15
C시	63	41
D시	45	30

38 컴퓨터 보유수가 가장 많은 도시와 가장 적은 도시를 순서대로 맞게 나열한 것은?

① A, B　② A, D
③ C, B　④ B, D

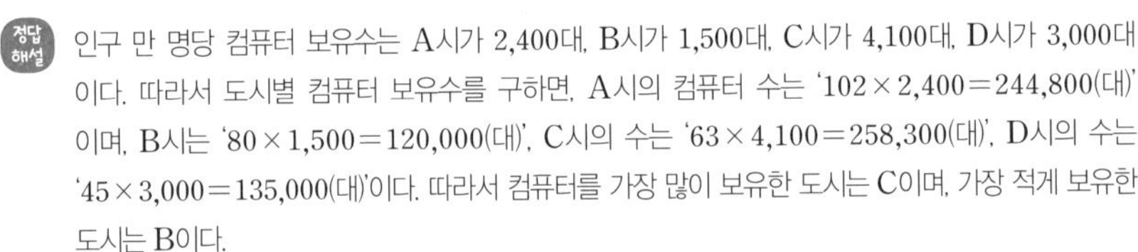
정답해설 인구 만 명당 컴퓨터 보유수는 A시가 2,400대, B시가 1,500대, C시가 4,100대, D시가 3,000대이다. 따라서 도시별 컴퓨터 보유수를 구하면, A시의 컴퓨터 수는 '102 × 2,400 = 244,800(대)'이며, B시는 '80 × 1,500 = 120,000(대)', C시의 수는 '63 × 4,100 = 258,300(대)', D시의 수는 '45 × 3,000 = 135,000(대)'이다. 따라서 컴퓨터를 가장 많이 보유한 도시는 C이며, 가장 적게 보유한 도시는 B이다.

39 한 가구의 평균 가족 수를 4명이라고 할 때, 가구당 평균 1대 이상의 컴퓨터를 보유하고 있는 도시를 모두 고른 것은?

① C　② C, D
③ A, C, D　④ B, C, D

정답 해설 한 가구의 평균 가족 수를 4명이라고 할 때 A도시의 인구 100명당(25가구당) 컴퓨터 보유수가 24대이므로, 이 도시의 한 가구당 컴퓨터 보유수는 '$\frac{24}{25}=0.96$(대)'이다. B도시의 한 가구당 컴퓨터 보유수는 '$\frac{15}{25}=0.6$(대)', C도시의 경우 '$\frac{41}{25}=1.64$(대)', D도시의 경우 '$\frac{30}{25}=1.2$(대)'이다. 따라서 한 가구당 1대 이상의 컴퓨터를 보유한 도시는 C와 D이다.

40 **같은 팀 영업사원인 '갑, 을'은 지난 달 두 사람이 합해서 250대의 에어컨을 판매했다. 이번 달에 '갑'은 전달 대비 에어컨 판매수량이 30% 증가했고, '을'은 20% 감소했으며, 두 사람이 합해서 20% 증가했다. 이번 달 '을'의 에어컨 판매수량은?**

① 40대 ② 44대
③ 50대 ④ 60대

정답 해설 지난 달 갑의 에어컨 판매수량을 x(대), 지난 달 을의 에어컨 판매수량을 y(대)라 할 때, '$x+y=250$'이 된다. 이번 달에 갑의 판매수량이 30% 증가했고 을은 20% 감소하여, 두 사람이 합해서 20% 증가했으므로, '$(1+0.3)x+(1-0.2)y=250\times(1+0.2)$'가 되며, 이는 '$1.3x+0.8y=300$'로 정리할 수 있다. 여기서 앞의 '$x+y=250$'에서 '$y=250-x$'이므로, 이를 '$1.3x+0.8y=300$'에 대입하여 풀면, '$x=200$', '$y=50$'이 된다.
지난 달 을의 판매수량이 50대이므로, 이번 달 판매수량은 지난 달 수량보다 20% 감소했으므로, '$50\times0.8=40$(대)'가 된다.

41 **㉠으로부터 ㉡을 도출하는 과정에서 생략된 전제로 가장 적절한 것은?**

경험적 지식이란 감각 경험에서 얻은 증거에 의존하는 지식으로 물리적 사물들의 특정한 상태, 즉 사과의 둥근 상태가 감각 경험을 통해 우리에게 입력되고 인지 과정을 거쳐 하나의 표상적 지식을 이룬 것이다.

㉠ 우리는 이 감각 경험을 통해 직접 만나는 개별적인 대상으로부터 귀납추리를 통해 일

반 법칙에 도달할 수 있으므로 ㉡ 자연 세계의 일반 법칙에 대한 지식 또한 경험적 지식이라 할 수 있다.

① 귀납추리는 자연에 대한 지식을 확장시킨다.
② 귀납추리를 통해 지식의 경험 세계를 넘어설 수 있다.
③ 귀납추리는 일반 법칙에 기초한다.
④ 귀납추리로 지식의 경험적 성격을 바꿀 수 없다.

정답 해설 ㉠은 우리가 개별적인 대상으로부터 얻은 경험적 지식에 대한 귀납추리를 통해 일반적인 법칙을 얻는다는 뜻이며 ㉡은 그러한 일반 법칙도 여전히 경험적 지식이라는 것을 의미한다. 따라서 ㉠으로부터 ㉡을 도출하는 과정에는 '귀납추리로 지식의 경험적 성격을 바꿀 수 없다'는 전제가 생략되었음을 알 수 있다.

42 다음 글을 근거로 판단할 때, 재산등록 의무자의 재산등록 대상으로 옳지 않은 것은?

재산등록 및 공개 제도는 재산등록 의무자가 본인, 배우자 및 직계 존 · 비속의 재산을 주기적으로 등록 · 공개하도록 하는 제도이다. 이 제도는 재산등록 의무자의 재산 및 변동 사항을 국민에게 투명하게 공개함으로써 부정이 개입될 소지를 사전에 차단하여 공직 사회의 윤리성을 높이고자 도입되었다.

- 재산등록 의무자 : 대통령, 국무총리, 국무위원, 지방자치단체장, 등 국가 및 지방자치단체의 정무직 공무원, 4급 이상의 일반직 · 지방직 공무원 및 이에 상당하는 보수를 받는 별정직 공무원, 대통령령으로 정하는 외무공무원 등
- 등록대상 친족의 범위 : 본인, 배우자, 본인의 직계 존 · 비속. 다만 혼인한 직계비속인 여성, 외증조부모, 외조부모 및 외손자녀, 외증손자녀는 제외한다.
- 등록대상 재산 : 부동산에 관한 소유권 · 지상권 및 전세권, 자동차 · 건설기계 · 선박 및 항공기, 합명회사 · 합자회사 및 유한회사의 출자 지분, 소유자별 합계액 1천만 원 이상의 현금 · 예금 · 증권 · 채권 · 채무, 품목당 5백만 원 이상의 보석류, 소유자별 연간 1천만 원 이상의 소득이 있는 지식재산권

※ 직계존속 : 부모, 조부모, 증조부모 등 조상으로부터 자기에 이르기까지 직계로 이어 내려온 혈족
※ 직계비속 : 자녀, 손자, 증손 등 자기로부터 아래로 직계로 이어 내려온 혈족

① 시청에 근무하는 4급 공무원 A의 동생이 소유한 아파트
② 시장 B의 아내가 소유한 1,500만 원의 정기예금
③ 도지사 C의 아버지가 소유한 연간 1,600만 원의 소득이 있는 지식재산권
④ 정부부처 4급 공무원 상당의 보수를 받는 별정직 공무원 D의 아들이 소유한 승용차

정답 해설 등록대상 친족의 범위는 본인, 배우자, 본인의 직계 존 · 비속을 말하므로 동생은 해당되지 않는다. 따라서 ①은 재산등록 대상이 아니다.

1DAY 2DAY 3DAY

43 '갑, 을, 병' 세 사람이 공유하는 동산 A를 다음의 〈관련 규정〉을 근거로 판단할 때, 〈보기〉에서 옳은 것만을 모두 고르면?

〈관련 규정〉

제00조(물건의 공유)
① 물건이 지분에 의하여 여러 사람의 소유로 된 때에는 공유로 한다.
② 공유자의 지분은 균등한 것으로 추정한다.
제00조(공유지분의 처분과 공유물의 사용, 수익) 공유자는 자신의 지분을 다른 공유자의 동의 없이 처분할 수 있고 공유물 전부를 지분의 비율로 사용, 수익할 수 있다.
제00조(공유물의 처분, 변경) 공유자는 다른 공유자의 동의 없이 공유물을 처분하거나 변경하지 못한다.
제00조(공유물의 관리, 보존) 공유물의 관리에 관한 사항은 공유자의 지분의 과반수로써 결정한다. 그러나 보존행위는 각자가 할 수 있다.
제00조(지분포기 등의 경우의 귀속) 공유자가 그 지분을 포기하거나 상속인 없이 사망한 때에는 그 지분은 다른 공유자에게 각 지분의 비율로 귀속한다.

정답 42 ① | 43 ②

보기

㉠ 갑, 을, 병은 A에 대해 각자 1/3씩 지분을 갖는 것으로 추정된다.

㉡ 병은 단독으로 A에 대한 보존행위를 할 수 없다.

㉢ 을이 A에 대한 자신의 지분을 처분하기 위해서는 갑과 병의 동의를 얻어야 한다.

㉣ 갑이 상속인 없이 사망한 경우, A에 대한 갑의 지분은 을과 병에게 각 지분의 비율에 따라 귀속된다.

① ㉠, ㉡ ② ㉠, ㉣

③ ㉡, ㉢ ④ ㉡, ㉣

㉠ 첫 번째 법조항의 제1항에서 '공유자의 지분은 균등한 것으로 추정한다'고 했으므로, 동산 A는 갑, 을, 병이 각자 1/3씩 지분을 갖는 것으로 추정된다. 따라서 ㉠은 옳다.

㉣ 마지막 법조항에서 '공유자가 그 지분을 포기하거나 상속인 없이 사망한 때에는 그 지분은 다른 공유자에게 각 지분의 비율로 귀속한다'라고 했으므로, 공유자인 갑이 상속인 없이 사망한 경우 그의 지분은 을과 병에게 각 지분의 비율에 따라 귀속된다. 따라서 ㉣도 옳다.

44 다음 〈표〉는 자동차 변속기의 부문별 경쟁력점수를 자동차 회사별로 비교한 자료이다. 이에 대한 〈보기〉의 설명 중 옳은 것을 모두 고르면?

〈표〉 자동차 변속기 경쟁력점수의 회사별 비교

부문 \ 회사	A	B	C	D	E
변속감	98	93	102	80	79
내구성	103	109	98	95	93
소음	107	96	106	97	93
경량화	106	94	105	85	95
연비	105	96	103	102	100

※ 각 회사의 전체 경쟁력점수는 각 부문 경쟁력점수의 총합으로 구함.

보기

㉠ 전체 경쟁력점수는 E사가 D사 보다 더 높다.
㉡ 경쟁력점수가 가장 높은 부문과 가장 낮은 부문의 차이가 가장 큰 회사는 D이고, 가장 작은 회사는 C이다.
㉢ C사를 제외한다면 각 부문에서 경쟁력점수가 가장 높은 회사와 가장 낮은 회사의 차이가 가장 큰 부문은 변속감이고, 가장 작은 부문은 연비이다.
㉣ 내구성 부문에서 경쟁력점수가 가장 높은 회사와 경량화 부문에서 경쟁력점수가 가장 낮은 회사는 동일하다.

① ㉠, ㉡　　② ㉠, ㉣
③ ㉡, ㉢　　④ ㉡, ㉣

㉠ 전체 경쟁력점수를 합산하면 D사는 459점, E사는 460점이므로, 전체 경쟁력 점수는 E사가 D사 보다 높다는 것을 알 수 있다.
㉡ 경쟁력점수가 가장 높은 부문과 가장 낮은 부문의 차이를 회사별로 보면, A사는 9점, B사는 13점, C사는 8점, D사는 22점, E사는 21점이 된다. 따라서 그 차이가 가장 큰 회사는 D이고, 가장 작은 회사는 C이다.

45 다음 사례에서의 문제해결을 위한 중요성으로 옳은 것은?

OO은행은 지난 수년 간 행원 교체율이 높았던 탓에 고객 만족도 및 조직 효율성이 크게 감소하였다. 이런 문제를 해결하기 위해 경영기획그룹 L 상무에게 이 문제의 해결방안을 모색하라는 과제를 주었는데, L 상무는 우선 관련 데이터를 수집하고 분석한 결과 이직률이 젊은 직원과 중간층인 중년 직원들 사이에서 가장 많다는 것을 알아냈고 이 결과를 토대로 젊은 직원들이 이직을 많이 하는 이유를 조사했다.

① 문제해결안 실행 이후 피드백의 중요성
② 문제해결안을 위한 원인분석 단계의 중요성
③ 문제해결을 위한 실행 계획 수립의 중요성
④ 문제해결을 위한 실행 계획 평가의 중요성

정답 44 ① | 45 ②

정답해설 해당 사례는 어떤 문제에 대한 원인분석의 중요성을 묻는 문제이므로 정답은 ②번이다.

46 **다음 2가지 사례를 읽고 문제해결을 위해서 갖추어야 하는 사고로 옳은 것은?**

〈사례1〉

C씨는 영업부서의 신입사원이다. C가 입사한 회사는 보험업에서 다른 기업에 비해 성과가 뒤떨어지는 회사였고, 그 기업에 근무하는 사람들은 모두 현실을 받아들이고 있었다. C는 이러한 상황에 불만을 느끼고 다른 기업과 자신의 기업과의 차이를 분석하게 되었다. 그 결과 C씨는 자신의 회사가 영업사원의 판매교육이 부족하다는 것을 알게 되었고, 이를 문제, 원인, 해결안을 보고서로 제출하였지만, 결국 회사의 전략으로 채택되지 못했다.

〈사례2〉

설계, 기술, 영업, 서비스 각 부문의 핵심 인력들이 모여 최근에 경합하고 있는 B사에 추월당할 우려가 있다는 상황에 대한 회의가 열렸다. 설계부서에서는 우리 회사의 기술이 상대적으로 뒤처져 있는 것을 지적하였고, 영업부서에서는 제품의 결함이 문제라고 지적하였다. 서비스 부서에서는 매상목표를 달성할 수 없다는 문제를 지적하였으며, 기술 부서에서는 고객의 클레임에 대한 대응이 너무 느리다는 지적이 있었다. 결국 이 회의에서는 회사 내의 내외부적인 자원을 활용하지 못한 채 서로의 문제만을 지적하다가 특별한 해결책을 제시하지 못한 채 끝나고 말았다.

① 전략적 사고, 발상의 전환
② 전략적 사고, 내 · 외부 자원의 효과적인 활용
③ 분석적 사고, 내 · 외부 자원의 효과적인 활용
④ 분석적 사고, 발상의 전환

정답해설 〈사례 1〉은 분석적 사고가 필요함을 나타내는 사례로, C가 분석적인 사고를 통해서 제출한 보고서를 회사가 수용하지 못한 문제점을 보여준다.

〈사례 2〉는 내 · 외부 자원의 효과적인 활용이 중요함을 의미하는 사례로, 조직의 내외부자원의 활용을 효과적으로 하지 못하는 회사의 모습을 보여준다.

47 정부는 우수 중소기업 지원자금을 5000억 원 한도 내에서 아래와 같은 〈지침〉에 따라 A, B, C, D기업에 배분하고자 한다. 지원 금액이 가장 많은 기업과 지원요구금액만큼 지원받지 못하는 기업을 모두 맞게 나열한 것은?

〈지침〉

가. 평가지표별 점수 부여 : 평가지표별로 1위 기업에게는 4점, 2위는 3점, 3위는 2점, 4위는 1점을 부여한다. 다만, 부채비율이 낮을수록 순위가 높으며, 나머지 지표는 클수록 순위가 높다.

나. 기업 평가순위 부여 : 획득한 점수의 합이 큰 기업 순으로 평가순위(1위 ~ 4위)를 부여한다.

다. 지원한도

(1) 평가 순위 1위 기업에는 2000억 원, 2위는 1500억 원, 3위는 1000억 원, 4위는 500억 원까지 지원할 수 있다.

(2) 각 기업에 대한 지원한도는 순자산의 2/3로 제한된다.

라. 지원요구금액이 지원한도보다 적은 경우에는 지원요구금액 만큼만 배정한다.

〈표〉 평가지표와 각 기업의 순자산 및 지원요구금액

구분		A	B	C	D
평가지표	경상이익률(%)	5	2	1.5	3
	영업이익률(%)	5	1	2	1.5
	부채비율(%)	500	350	450	300
	매출액증가율(%)	8	10	9	11
순자산(억 원)		2,400	1,200	900	3,000
지원요구금액(억 원)		1,600	700	500	2,000

① A, B　　② A, C
③ D, A　　④ D, B

 지침의 '가'와 '나'에 규정된 대로 평가지표별 점수를 부여하여 그 평가순위를 부여하고, '다'와 '라'에 따른 지원한도와 실제 지원금액을 구하면 다음과 같다.

(금액 단위 : 억 원)

구분	A	B	C	D
순위(총점)	2위(10점)	3위(9점)	4위(8점)	1위(13점)
순자산	2,400	1,200	900	3,000
각 기업에 대한 지원한도	1,600 (순자산의 2/3)	800 (순자산의 2/3)	600 (순자산의 2/3)	2,000 (순자산의 2/3)
지원요구금액	1,600	700	500	2,000
기업별 실제 지원금액	1,500	700	500	2,000

따라서 지원 금액이 가장 많은 기업은 2,000억원을 지원한 D기업이고, 지원요구금액만큼 지원받지 못하는 기업은 A기업이다.

[48~49] 다음 글을 근거로 하여 물음에 알맞은 답을 고르시오.

甲은 〈가격표〉를 참고하여 〈조건〉에 따라 동네 치킨 가게(A~D)에서 치킨을 배달시켰다.

〈조건〉

조건 1. 프라이드치킨, 양념치킨, 간장치킨을 한 마리씩 주문한다.

조건 2. 동일한 가게에 세 마리를 주문하지 않는다.

조건 3. 주문금액(치킨 가격+배달료)의 총 합계가 최소가 되도록 한다.

〈가격표〉

(단위 : 원)

동네 치킨 가게	치킨 가격 (마리당 가격)			배달료	배달가능 최소금액
	프라이드 치킨	양념 치킨	간장 치킨		
A	7,000	8,000	9,000	0	10,000

B	7,000	7,000	10,000	2,000	5,000
C	5,000	8,000	8,000	1,000	7,000
D	8,000	8,000	8,000	1,000	5,000

※ 배달료는 가게당 한 번만 지불한다.

48 제시된 〈조건〉에 따라 주문할 때, 주문이 가능한 조합은 모두 몇 개인가?

① 1가지　　② 2가지

③ 3가지　　④ 4가지

〈조건〉에 따라 주문금액은 '치킨 가격+배달료'의 총 합계이며, 주문금액의 총 합계가 최소가 되도록 주문해야 한다. 그런데 A가게의 경우, 배달가능 최소금액(10,000원)과 치킨 가격의 구성상 〈조건〉을 만족할 수 없어 제외된다.

우선, 프라이드치킨의 경우 가장 저렴한 C가게에서 주문해야 한다. 그리고 C가게의 경우 배달가능 최소금액이 7,000원이므로, 다른 치킨 하나를 추가로 주문해야 한다. 이를 통해 주문 가능한 조합을 찾아보면 다음과 같다.

㉠ C가게에서 프라이드(5,000원)와 양념치킨(8,000원)을 주문하는 경우 주문금액은 14,000원이 된다. 남은 간장치킨은 가장 저렴한 D가게에서 주문해야 하므로 주문금액은 9,000원이 된다. 이 조합의 경우 총 주문금액은 23,000원이 된다.

㉡ C가게에서 프라이드와 간장치킨(8,000원)을 주문하는 경우 주문금액은 14,000원이 된다. 이 경우 양념치킨은 B 또는 C에서 주문할 수 있으며, 주문금액은 모두 9,000원으로 같다. 이 두 조합의 경우도 총 주문금액이 23,000원이 된다.

따라서 〈조건〉을 모두 고려하여 주문할 수 있는 조합은 모두 3가지이다.

49 제시된 〈조건〉과 〈가격표〉를 고려할 때, 다음 〈보기〉의 내용 중 옳은 것을 모두 고르면?

보기

㉠ A가게에는 주문하지 않았다.

㉡ 총 주문금액은 23,000원이며, '조건 2'를 고려하지 않는다면 총 주문금액은 22,000원이다.

㉢ B가게가 휴업한 경우 총 주문금액은 달라지게 된다.

① ㉠

② ㉡

③ ㉠, ㉡

④ ㉡, ㉢

㉠ 〈조건〉에 따라 주문금액의 총 합계가 최소가 되도록 주문해야 한다. A가게의 배달가능 최소금액은 10,000원이 되므로, 두 가지의 치킨을 주문해야 하는데, 치킨 가격의 구성상 이 경우는 〈조건〉을 만족할 수 없으므로 A가게에서는 주문할 수 없다.

㉡ 〈조건〉을 모두 만족시키는 조합은 C가게에서 프라이드와 양념치킨을 주문하고 D가게에서 간장치킨을 주문하는 조합과, C가게에서 프라이드와 간장치킨을 주문하고 B 또는 C가게에서 양념치킨을 주문하는 조합이 되며, 이 조합의 경우 총 주문금액은 모두 '23,000원'이 된다. '조건 2(동일한 가게에 세 마리를 주문하지 않는다)'를 고려하지 않는다면, C가게에서 모두 주문하는 것이 총 주문가격이 가장 낮은 경우이며, 이 경우 총 주문가격은 '22,000원'이 된다.

오답 해설

㉢ B가게가 휴업한 경우도 ㉡의 세 조합 중 두 조합으로 주문할 수 있으므로, 이 경우 총 주문금액은 달라지지 않는다.

50 다음은 창의적 문제와 분석적 문제에 대한 설명이다. 이중 창의적 문제에 대한 진술인 것으로 옳은 것은?

㉠ 현재 문제가 없더라도 보다 나은 방법을 찾기 위한 문제

㉡ 분석, 논리, 귀납과 같은 방법을 사용하여 해결하는 문제

㉢ 정답의 수가 적으며, 한정되어 있는 문제

㉣ 주관적, 직관적, 감각적 특징에 의존하는 문제

① ㉠, ㉢　　② ㉠, ㉣
③ ㉡, ㉢　　④ ㉡, ㉣

창의적 문제는 현재 문제가 없더라도 보다 나은 방법을 찾기 위한 문제탐구이며, 해답의 수가 많으며, 주관적, 직관적, 감각적, 정성적, 개별적, 특수성을 띄는 문제이다. 반면 분석적 문제는 미래의 문제로 예견될 것에 대한 문제탐구이며, 분석, 논리, 귀납과 같은 논리적 방법을 통해 해결하며, 답의 수가 한정되어 있으며, 객관적, 논리적, 정량적, 이성적, 일반적, 공통성을 특징으로 갖는다.

51 **'갑'이 집에서 회사로 가는 길에는 A, B, C, D 4개의 약국이 있다. 다음 조건을 고려할 때, 집에서 가까운 약국을 순서대로 알맞게 나열한 것은? (집과 회사는 일직선이며, 약국은 각각 떨어져 있다.)**

㉠ A는 C보다 회사에서 가깝고, B보다는 회사에서 멀다.
㉡ D는 C보다 회사에서 가깝고 B보다 멀다.
㉢ A는 회사에서 두 번째로 가깝다.

① D – B – A – C　　② D – C – A – B
③ C – A – D – B　　④ C – D – A – B

㉠의 조건에서 A는 C보다 회사에서 가깝고 B보다는 멀다고 했으므로, 집에서 가까운 약국을 순서대로 나열하면 '집 – C – A – B – 회사'가 된다.
㉡의 조건은 D는 C보다 집에서 멀고 B보다 집에서 가깝다는 것이므로, '집 – C – D – A – B – 회사' 또는 '집 – C – A – D – B – 회사'의 순서가 된다. 그런데, ㉢에서 A는 회사에서 두 번째로 가깝다(집에서 세 번째로 멀다)고 했으므로, 집에서 가까운 순서대로 나열하면 '집 – C – D – A – B – 회사'가 된다.

52 7층 건물의 엘리베이터는 모든 층에서 타고 내릴 수 있다. 엘리베이터 안에는 A씨, B씨, 김 대리, 이 대리, 박 과장, 최 과장이 타고 있는데 각각 다른 층에서 내린다. 엘리베이터가 1층에서 올라가는데 최 과장은 A씨보다는 늦게 내렸지만 이 대리보다는 빨리 내렸다. 박 과장은 B씨보다 한층 더 가서 내렸고 이 대리보다는 세 층 전에 내렸다. 이대리가 마지막에 내린 것이 아닐 때, 짝수 층에서 내린 사람은?

① 이 대리　　② 김 대리
③ 최 과장　　④ 박 과장

정답 해설 사람이 6명, 층이 2~7층까지 있으므로 각층에 한 명씩 내린 것이다.
최 과장은 A씨보다는 늦게 내렸지만 이 대리보다는 빨리 내렸으므로 A씨 → 최 과장 → 이 대리 순으로 내렸다.
박 과장은 B씨보다 한층 더 가서 내렸으므로 B씨 → 박 과장 순으로 내렸다.
박 과장은 이 대리보다는 세 층 전에 내렸으므로 박 과장 → ○○ → ○○ → 이 대리 순으로 내렸다.
이 대리가 마지막에 내린 것이 아니므로 김 대리가 7층에서 내렸고, 정리해보면 B씨(2층) – 박 과장(3층) – A씨(4층) – 최 과장(5층) – 이 대리(6층) – 김 대리(7층) 순으로 내렸다.
따라서 짝수 층에 내린 사람은 보기 중에 이 대리뿐이다.

[53~54] 다음은 리모델링 자금보증에 대한 내용이다. 제시된 내용을 토대로 물음에 맞는 답을 고르시오.

〈개요〉

보증대상	리모델링 허가를 취득한 리모델링사업
보증구분	조합원이주비보증, 조합원부담금보증, 조합사업비보증
보증채권자	「은행법」에 따른 금융기관, 산업은행, 기업은행, 농협, 수협
보증채무자	보증채권자로부터 리모델링 자금 대출을 받는 차주
보증금액	이주비대출원금, 부담금대출원금, 사업비대출원금

보충기간	대출 실행일부터 대출원금 상환일까지

※ 리모델링 자금보증 : 리모델링 주택조합이 필요한 사업자금 조달을 위해 금융기관으로부터 대출받은 사업비대출금의 원리금 상환을 책임지는 보증상품

〈보증한도〉

구분	보증한도	주채무자(연대보증인)
조합원이주비보증	조합원별 종전자산 평가액의 60%	조합원(조합)
조합원부담금보증	조합원별 부담금의 55%	조합원(조합)
조합사업비보증	총 사업비의 50%	조합

〈보증료〉

- 보증료 산정식 : 보증료＝보증금액×보증료율×$\frac{\text{보증기간에 해당하는 일 수}}{365}$
- 심사등급별 보증료율

상품명	이주비	부담금	사업비		
			1등급	2등급	3등급
보증료율(연)	0.3%	0.2%	0.4%	0.65%	0.9%

53 **조합원인 A의 종전자산 평가액이 7억 5천만 원이고, 보증기간이 90일일 때 A가 보증회사로부터 받을 수 있는 이주비보증료는? (백원 자리에서 반올림한다.)**

① 32.8만 원　② 33.2만 원

③ 33.3만 원　④ 34만 원

정답해설 조합원 A의 종전자산 평가액은 7억 5천만 원이고, 보증한도는 조합원별 종전자산 평가액의 60%이므로 A의 보증금액은 '7.5×0.6＝4.5(억 원)'이다.

따라서 A의 이주비보증료는 '450,000,000×0.003×$\frac{90}{365}$≒33.3(만 원)'이다.

정답 52 ① | 53 ③

54 다음 4개의 조합은 사업비보증을 받으려고 한다. 이 중 사업비보증료가 가장 큰 조합은? (천원 자리에서 반올림한다.)

조 합	보증금액	등 급	보증기간
A	175억 원	1등급	120일
B	60억 원	3등급	150일
C	220억 원	2등급	60일
D	110억 원	3등급	90일

① A　② B
③ C　④ D

 조합별 사업비보증료를 계산해 보면 다음과 같다.

- A : $17,500,000,000 \times 0.004 \times \frac{120}{365} \fallingdotseq 2,301$(만 원)
- B : $6,000,000,000 \times 0.009 \times \frac{150}{365} \fallingdotseq 2,219$(만 원)
- C : $22,000,000,000 \times 0.0065 \times \frac{60}{365} \fallingdotseq 2,351$(만 원)
- D : $11,000,000,000 \times 0.009 \times \frac{90}{365} \fallingdotseq 2,441$(만 원)

따라서 보증료가 가장 큰 조합은 D이다.

[55~56] 다음 글과 〈상황〉을 근거로 하여 물음에 알맞은 답을 고르시오.

제00조(경계표, 담의 설치권)

① 인접하여 토지를 소유한 자는 공동비용으로 통상의 경계표나 담을 설치할 수 있다. 이 경우 그 비용은 쌍방이 절반하여 부담한다.

② 전항에도 불구하고 토지의 경계를 정하기 위한 측량비용은 토지의 면적에 비례하여 부담한다.

제00조(경계선 부근의 건축)

① 건물을 축조함에는 경계로부터 반미터 이상의 거리를 두어야 한다.

② 인접지소유자는 전항의 규정에 위반한 자에 대하여 건물의 변경이나 철거를 청구할 수 있다. 그러나 건축에 착수한 후 1년을 경과하거나 건물이 완성된 후에는 손해배상만을 청구할 수 있다.

제00조(차면시설의무) 경계로부터 2미터 이내의 거리에서 이웃 주택의 내부를 관망할 수 있는 창이나 마루를 설치하는 경우에는 적당한 차면(遮面)시설을 하여야 한다.

제00조(지하시설 등에 대한 제한) 우물을 파거나 용수, 하수 또는 오물 등을 저치(貯置)할 지하시설을 하는 때에는 경계로부터 2미터 이상의 거리를 두어야 하며, 지하실공사를 하는 때에는 경계로부터 그 깊이의 반 이상의 거리를 두어야 한다.

※ 차면(遮面)시설 : 서로 안 보이도록 가리는 시설

※ 저치(貯置) : 저축하거나 저장하여 둠

〈상황〉

• 갑과 을은 1,000m^2의 토지를 공동으로 구매하였다. 그리고 다음과 같이 A토지와 B토지로 나누어 A토지는 갑이, B토지는 을이 소유하게 되었다.

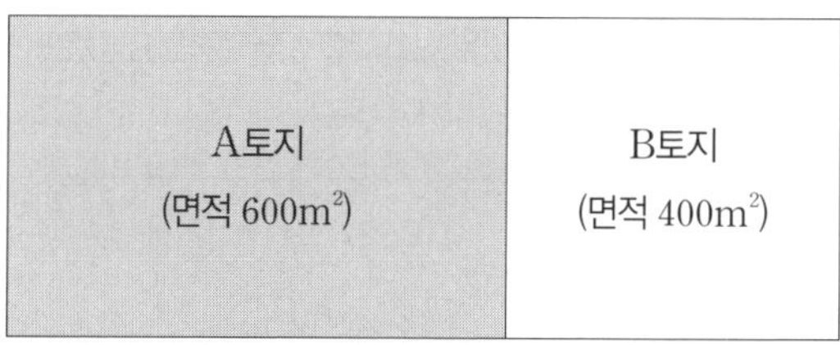

• 갑은 A토지와 B토지의 경계에 담을 설치하고, A토지 위에 C건물을 짓고자 한다. 을은 B토지를 주차장으로만 사용한다.

55 **갑과 을은 담을 설치하기 위해 먼저 토지의 경계를 정하기 위한 측량을 하고자 한다. 측량비용이 100만 원이 든다면 갑과 을이 부담하여야 하는 액수를 바르게 연결한 것은?**

① 갑 : 50만 원, 을 : 50만 원
② 갑 : 40만 원, 을 : 60만 원
③ 갑 : 60만 원, 을 : 40만 원
④ 갑 : 100만 원, 을 : 100만 원

정답 54 ④ | 55 ③

정답 해설 제시된 글의 제00조(경계표, 담의 설치권) 제2항에서 '전항에도 불구하고 토지의 경계를 정하기 위한 측량비용은 토지의 면적에 비례하여 부담한다'라고 했다. 여기서 갑은 600m^2의 토지를 소유하고 있으며, 을은 400m^2를 소유하고 있으므로, 토지의 면적에 비례하여 '6 : 4'로 부담해야 한다. 따라서 갑은 60만 원, 을은 40만 원을 부담해야 한다.

56 다음 〈보기〉의 내용 중 옳은 것을 모두 고르면?

보기

㉠ 경계에 담을 설치하는 비용이 100만 원이라면 갑이 60만 원, 을이 40만 원을 부담해야 한다.

㉡ 갑이 B토지와의 경계로부터 40센티미터의 거리를 두고 C건물을 완성한 경우, 을은 그 건물의 철거를 청구할 수 없다.

㉢ C건물을 B토지와의 경계로부터 2미터 이내의 거리에 축조한다면, 갑은 C건물에 B토지를 향한 창을 설치할 수 없다.

㉣ 갑이 C건물에 지하 깊이 2미터의 지하실공사를 하는 경우, B토지와의 경계로부터 1미터 이상의 거리를 두어야 한다.

① ㉠, ㉡　　② ㉠, ㉣

③ ㉡, ㉢　　④ ㉡, ㉣

정답 해설 ㉡ 제시된 글의 제00조(경계선 부근의 건축) 제1항에서 '건물을 축조함에는 경계로부터 반미터 이상의 거리를 두어야 한다'라고 하였고, 제2항에서 '인접지소유자는 전항의 규정에 위반한 자에 대하여 건물의 변경이나 철거를 청구할 수 있다. 그러나 건축에 착수한 후 1년을 경과하거나 건물이 완성된 후에는 손해배상만을 청구할 수 있다'라고 하였다. 따라서 반미터(50센티미터) 이상의 거리를 두지 않고 건축에 착수하여 건물을 완공한 경우는, 철거를 청구할 수는 없고 손해배상만을 청구할 수 있다. 따라서 ㉡은 옳은 내용이다.

㉣ 제시된 글의 제00조(지하시설 등에 대한 제한)에서 '지하실공사를 하는 때에는 경계로부터 그 깊이의 반 이상의 거리를 두어야 한다'라고 했으므로, C건물에 지하 깊이 2미터의 지하실공사를 하는 경우, B토지 경계로부터 1미터 이상의 거리를 두어야 한다. 따라서 ㉣도 옳은 내용이 된다.

[57~58] 다음의 〈상황〉을 토대로 하여 물음에 알맞은 답을 고르시오

〈상황〉

• 갑은 같은 온실에서 5가지 식물(A~E)을 하나씩 동시에 재배하고자 한다.

• A~E의 재배가능 온도와 각각의 상품가치는 다음과 같다.

식물 종류	재배가능 온도(℃)	상품가치(원)
A	0 이상 20 이하	10,000
B	5 이상 15 이하	25,000
C	25 이상 45 이하	30,000
D	20 이상 30 이하	15,000
E	15이상 25 이하	35,000

• 갑은 온도만 조절할 수 있으며, 식물의 상품가치를 결정하는 유일한 것은 온도이다.

• 온실의 온도는 한 번 결정하면 변경할 수 없다.

57 다음 중 갑이 가장 많은 식물을 재배할 수 있는 온도로 가장 알맞은 것은?(단, 주어진 조건 외에 다른 조건은 고려하지 않는다.)

① 13℃ ② 17℃

③ 21℃ ④ 25℃

선택지에 제시된 온도별 재배 가능 식물을 구하면 다음과 같다.

• 13℃ : A, B
• 17℃ : A, E
• 21℃ : D, E
• 25℃ : C, D, E

따라서 가장 많은 식물을 재배할 수 있는 온도는 ④이다.

58 다음 중 갑이 얻을 수 있는 상품가치의 총합이 가장 큰 온도와 그때의 상품가치의 총합을 모두 바르게 나열한 것은?(단, 주어진 조건 외에 다른 조건은 고려하지 않는다.)

① 15℃, 70,000원　　② 20℃, 80,000원

③ 25℃, 80,000원　　④ 30℃, 70,000원

선택지에 제시된 온도별로 재배할 수 있는 상품가치의 총합을 구하면 다음과 같다.

- 15℃ : 10,000원(A)+25,000원(B)+35,000원(E)=70,000원
- 20℃ : 10,000원(A)+15,000원(D)+35,000원(E)=60,000원
- 25℃ : 30,000원(C)+15,000원(D)+35,000원(E)=80,000원
- 30℃ : 30,000원(C)+15,000원(D)=45,000원

따라서 얻을 수 있는 상품가치의 총합의 가장 큰 온도는 25℃이며 그때 상품가치의 총합은 80,000원이다.

59 다음 숫자의 배열 (가)~(다)에 나타난 공통적인 특성만을 아래 〈보기〉에 알맞지 않게 고른 것은?

(가) 1, 5, 2, 3, 4, 9, 0

(나) 2, 3, 6, 5, 1, 4, 7

(다) 7, 3, 2, 5, 1, 9, 6

보기

㉠ 홀수가 두 번 연이어 나온 경우 다음은 무조건 짝수가 나온다.

㉡ 동일한 숫자는 반복하여 사용되지 않았다.

㉢ 짝수 다음에 짝수가 연이어 나오지 않는다.

㉣ 1을 제외하고는 어떤 숫자 바로 다음에 그 숫자의 배수가 나오지 않는다.

① ㉠, ㉡　　② ㉠, ㉣

③ ㉡, ㉢　　④ ㉢, ㉣

정답 해설 ㉠ (다)에서 '5, 1' 다음에 홀수 '9'가 왔으므로 ㉠은 옳지 않다.
㉣ (나)에서 '3' 다음에 배수 '6'이 나왔으므로 ㉣은 옳지 않다.

오답 해설 ㉡ (가), (나), (다) 모두 동일한 숫자가 반복하여 사용되지 않았으므로 ㉡은 옳다.
㉢ (가), (나), (다) 모두 짝수 다음에 짝수가 연이어 나오지 않았으므로 ㉢은 옳다.

60 다음의 글과 〈상황〉을 근거로 판단할 때, '을'이 차순위매수신고를 하기 위해서 넘어야 하는 최소한의 매수신고액은?

법원이 진행하는 부동산 경매를 통해 부동산을 매수하려는 사람은 법원이 정한 해당 부동산의 '최저가매각가격' 이상의 금액을 매수가격으로 하여 매수신고를 하여야 한다. 이때 신고인은 최저가매각가격의 10분의 1을 보증금으로 납부하여야 입찰에 참가할 수 있다.

법원은 입찰자 중 최고가매수가격을 신고한 사람(최고가매수신고인)을 매수인으로 결정하며, 매수인은 신고한 매수가격(매수신고액)에서 보증금을 공제한 금액을 지정된 기일까지 납부하여야 한다. 만일 최고가매수신고인이 그 대금을 기일까지 납부하지 않으면, 최고가매수신고인 외의 매수신고인은 자신이 신고한 매수가격대로 매수를 허가하여 달라는 취지의 차순위매수신고를 할 수 있다. 다만 차순위매수신고는 매수신고액이 최고가매수신고액에서 보증금을 뺀 금액을 넘어야 할 수 있다.

〈상황〉

갑과 을은 법원이 최저가매각가격을 3억 원으로 정한 A주택의 경매에 입찰자로 참가하였다. 갑은 매수가격을 3억 5천만 원으로 신고하여 최고가매수신고인이 되었다. 그런데, 갑이 지정된 기일까지 대금을 납부하지 않았다.

① 3천만 원
② 2억 7천만 원
③ 3억 3천만 원
④ 3억 2천만 원

정답 해설 〈상황〉에서 A주택의 최저매각가격은 3억 원이므로, 보증금은 최저가매각가격의 10분의 1인 3천만 원이 된다. 제시된 글이 마지막 문장에서 '차순위매수신고는 매수신고액이 최고가매수신고액에서 보증금을 뺀 금액을 넘어야 할 수 있다'라고 했으므로, 을이 차순위매수신고를 하기 위해서는 매수신고액이 최고가매수신고액인 3억 5천만 원에서 보증금 3천만 원을 뺀 '3억 2천만 원'을 넘어야 한다.

61 다음 중 조직문화의 기능 또는 역할에 대한 설명으로 알맞은 것은?

① 조직몰입을 방지한다.
② 조직구성원의 개별성을 부여한다.
③ 조직구성원의 가치를 공유한다.
④ 조직의 긴장감을 유지한다.

정답해설 조직문화는 조직구성원들이 가치를 고유하게 하며, 행동지침으로서 사고와 행동에 영향을 미치고 조직이 나아갈 방향을 유도할 수 있다.

오답해설 ① 조직문화는 구성원들의 일체감을 부여하고 조직몰입을 향상시킨다.
② 조직문화는 조직구성원의 일체감과 정체성을 부여한다.
④ 조직문화는 조직을 안정적으로 유지하는 기능을 수행한다.

62 다음 의사결정 중 집단의사결정의 장점으로 적절하지 않은 것은?

① 집단구성원의 다양한 견해를 가지고 문제에 접근할 수 있다.
② 의사소통의 기회가 향상된다.
③ 특정구성원에 의해 의사결정권이 집중되어 신속한 진행이 이루어진다.
④ 해결책을 훨씬 수월하게 수용할 수 있다.

정답해설 집단의사결정은 집단구성원의 다양한 견해를 가지고 문제에 접근할 수 있고 의사소통의 기회가 향상되며 해결책을 훨씬 수월하게 수용할 수 있는 장점이 있지만 의견 불일치의 경우 시간 많이 소요되고 특정구성원에 의해 의사결정권이 집중되는 등의 단점도 존재한다.

63 다음 중 조직의 체제에 대한 설명으로 옳은 것은?

① 조직목표는 조직이 달성하려는 현재의 상태이다.
② 유기적 구조는 구성원의 업무가 분명하게 정의되는 구조이다.
③ 조직문화는 조직 내 공식적으로 공유된 규범과 가치이다.
④ 조직의 규칙과 규정은 조직구성원들의 활동범위를 제약한다.

정답 해설 조직의 규칙과 규정은 조직의 목표나 전략에 따라 수립되며, 조직구성원들의 활동범위를 제약하고 일관성을 부여하는 기능을 한다.

오답 해설
① 조직목표는 조직이 달성하려는 장래의 상태로, 조직이 존재하는 정당성과 합법성을 제공한다. 조직목표에는 전체 조직의 성과, 자원, 시장, 인력개발, 혁신과 변화, 생산성에 대한 목표가 포함된다. 일반적으로 조직의 체제는 조직목표, 조직구조, 조직문화, 규칙 및 규정으로 이루어진다.
② 업무가 분명하게 정의되는 구조는 기계적 구조이다. 조직구조는 의사결정권의 집중도와 명령계통, 최고경영자의 통제, 규칙과 규제의 정도에 따라 달라지는데, 구성원들의 업무나 권한이 분명하게 정의된 기계적 조직과 의사결정권이 하부구성원들에게 많이 위임되고 업무가 고정적이지 않은 유기적 조직으로 구분될 수 있다.
③ 조직문화는 조직 내 널리 퍼져 있는 암묵적으로 공유된 규범과 가치를 의미하며 구성원들의 사고와 행동에 영향을 미치고 일체감과 정체성을 부여하며, 조직을 안정적으로 유지하는 기능을 한다.

1DAY 2DAY 3DAY

64 다음 중 조직에서의 업무 배정에 관한 설명으로 옳지 않은 것은?

① 업무를 배정하는 것은 조직을 가로로 분할하는 것을 말한다.
② 업무는 조직 전체의 목적 달성을 위해 효과적으로 분배되어야 한다.
③ 업무의 실제 배정은 일의 동일성이나 유사성, 관련성에 따라 이루어진다.
④ 직위는 조직의 업무체계 중에서 하나의 업무가 차지하는 위치이다.

정답 해설 조직의 업무 배정은 효과적인 목적 달성과 원활한 처리 구조를 위한 것으로, 이는 조직을 세로로 분할하는 것을 말한다. 조직을 가로로 분할하는 것은 직급이나 계층의 구분과 관련있다.

[65~66] 다음 지문을 읽고 이어지는 질문에 답하시오.

A씨는 최근 직장을 그만두고 지인들과 컨설팅 회사를 설립하였다. A씨가 직장을 그만두게 된 이유는 최고경영자의 경영이념이 자신의 이념과 상충되었기 때문이다.

이전 직장의 최고경영자는 신기술을 가장 빠르게 받아들이고 꾸준히 '기술적인 혁신'을 이룩할 것을 경영이념으로 삼았지만, A씨는 조직을 운영하는데 가장 기본이 되는 것은 사람이므로 '인간 존중'이 최우선이라고 생각하였다.

정답 61 ③ | 62 ③ | 63 ④ | 64 ①

이에 A씨와 지인들은 '인간존중'을 경영목적으로 구체적인 경영전략을 수립하였고 회사를 운영하기 위한 자금을 마련하여 법인으로 등록하고, 근로자를 모집, 채용하였다.

65 A씨의 경영에 대한 설명으로 옳은 것은?

① 조직 변화를 위해 기술을 최우선의 가치로 선택하였다.
② 인적자원에는 A씨와 지인들이 속한다.
③ 주로 외부경영활동을 통해 경영이 이루어진다.
④ 조직의 유형은 비영리조직에 속한다.

정답 해설 경영의 구성요소 중 경영목적은 '인간존중', 인적자원은 A씨와 지인들이며, 자금과 경영전략은 구체적으로 제시되지 않았지만 수립하고 마련하였다고 되어있다.

66 지문의 A씨가 맡은 역할로 옳지 않은 것은?

① 조직의 의사결정을 독점한다.
② 조직의 전략 관리 및 운영활동을 주관한다.
③ 조직의 변화 방향을 설정한다.
④ 조직의 유지와 발전을 책임진다.

정답 해설 지문의 A씨는 경영자이다. 경영자는 조직구성원들과 의사결정을 통해 조직의 방향을 제시하고 이끌어야 하며, 의사결정을 독점하는 것은 옳지 않다.

67 다음 중에 팀에 대한 설명으로 옳지 않은 것은?

① 팀은 구성원들이 상호 기술을 공유하는 집단이다.
② 개인적 책임뿐만 아니라 공동책임을 중요시한다.

③ 다른 집단에 비해 자율성을 가지나 신속한 의사결정이 어렵다.

④ 성공적 운영을 위해서는 관리자층의 지지가 요구된다.

정답해설 팀은 다른 집단과 비교하여 자율성을 가지고 스스로 관리하는 경향이 있다. 따라서 팀은 생산성을 높이고, 신속한 의사결정이 가능하다.

68 **다음은 조직변화 과정에서 야기될 수 있는 문제점들에 대해 설명한 것이다. 성공적인 조직변화를 이끌어내기 위해서 '(가)~(라)'의 각 단계별로 취해야 할 조치를 〈보기〉에서 골라 순서대로 나열한 것은?**

(가) 조직변화란 조직 구성원들이 잘 알고 있는 현재 상태에서 알 수 없는 새로운 상태로 이동해 가는 것을 의미한다. 미래의 새로운 상태는 불확실하고 사람들의 능력, 가치 그리고 대처 능력에 불리하게 작용할 수 있으므로, 그 변화가 매력적인 것으로 납득이 되지 않는 한 구성원들은 대체로 변화를 지지하지 않는다.

(나) 조직이란 서로 다른 선호와 이해관계를 가진 집단 혹은 개인들이 느슨하게 결합된 연합체이다. 이러한 집단 혹은 연합체들은 희소한 자원 혹은 영향력을 위해 서로 경쟁하는 관계에 놓여 있다. 조직변화의 시도는 집단 간의 기존 세력균형을 위협해서, 결과적으로 정치적 갈등과 분규를 야기할 수도 있다.

(다) 조직변화의 실행은 현재의 조직 상태로부터 바람직한 미래 상태로 이동해 가는 과정을 포함한다. 조직이 현재의 상태에서 바람직한 미래 상태로 변화되어 가는 과도기에는 특별한 활동계획과 관리구조가 필요하다.

(라) 조직은 변화를 끝까지 추진하도록 지속적인 지지를 받지 않으면 과거의 익숙한 상태로 되돌아가려는 경향을 강하게 나타낸다.

보기

㉠ 변화를 추구하는 조직에 대한 후원시스템을 구축할 것

㉡ 조직 구성원들에게 변화 결과에 대한 적극적인 기대를 심어줄 것

㉢ 주요 이해관계자에게 영향을 미쳐서 조직변화에 대한 지지를 확보할 것

㉣ 수행되어야 할 구체적인 활동을 찾아내어 조직변화 목표에 연결시킬 것

정답 65 ② | 66 ① | 67 ③ | 68 ④

	(가)	(나)	(다)	(라)
①	㉠	㉡	㉣	㉢
②	㉠	㉣	㉢	㉡
③	㉡	㉢	㉠	㉣
④	㉡	㉢	㉣	㉠

정답 해설 (가) 이 단계에서는 조직의 '변화가 매력적인 것으로 납득이 되지 않는 한 구성원들은 대체로 변화를 지지 하지 않는다'라고 하였다. 따라서 성공적인 조직변화를 이끌어내기 위해서는, 조직 구성원들에게 변화의 결과가 매력적일 것이라는 기대를 심어주어 구성원들의 변화에 대한 지지를 이끌어 내는 조치를 취해야 한다. 조직 구성원들에게 변화 결과에 대한 적극적인 기대를 심어주는 것은 이러한 조치가 될 수 있으므로, ㉡이 이 단계에서 취할 수 있는 조치에 해당한다.

(나) 이 단계에서는 조직변화의 시도가 '집단 간의 기존 세력균형을 위협해서, 결과적으로 정치적 갈등과 분규를 야기할 수도 있다'라고 하였다. 따라서 이 단계에서는 주요 이해관계자에게 영향을 미쳐 갈등을 극복하고 조직변화에 대한 지지를 확보하는 조치를 취하는 것이 필요하므로, ㉢이 가장 적절하다.

(다) 이 단계에서는 조직변화의 실행은 현재의 상태에서 바람직한 미래 상태로 변화되어 가는 과도기로, 과도기에 적합한 특별한 활동계획과 관리구조가 필요하다고 하였다. 따라서 이 단계에서는 과도기에 수행되어야 할 구체적인 활동을 찾아내어 조직변화 목표에 연결시키는 조치를 취해야 하므로, ㉣이 가장 적절하다.

(라) 이 단계에서는 '조직은 변화를 끝까지 추진하도록 지속적인 지지를 받지 않으면 과거의 익숙한 상태로 되돌아가려는 경향을 강하게 나타낸다'라고 하였으므로, 변화를 추구하는 조직에 대한 후원 시스템을 구축하여 지속적인 지지를 이끌어 내는 조치가 필요하다. 따라서 ㉠이 가장 적절한 조치가 된다.

69 다음 SWOT 분석결과에 대응하는 가장 적절한 전략은?

강점(Strength)	• 다양한 부문의 SW시스템 구축 지식 확보 • 고난이도의 대형시스템 구축 성공 경험
약점(Weakness)	• 글로벌 시장에 대한 경쟁력 및 경험 부족 • SW 기술경쟁력 부족
기회(Opportunity)	• 정부의 SW 산업 성장 동력화 추진 의지 • 제조 분야의 고품질화 • 해외 시장의 신규 수요

위협(Threat)	• 내수시장 성장세 둔화 • 후발경쟁국과 급격히 줄어든 기술 격차 • 고급 SW인력의 이탈(전직 및 이직) 심화

① SO전략 : SW와 제조업 융합을 통한 고부가가치화
② WO전략 : 선진국과의 기술 격차를 이용한 내수시장 활성화
③ ST전략 : 후발경쟁국 인력 유입을 위한 기반 조성
④ WT전략 : 산학연계를 통한 재교육 강화

정답 해설 제조분야의 고품질화와 다양한 부문의 지식확보를 이용한 적극적 정책이다.

70 다음 SWOT 분석결과에 대응하는 가장 적절한 전략은?

강점(Strength)	• 상품에 대한 오랜 경험과 노하우 확보 • 오프라인 매장의 활성화
약점(Weakness)	• 온라인 사업 경험 전무 • 온라인 시장에 대한 낮은 이해도
기회(Opportunity)	• 온라인 소매 시장의 활성화 • 온라인 쇼핑몰 구축 비용의 하락
위협(Threat)	• 군소 온라인 쇼핑몰의 난립 • 대기업들의 진출

① SO전략 : 온라인 쇼핑몰의 단계적 운영을 통한 시장 이해도 증진
② WO전략 : 대기업과의 기술제휴를 통한 대량생산공정 구축
③ ST전략 : 폭넓은 오프라인 인맥을 통한 경쟁적 상품 개발
④ WT전략 : 과당경쟁을 피할 수 있는 온라인 틈새시장을 통한 차별화 정책의 점진적 시도

정답 69 ① | 70 ④

정답해설 온라인 사업경험과 이해도가 낮다는 약점과 경쟁이 심하다는 환경을 보완하기 위해 경쟁이 심하지 않은 시장에서 점진적 운영을 시도하고 있다.

71 조직의 경영전략 추진과정 중 SWOT 분석이 가장 많이 활용되는 과정은 무엇인가?

① 전략목표 설정　② 환경분석
③ 경영전략 도출　④ 경영전략 실행

정답해설 조직의 내 · 외부 환경을 분석하는데 유용하게 이용될 수 있는 방법인 SWOT 분석에서 조직 내부 환경으로는 조직이 우위를 점할 수 있는 장점(Strength)과 조직의 효과적인 성과를 방해하는 자원 · 기술 · 능력 면에서의 약점(Weakness)이 있다. 조직의 외부 환경은 기회요인(Opportunity)과 위협요인(Threat)으로 나뉘는데, 기회요인은 조직 활동에 이점을 주는 환경요인이며, 위협요인은 조직 활동에 불이익을 주는 환경요인이라 할 수 있다. 한편, 조직의 경영전략 추진과정에는 전략목표 설정, 환경분석, 경영전략 도출, 경영전략 실행, 평가 및 피드백의 과정이 있다.

72 다음은 같은 직장동료들이 휴가 계획에 대해 이야기한 내용이다. 국제문화에 대해 적절히 이해한 말로 볼 수 없는 것은?

점심식사 시간에 뉴스 방송에서 엔화가 계속 하락하고 있다는 기사를 보도하였다. 이를 함께 들은 직장동료들의 대화가 다음과 같이 이루어졌다.

A : 환율이 많이 떨어져 일본으로 휴가가기에는 정말 좋겠어.
B : 얼마 전까지만 해도 100엔에 1,100원이 넘었는데, 요즘엔 900원 정도 밖에 안해.
C : 나는 여름휴가로 미국에 가려고 했는데, 비자가 없어 곧바로 신청하려고 해.
D : 내가 아는 사람은 얼마 전 미국에 다녀왔는데, 전자여권으로 ESTA를 신청해 승인을 받았다고.

① A　　② B

③ C　　④ D

정답 해설 미국을 관광이나 비즈니스 목적으로 방문하는 경우, 2008년 11월부터 원칙적으로 비자 없이 방문할 수 있게 되었다. 이 경우 미국정부의 전자여행허가제(ESTA)에 따라 승인을 받아야 한다. 따라서 C의 말은 적절하지 않다.

오답 해설 ① 뉴스에서 엔화가 하락하고 있다고 했으므로, 엔화에 대비한 우리나라 화폐의 가치가 상대적으로 올라간 것이 된다(평가 절상). 따라서 우리나라 사람이 일본에 휴가를 가는 경우 비용이 상대적으로 감소하는 장점이 있다.

② 엔화의 하락으로 우리 화폐가 평가 절상되었으므로, 화폐가치가 100엔당 1,100원에서 900원으로 변하였다.

④ 미국에 방문하는 경우 비자를 받는 대신 ESTA에 따라 승인을 받아 방문할 수 있다.

1DAY 2DAY 3DAY

73 은행의 신입사원 A는 입사동기들의 전화번호를 자신의 휴대폰에 저장하였다. 이후 자신의 휴대폰 연락처 메뉴를 통해 동기들을 검색하고자 할 때, 다음 중 옳은 것은?(예를 들어, 'ㄱ'을 누르면 '강희영', '김찬우'가 나오고 '77'을 누르면 '7731', '7792' 등이 나온다.)

〈'갑'의 휴대폰 연락처에 저장된 전화번호〉

구분	성명	전화번호
종로지점	강희영	01077317994
영등포지점	김찬우	01022588483
강남지점	남수철	01037325351
동대문지점	박영호	028647792
영등포지점	박정록	01086639247
서대문지점	신유진	01034148658
도봉지점	유영남	01038802966
강남지점	이민준	01047835952

강동지점	최승철	025707620
영등포지점	황현	01075932258

① '225'를 누르면 모두 다른 지점에서 근무하는 3명의 번호가 나온다.

② 'ㅈ'을 누르면 검색되는 사람은 모두 같은 지점에서 근무한다.

③ '47'을 누르면 모두 4명의 번호가 나온다.

④ '35'를 누르면 서로 같은 지점에서 근무하는 2명의 번호가 나온다.

정답 해설 '35'를 누르면 남수철과 이민준 2명의 전화번호가 검색되며 남수철과 이민준은 모두 강남지점에서 근무하고 있다.

오답 해설 ① '225'를 누르면 김찬우와 황현 2명의 번호만이 검색되는데다 김찬우와 황현은 모두 영등포지점에서 근무하고 있으므로 ①은 옳지 않다.

② 'ㅈ'을 누르면 검색되는 사람은 박정록, 신유진, 이민준인데 각각 영등포지점, 서대문지점, 강남지점에서 근무하고 있으므로 ②는 옳지 않다.

③ '47'을 누르면 박영호, 박정록, 이민준 3명의 번호만이 나오므로 ③은 옳지 않다.

74 다음 〈기안문 구성 및 결재방법〉에 대한 설명으로 옳은 것을 〈보기〉에서 모두 고르면?

〈기안문 구성 및 결재방법〉

1. 기안문의 구성

(1) 두문 : 기관명, 수신, 경유로 구성된다.

(2) 본문 : 제목, 내용, 붙임(첨부)으로 구성된다.

(3) 결문 : 발신명의, 기안지 및 검토자의 직위와 직급 및 서명, 결재권자의 직위와 직급 및 서명, 협조자의 직위와 직급 및 서명, 시행 및 시행일자, 접수 및 접수일자, 기관의 우편번호, 도로명 주소, 홈페이지 주소, 전화, 팩스, 작성자의 전자우편 주소, 공개구분(완전공개, 부분공개, 비공개)으로 구성된다.

2. 일반 기안문 결재방법

(1) 결재 시에는 본인의 성명을 직접 쓴다. 전자문서의 경우에는 전자이미지 서명을 사용한다.

(2) 전결의 경우에는 전결권자가 '전결' 표시를 하고 서명을 한다.

(3) 전결을 대결하는 경우에는 전결권자의 란에는 '전결'이라고 쓰고 대결하는 자의 란에 '대결'의 표시를 하고 서명한다. 결재하지 않는 자의 서명란은 별도로 두지 않는다.

보기

㉠ 기안문의 제목과 첨부는 본문에 작성한다.
㉡ 차장 A가 대리 B에게 전결을 위임할 경우 B는 결재 시 '대결 B'로 한다.
㉢ 결문에 직위와 직급 및 서명을 작성해야 하는 사람들은 기안자, 결재권자, 협조자이다.
㉣ 전자문서로 된 기안문을 결재할 때 사용하는 서명 방법은 일반 기안문에 서명할 때와 동일하다.

① ㉠, ㉡　　② ㉠, ㉢
③ ㉡, ㉢　　④ ㉢, ㉣

㉠ 기안문의 본문은 제목, 내용, 붙임(첨부)으로 구성된다.
㉢ 기안문의 결문은 발신명의, 기안지 및 검토자의 직위와 직급 및 서명, 결재권자의 직위와 직급 및 서명, 협조자의 직위와 직급 및 서명, 시행 및 시행일자, 접수 및 접수일자, 기관의 우편번호, 도로명주소, 홈페이지 주소, 전화, 팩스, 작성자의 전자우편 주소, 공개구분(완전공개, 부분공개, 비공개)로 구성된다.

오답 해설
㉡ 전결은 조직 내에서 기관장이 그 권한에 해당하는 사무의 일부를 일정한 자에게 위임하고 그 위임을 받은 자가 위임 사항에 관하여 기관장을 대신해 결재하는 제도를 말하며 전결 시 전결권자가 '전결' 표시를 하고 서명해야 한다.
㉣ 일반 기안문을 결재할 시에는 본인의 서명을 직접 써야 하지만 전자문서의 경우에는 전자이미지의 서명을 사용해야 한다.

[75~76] 다음은 바코드 구성과 국가별, 제조업체별, 상품품목별 바코드 번호를 나타낸 것이다. 물음에 알맞은 답을 고르시오.

〈바코드 구성〉

- 1~3번 자리＝국가식별코드
- 4~7번 자리＝제조업체번호
- 8~12번 자리＝상품품목번호
- 13번 자리＝판독검증용 기호(난수)

〈국가별 바코드 번호〉

국가	번호	국가	번호	국가	번호
일본	450~459	중국	690~695	콜롬비아	770
필리핀	480	노르웨이	700~709	한국	880
그리스	520	멕시코	750	싱가포르	888

〈제조업체별 바코드 근황〉

제조업체	번호	제조업체	번호	제조업체	번호
A	1062	D	1684	G	1182
B	1128	E	2564	H	1648
C	6185	F	8197	I	2654

〈상품품목별 바코드 번호〉

상품품목	번호	상품품목	번호	상품품목	번호
스낵류	64064	양념류	23598	화장품	14589
파이류	72434	통조림	64068	향수	15489
캔디류	72440	음료수	72444	스킨케어	32335

75 다음 중 국내의 B업체가 생산한 캔디류에 해당하는 바코드로 알맞은 것은?

① 8801128724440
② 8881182724404
③ 8801182724404
④ 8801128724404

정답 해설 한국의 바코드 번호는 '880'이고 B업체의 바코드 번호는 '1128', 캔디류의 바코드 번호는 '72440'이며 마지막 13자리는 판독검증용 기호(난수)에 해당한다. 따라서 모두 알맞은 것은 ④이다.

오답 해설 ① 8~12번 자리의 '72444'는 '음료수'의 바코드 번호이다.
② 1~3번 자리의 '888'은 '싱가포르'의 바코드 번호이다.
③ 4~7번 자리의 '1182'는 'G업체'의 바코드 번호이다.

76 상품 바코드 번호의 일부가 다음과 같이 훼손되었다고 한다. 아래 〈보기〉의 설명 중 옳지 않은 것을 모두 고르면?(단, 이 상품은 위에 제시된 국가와 업체, 상품의 바코드 번호 중 하나에 해당된다고 가정한다.)

7 ? 0 1 6 ? ? 6 4 0 6 ? 8

보기

㉠ 외국에서 생산한 것으로, 먹을 수 있는 상품이다.
㉡ 이 상품의 제조업체가 될 수 있는 곳은 모두 3곳이다.
㉢ 노르웨이에서 제조한 상품이 아니라면 멕시코에서 제조한 것이다.
㉣ 이 상품을 생산한 나라가 통조림을 생산하지 않는다면 이 상품은 스낵류에 해당한다.

① ㉠, ㉡
② ㉠, ㉣
③ ㉡, ㉢
④ ㉡, ㉣

정답 해설 ㉡ 제조업체번호가 '16??'이므로 이 상품의 제조업체가 될 수 있는 곳은 'D'와 'H' 2곳 중 하나이다.
㉢ 상품의 국가식별코드가 '7?0'이므로, '멕시코(750)'나 '콜롬비아(770)'에서 생산된 곳이다.

오답 해설 ㉠ 국가식별코드가 '7?0'이므로, 이 상품은 '멕시코(750)'나 '콜롬비아(770)'에서 생산된 것이다. 또한 상품품목번호가 '6406?'이므로, 이 상품은 '스낵류(64064)'나 '통조림(64068)'이 되므로 먹을 수 있다.
㉣ 상품품목번호가 '6406?'이므로 '스낵류(64064)'나 '통조림(64068)' 중 하나인데 이 상품을 생산한 나라가 통조림을 생산하지 않는다면 이 상품은 스낵류에 해당한다.

77 다음은 한 기업에서 작성한 〈직무전결표〉의 내용 중 일부이다. 이에 따라 업무를 처리할 때 적절하지 <u>않은</u> 내용을 〈보기〉에서 모두 고르면?

〈직무전결표〉

직무내용	대표이사	위임전결권자		
		전무	상무	부서장
신입 및 경력사원 채용	○			
사원 교육훈련 승인			○	
부서장급 인사업무		○		
부서 단위 인수인계업무			○	
월별 업무 보고				○
해외 관련 업무 보고		○		
신규 사업 계약	○			
일반 관리비 집행			○	
사내 운영위원회 위원 위촉		○		

보기

㉠ 신입사원을 대상으로 하는 교육훈련의 승인을 상무이사의 결재를 받아 집행하였다.
㉡ 경영지원부와 홍보부의 인수인계업무는 부서장의 전결로 처리하였다.
㉢ 대표이사의 부재로 인해 2020년 하반기에 체결 예정인 사업 계약을 전무이사가 전결로 처리하였다.
㉣ 중국 관련 업무에 대한 보고와 운영위원회 위촉에 관한 내용의 결재권자는 같다.

① ㉠, ㉡　　② ㉠, ㉣

③ ㉡, ㉢　　④ ㉢, ㉣

 ㉡ 부서 단위 인수인계업무의 위임전결권자는 상무이사이므로 경영지원부와 홍보부의 인수인계업무는 부서장의 전결로 처리할 수 없다.

㉢ 신규 사업 계약에 대한 결재권자는 대표이사로 위임전결사항이 아니다.

 ㉠ 사원 교육훈련 승인은 상무이사의 위임전결사항이므로 신입사원을 대상으로 진행되는 교육훈련을 상무이자 결재로 진행할 수 있다.

㉣ 해외 관련 업무 보고와 사내 운영위원회 위촉에 관한 사항은 모두 전무이사의 위임전결사항에 해당된다.

1DAY 2DAY 3DAY

78 해외투자 부서로 이직한 A씨는 이와 관련하여 공부하다 세계화에 대한 글을 보았다. 이 글을 읽은 A씨가 세계화에 대해 느낀 것으로 옳지 않은 것은?

세계화는 인적 유동성의 증가, 커뮤니케이션의 향상, 무역과 자본 이동의 폭증 및 기술 개발의 결과이다. 세계화는 세계 경제의 지속적인 성장 특히 개발도상국의 경제발전에 새로운 기회를 열어주었다. 동시에 그것은 급격한 변화의 과정에서 개발도상국의 빈곤, 실업 및 사회적 분열, 환경 파괴 등의 문제를 야기하였다.

정치적인 면에서 세계화는 탈냉전 이후 군비 축소를 통해 국제적 · 지리적 · 지역적 협력을 도모하는 새로운 기회들을 제공하기도 하였다. 그러나 국제사회에서는 민족, 종교, 언어로 나뉜 분리주의가 팽배하여 민족 분규와 인종 청소 같은 사태들이 끊이지 않고 있다.

또한 세계화 과정에서 사람들은 정보 혁명을 통해 더 많은 정보를 갖고 여러 분야에서 직접 활동할 수 있게 되었다. 예를 들어 시민들은 인터넷이라는 매체를 통해 정부나 지방자치단체의 정책 결정 과정에 참여하게 되었다. 그러나 정보 혁명의 혜택에서 배제된 사람들은 더욱 심각한 정보 빈곤 사태에 빠져 더 큰 소외감을 갖게 되었다.

한편 세계화는 사상과 문화도 이동시킨다. 세계화로 인해 제3세계의 오랜 토착 문화와 전통이 손상되고 있음은 익히 알려진 사실이다. 그러나 이런 부정적인 측면만 있는 것은 아니다. 세계화는 기업 회계의 규범에서부터 경영 방식, 그리고 NGO들의 활동에 이르기까지 자신이 지나간 자리에 새로운 사상과 관습을 심고 있다.

이에 따라 대부분의 사회에서 자신들이 이러한 세계화의 수혜자가 될 것인가 아니면 피해자가 될 것인가 하는 문제가 주요 쟁점이 되고 있다. 세계화가 자신들의 사회에 아무런 기여도 하지 않은 채 그저 전통 문화만을 파괴해버리는 태풍이 될 것인지 혹은 불합리한 전통과 사회집단을 와해시키는 외부적 자극제로 작용하여 근대화를 향한 단초를 제공해 줄 것인지에 대한 논의가 한창 진행 중이다.

① 세계화는 정치적으로 협력을 도모하는 민주주의의 향상을 가져오니 회사 내부에서도 이 시스템을 접목시켜야겠다.
② 세계화는 전통문화를 훼손할 수 있으니 투자할 때 신중히 생각해야겠다.
③ 세계화는 부익부 빈익빈을 조장하여 정보 빈곤 상태에 빠진 사람들을 소외시키기도 하니 정보에 항상 관심을 가져야겠다.
④ 세계화는 경제의 발전을 가져다주기도 경제 불안과 환경 파괴 같은 문제도 일으키니 무엇을 우선시할지 철저한 분석이 필요하다.

민주주의 질적인 향상과 같은 내용은 지문의 내용으로 알 수가 없다.

[79~80] 자원 회사 인사팀에서 근무하는 A는 올해 새롭게 변경된 사내 복지제도에 따라 경조사 지원 내역을 정리하고 공시하는 업무를 담당하게 되었다. 아래의 제시 상황을 보고 이어지는 질문에 답하시오.

〈2020년 변경된 사내 복지 제도〉

- 주택 지원 : 사택지원 (A~G 총 7동 175가구) 최소 1년 최장 3년
  지원대상
  1. 입사 3년 차 이하 1인 가구 사원 중 무주택자(A~C동 지원)
  2. 입사 4년 차 이상 본인 포함 가구원이 3인 이상인 사원 중 무주택자 (D~G동 지원)
- 경조사 지원 : 본인/가족 결혼, 회갑 등 각종 경조사 시 경조금, 화환 및 경조휴가 제공
- 기타 : 상병 휴가, 휴직, 4대 보험 지원

〈2020년 1/4분기 지원 내역〉

이름	부서	직위	내역	변경 전	변경 후	금액(천원)
박가연	총무팀	차장	장모상	변경 내역 없음		100
정희준	연구 A	차장	병가	실비 지급	지원 추가	50(실비는 제외)
윤명국	홍보팀	사원	사택 제공 (A－102)	변경 내역 없음		－
유선영	연구 B	대리	결혼			100
김희운	영업 1팀	차장	부친상			
이영지	인사팀	사원	사택 제공 (F－305)			－
김도은	보안팀	대리	모친 회갑			100
하정연	기획팀	차장	결혼			
이동화	영업 3팀	과장	생일	상품권	기프트 카드	50
최태민	전략팀	사원				

79 A는 상사의 지시를 받고 지원구분에 따라 2020년 1/4분기 복지제도 지원을 받은 사원을 정리했다. 다음 중 잘못 구분된 사원은?

지원 구분	이름
주택 지원	윤명국, 이영지
경조사 지원	김도은, 박가연, 유선영, 이동화, 최태민, 하정연
기타	김희운, 정희준

① 김희운　② 박가연
③ 이영지　④ 정희준

정답 해설 지원구분에 따르면 부친상과 같은 경조사는 경조사 지원에 포함되어야 한다. 따라서 정답은 ①이다.

80 **A는 2020년 1/4분기 지원 내역 중 변경 사례를 참고하여 새로운 사내 복지 제도를 정리해 추가로 공시하려 한다. 다음 중 A가 정리한 내용으로 옳지 <u>않은</u> 것은?**

① 복지 제도 변경 전후 모두 생일에 현금을 지급하지 않습니다.

② 복지 제도 변경 후 상병 휴가 및 휴직, 4대 보험에 대해 지원해드립니다.

③ 변경 전과 달리 미혼 사원의 경우 입주 가능한 사택동 제한이 없어집니다.

④ 변경 전과 같이 경조사 지원금은 직위와 관계없이 동일한 금액으로 지원됩니다.

정답 해설 사택의 경우 변경 내역이 없으므로 미혼 사원의 사택동 제한 변경 여부는 알 수 없다.

오답 해설 ① 생일에는 변경 전에 상품권을, 변경 후에는 기프트 카드를 제공하므로 전후 모두 현금을 지급하지 않는다.

② 변경사항 맨 아래의 기타 항목에 명시된 내용은 상병 휴가, 휴직, 4대 보험 지원이다.

④ 경조사 지원금은 변경전후 모두 10만원을 지급하고 직위에 따른 구분이 없으므로 옳은 설명이다.

금융 / 경제지식 및 일반상식

01 다음 중 금융체계를 이루는 요소가 아닌 것은?

① 금융기관 ② 금융시장
③ 금융하부구조 ④ 금융상품

정답해설 금융체계는 금융기관, 금융시장, 금융하부구조로 이루어져 있으며 금융기관이 금융거래를 금융시장에서 원활히 수행할 수 있도록 하는 금융제도와 법규를 비롯해 금융기관과 금융시장을 감시하고 감독하는 금융감독기구, 예금보험공사와 같은 보조금융기관을 금융하부구조라 한다.

02 다음과 같은 상황에 대처할 수 있는 금융정책 수단으로 가장 적절한 것은?

최근 우리나라에도 선진국의 시장개방 압력이 계속되는데, 금융시장도 예외가 아니다. 따라서 금융산업을 안정시키고 경쟁력을 강화하도록 금융기관의 자율성을 신장해야 한다.

① 은행예금에 최고금리를 정하여 통화량을 조절한다.
② 은행의 지급준비율을 정하여 통화량을 조절한다.
③ 은행의 대출담보를 정하여 통화량을 조절한다.
④ 은행의 투자대상을 확대하여 수익을 극대화한다.

정답해설 우리나라도 금융시장이 개방되고 국제경쟁이 치열해져서 금융시장을 안정시키고 경쟁력을 강화할 필요성이 커지는데, 이를 위해서는 직접규제방식보다는 금융기관의 자율성을 보장하는 간접규제 방식으로 전환하여야 한다. 즉, 대출한도 규제, 이자율 규제, 대출담보 규제, 투자대상 규제 등은 직접규제 방식으로서 선진화되지 않은 방식이므로 공개시장 조작, 재할인율 정책, 지급준비율 정책 등의 간접규제 방식이 필요하다.

정답 80 ③ | 01 ④ | 02 ②

03 다음 중 국제금융기구의 역할에 해당하지 않는 것은?

① 국제시장안정을 위한 국가 간 협조

② 예금지급준비금의 준비

③ IMF, 세계은행 등의 금제금융시스템에 대한 개혁

④ 통화위기에 대한 정책 방향 결정

정답해설 **국제금융기구의 역할과 기능**

- 국제시장의 안정을 위한 선진국과 개발도상국 간의 협조
- IMF, 세계은행 등의 국제금융시스템에 대한 개혁
- 통화위기에 대한 정책 방향 결정

04 다음 중 경제행위를 수행하는 경제주체에 대한 내용으로 옳지 않은 것은?

① 정부＝국가경제

② 가계＋기업＝민간경제

③ 가계＋기업＋정부＝국민경제

④ 가계＋기업＋정부＋외국＝국제경제

정답해설 경제주체란 경제행위를 독자적으로 수행하는 대상을 뜻하며 가계, 기업, 정부, 외국 등이 있다.

05 다음 〈보기〉에서 경제현상에 대한 설명으로 옳지 않은 것들로만 짝지어진 것은?

보기

ㄱ. 자원량이 절대적으로 부족한 것을 희소성이라고 한다.

ㄴ. '로빈슨 크루소'에게도 경제의 기본문제는 있다.

ㄷ. 은행에 예금하는 행위도 생산활동의 하나이다.

ㄹ. 기회비용이 선택된 것의 가치보다 클 때 합리적 선택이다.

① ㄱ, ㄴ ② ㄴ, ㄷ
③ ㄱ, ㄹ ④ ㄷ, ㄹ

ㄱ. 희소성의 법칙이란 인간의 욕망은 무한하나 그것을 충족시킬 수단인 자원이 유한하다는 법칙으로, 자원량이 상대적으로 부족한 것을 말한다.

ㄹ. 합리적 경제활동이란 경제원칙에 따른 경제활동을 말한다. 따라서 선택된 것의 가치가 기회비용보다 클 때 합리적 선택이 된다.

06 다음 중 GDP(국내총생산)와 GNP(국민총생산)에 대한 설명으로 올바른 것은?

① GDP는 국민경제를 구성하는 사계, 기업, 정부 등 경제활동 주체가 일정 기간 동안 생산하고 판매한 재화의 용액을 나타낸다.

② GNP는 내국인과 외국인의 차별을 두지 않고 국내에서 생산된 모든 것을 포함한다.

③ 현재는 GNP가 국민경제의 지표로 많이 이용되고 있다.

④ GDP는 내국인이면 국내에서 생산한 것이든 외국에서 생산한 것이든 모두 총생산에 들어가지만 외국인은 총생산에서 제외된다.

정답해설 GDP(국내총생산)는 국민경제의 규모를 파악하기 위한 지표로, 국민경제를 구성하는 가계, 기업, 정부 등 경제 활동 주체가 일정기간 동안 생산하고 판매한 재화의 총액을 나타내며 국내의 내국인과 외국인의 차별을 두지 않고 국내에서 생산한 모든 것을 포함한다.

07 어떤 국가의 최근 3년간 경제지표를 보면 다음과 같다. 2020년도의 실질경제성장률은?(단, 기준연도는 2018년도임)

구분	2018년	2019년	2020년
명목 GDP	500억 달러	600억 달러	650억 달러

물가지수	100	120	125

① 2%
② 4%
③ 6%
④ 9%

정답 해설 실질경제성장률＝[(금년도 실질 GDP－전년도 실질 GDP)/전년도 실질 GDP]×100%
실질 GDP＝(금년도 명목GDP/금년도 물가지수)×100
2020년의 실질 GDP＝(650/125)×100＝520
[(520－500)/500]×100＝4%

08 다음 중 인플레이션의 발생 시 가장 불리한 영향을 받게 되는 사람은?

① 산업자본가
② 금융자본가
③ 금전채무자
④ 수입업자

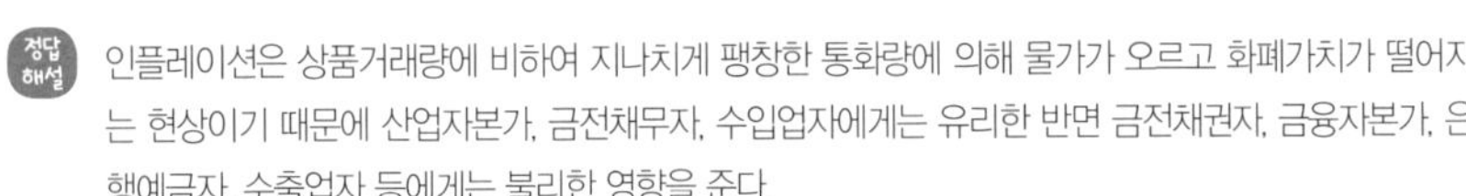
정답 해설 인플레이션은 상품거래량에 비하여 지나치게 팽창한 통화량에 의해 물가가 오르고 화폐가치가 떨어지는 현상이기 때문에 산업자본가, 금전채무자, 수입업자에게는 유리한 반면 금전채권자, 금융자본가, 은행예금자, 수출업자 등에게는 불리한 영향을 준다.

09 다음 중 디플레이션에 대한 내용으로 옳지 않은 것은?

① 전반적으로 상품과 서비스의 가격이 지속적으로 하락하는 현상이다.
② 물가수준이 하락하는 상황으로 인플레이션이 0% 이하이다.
③ 자산시장 불안 등의 충격으로 총수요가 위축되어 경제에 악영향을 끼친다.
④ 채무자에게 유리하고 소비자에게 불리하다.

정답 해설 디플레이션에서는 채무액 실질가치가 증가하므로 채무자들에게 불리하고 상품 가격이 하락하기 때문에 소비자들에게 유리하다.

10 신 파일러(Thin Filer)에 대한 설명으로 옳지 않은 것은?

① 신용을 평가할 수 없을 정도로 금융거래 정보가 없는 사람을 의미한다.
② 최근 3년간 신용카드 사용내역이 없고 2년간 대출 기록이 없는 경우를 말한다.
③ 사회 초년생들이 주로 해당된다.
④ 연체 등의 사유가 생기면 신용등급이 바로 7등급으로 떨어진다.

정답해설 신 파일러(Thin Filer)는 최근 2년간 신용카드 사용내역이 없고 3년간 대출 실적이 없는 금융거래 정보가 거의 없는 사람을 가리키며 주로 사회 초년생이 이에 해당된다. 이들은 연체 등의 사유가 생기면 신용등급이 바로 7등급으로 떨어지기 때문에 금융위원회는 신용등급 산정과 관련한 비금융정보 수집 활용을 검토하겠다고 밝혔다.

1DAY 2DAY 3DAY

11 다음 중 투자자－국가 소송제도(ISD)에 관한 설명으로 올바른 것은?

① 상대국 정부를 상대로 국제중재를 통해 손해배상을 받을 수 있다.
② 세계은행(IBRD)에서 직접 중재 절차를 관장한다.
③ 5인의 중재인으로 구성된 중재판정부에 회부된다.
④ 정부의 공공정책에 대해선 효력을 잃는다.

정답해설 투자자－국가 소송제도(ISD)는 외국에 투자한 투자자가 상대국가로부터 정부의 정책 등으로 손해를 입었을 경우 상대국 정부를 상대로 제3자의 민간기구에 국제중재를 신청해 손해배상을 받을 수 있도록 하는 제도로 이를 통해 해외투자자는 부당한 현지의 정책이나, 법으로 인한 재산상의 피해를 실효적으로 보호받을 수 있다.

오답해설
② 세계은행이 직접 중재하지 않고 해당 기관 산하의 민간기구인 국제투자분쟁해결기구(ICSID)에서 중재 절차를 관장한다.
③ 중재 절차가 시작되면 3인의 중재인으로 구성된 중재판정부에 회부되며 중재인은 양측에서 각각 1명씩을 선임하고, 위원장은 양측의 합의에 의해 선임한다. 만일 합의가 되지 않으면 국제투자분쟁해결기구의 사무총장이 선임하도록 되어 있다.
④ ISD는 외국투자자 차별로 인한 피해를 막을 수 있다는 장점이 있지만 정부의 공공정책을 무력화시키는 단점도 있다.

정답 08 ② | 09 ④ | 10 ② | 11 ①

12 64세 이상의 노인들에게 매월 기초연금을 최대 30만 원까지 지급하도록 정하고 있는 소득하위 최대 범위는?

① 20%
② 30%
③ 40%
④ 50%

정답해설 '연금 3법'이 2020년 1월 9일 국회를 통과하면서 2020년 1월부터 월 최대 30만 원 기초연금 지급 대상은 기존의 소득 하위 20%에서 40% 이하까지 확대되었다.

13 다음 〈보기〉에서 합리적 소비를 하고자 할 때 알아야 할 것으로 묶인 것은?

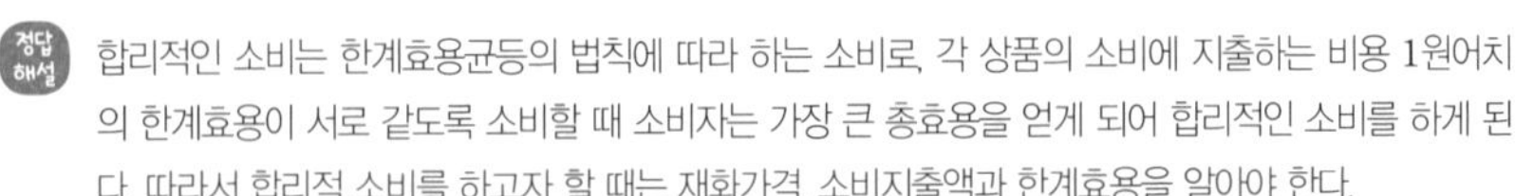
보기
ㄱ. 재화가격 ㄴ. 시장수용량 ㄷ. 한계효용
ㄹ. 재화공급량 ㅁ. 소비지출액 ㅂ. 총효용

① ㄱ, ㄴ, ㄷ
② ㄱ, ㄴ, ㅂ
③ ㄱ, ㄷ, ㅁ
④ ㄴ, ㄷ, ㄹ

정답해설 합리적인 소비는 한계효용균등의 법칙에 따라 하는 소비로, 각 상품의 소비에 지출하는 비용 1원어치의 한계효용이 서로 같도록 소비할 때 소비자는 가장 큰 총효용을 얻게 되어 합리적인 소비를 하게 된다. 따라서 합리적 소비를 하고자 할 때는 재화가격, 소비지출액과 한계효용을 알아야 한다.

14 정부가 다음과 같은 정책을 시행한 배경으로 가장 적절한 것은?

- 한국통신이 독점하던 국제전화사업에 새로운 민간기업의 참여를 허용하였다.
- 정부는 국민은행과 주택은행의 주식을 일반에 매각하여 이들 은행을 민영화하였다.

① 공공재의 안정적인 공급이 이루어져야만 한다.
② 시장경제 체제에서 독과점이 허용되어서는 안 된다.
③ 정부의 규제가 시장경제의 효율성을 저해할 수 있다.
④ 정부의 규제가 반드시 사회의 이익을 보장하지는 않는다.

정답해설 이윤추구에 몰두하는 민간기업에 비해 경쟁의 필요성이 절박하지 않은 공기업은 그 조직이 방만하고 관료화되어 비효율적이 될 수 있다.

15 A, B 양국이 다음 상품을 생산하는 데 노동비용만이 생산비를 구성한다고 할 때 비교생산비설에 의해 옳은 것은?

구분	A	B
라디오 1단위	100명	90명
텔레비전 1단위	120명	80명

① 라디오, 텔레비전 둘 다 A국에서 생산한다.
② 라디오, 텔레비전 둘 다 B국에서 생산한다.
③ A국은 라디오만 생산하고 B국은 텔레비전만을 생산한다.
④ A국은 텔레비전이 비교우위에 있고 B국은 라디오가 비교우위에 있다.

정답해설 비교우위론이란 어느 한 나라의 두 재화가 모두 절대우위에 있는 경우라 하더라도 각국은 자국의 비교우위에 있는 상품에 특화하여 이를 수출하고 비교열위에 있는 상품은 수입함으로써 두 나라 모두 이익을 얻는다는 이론으로, 리카도가 주장하였다.

A국	B국에 대한 A국의 생산비율은 120 / 80 = 150%이고, 라디오 생산비의 비율은 100 / 90 = 약 110%이므로 A국은 생산비가 상대적으로 덜 드는 라디오만을 생산한다.
B국	A국에 대한 B국의 텔레비전 생산비율은 80 / 120 = 약 67%이고, 라디오 생산비율은 90 / 100 = 90%이므로 B국은 생산비가 상대적으로 덜 드는 텔레비전만을 생산한다.

16 **원유의 수요함수가 Q=10,000−10P이고, 공급함수가 Q=2,000+10P라고 가정했을 때, 만약 정부가 원유의 최고가격을 500원으로 고시한다면 단기적으로 원유시장에 발생하는 변화는?**

① 변화 없음
② 1,000만큼의 초과 수요 발생
③ 2,000만큼의 초과 공급 발생
④ 3,000만큼의 초가 수요 발생

정답해설 균형가격을 구해보면 10,000−10P=2,000+10P에서 20P=8,000, 따라서 P=400이다. 이때 고시한 최고가격이 균형가격보다 높으면 시장에서는 그대로 균형가격이 유지된다.

17 **역내 포괄적 경제동반자협정(RCEP)에 한국, 중국, 일본과 함께 참여한 동남아시아 10여개 국이 현재 가입하고 있는 국제경제협력기구는?**

① 아펙
② 나프타
③ 메르코수르
④ 아세안

정답해설 역내 포괄적 경제동반자협정(RCEP)는 동남아시아국가연합인 아세안(ASEAN) 10개국과 한중일 3국, 호주, 뉴질랜드, 인도 등 총 16개국이 관세장벽 철폐를 목표로 추진하는 다자간 무역협정으로 2017년 11월에는 필리핀 마닐라에서 첫 정상회의를 개최하였고 RCEP의 거대한 잠재력, 공평한 경제발전과 경제통합 심화에 대한 기여 필요성, 참여국 간 발전 수준을 고려한 유연성 등의 내용을 담은 공동성명을 발표한 바 있다.

오답해설
① **아펙(APEC)** : 1989년 결성된 아시아, 태평양 지역 최초의 범정부 간 협력 기구로 같은 해 11월 한국, 미국, 일본 · 호주, 뉴질랜드, 캐나다와 아세안 6개국 등 12개국이 제1차 각료회의를 열고 공식 출범했다.
② **나프타(NAFTA)** : 1994년 발효된 멕시코, 미국, 캐나다 3개국이 역내의 교역 증진과 투자확대를 통해 고용과 성장을 늘리기 위하여 세계 최대의 무관세 자유무역지대를 창설한 협정이다.
③ **메르코수르(MERCOSUR)** : 브라질, 아르헨티나, 우루과이, 파라과이 4개국에 의해 1995년에 발족된 남미공동시장으로 2012년에 베네수엘라의 가입으로 가입국 수는 5개국이었지만 민주주의를 훼손했다는 이유로 2017년 베네수엘라의 회원자격이 정지되었다.

18 다음 중 공공임대주택의 종류에 포함되지 않은 것은?

① 영구임대주택 ② 국민임대주택

③ 맞춤형 임대주택 ④ 행복주택

정답 해설 공공임대주택의 종류

- **영구임대주택** : 국가나 지방자치단체의 재정을 지원받아 최저소득 계층의 주거안정을 위하여 50년 이상 또는 영구적인 임대를 목적으로 공급하는 공공임대주택
- **국민임대주택** : 국가나 지방자치단체의 재정이나 주택도시기금의 자금을 지원받아 저소득 서민의 주거안정을 위하여 30년 이상 장기간 임대를 목적으로 공급하는 공공임대주택
- **행복주택** : 국가나 지방자치단체의 재정이나 주택도시기금의 자금을 지원받아 취준생, 사회초년생, 신혼부부 등 젊은 층의 주거안정을 목적으로 공급하는 공공임대주택

19 어떤 재화의 시장수요 곡선이 직선이고, 그 수요곡선상의 가격과 수요량이 다음과 같을 때 수요의 가격탄력도가 가장 큰 것은?

구분	A	B	C	D
수요량	200	300	400	500
가격	260	220	180	140

① A ② B

③ C ④ D

- $A=\frac{200}{260}<1$
- $B=\frac{300}{220}<2$
- $C=\frac{300}{180}<3$
- $D=\frac{500}{140}<4$

따라서 D의 가격탄력도가 가장 크다.

20 지자체에서 유명 뮤지컬의 공연을 기획하고 있다. 이 공연은 5,000명이 입장할 수 있는 장소에서 단 1회만 공연하고, 입장권의 시장 수요곡선은 Q=9,000−P이다. 매출액을 극대화하기 위해서 책정해야 하는 가격은?

① 3,000원 ② 3,500원

③ 4,000원 ④ 4,500원

정답해설 매출을 극대화하는 조건은 수요곡선의 가격탄력도가 1인 점에서 생산하는 것이다. 수요의 가격탄력도가 1인 점은 수요곡선의 중점이므로 중점에서의 가격은 4,500원이다. 따라서 산출량 Q=9,000−4,500=4,500(원)이다.

21 다음 중 데이터 3법에 포함되는 법이 아닌 것은?

① 정보통신망법 ② 신용정보법

③ 개인정보보호법 ④ 정보공개법

정답해설 데이터 3법은 개인정보보호법, 정보통신망법, 신용정보법의 개정안을 말하며 4차산업혁명의 도래에 맞춘 데이터의 축적과 활용을 위해 개인정보를 가명정보로 다루는 것을 골자로 한다.

22 오스카상으로도 불리며 25개 부문에 걸친 심사를 거쳐 시상하는 미국에서 가장 권위 있는 영화상의 이름은?

① 에미상 ② 골든글로브상

③ 아카데미상 ④ 토니상

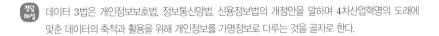

정답해설 아카데미상은 미국 영화업자와 미국 내 영화단체인 영화예술과학 아카데미협회에서 심사해 수여하는 미국 최대의 영화상으로, 오스카상이라고도 한다. LA의 개봉관에서 일주일 이상 상영된 영화를 대상으로 심사하여 작품상 · 감독상 · 주연상 등 총 25개 부문에 대한 수상이 이뤄지는데 시상식은 매년 2월 말에서 4월 초에 개최되어 미국 영화계뿐만 아니라 전 세계적인 주목도가 높아 각국에서 생중계 또

는 위성중계를 진행하기도 한다. 2020년 2월 9일 봉준호 감독의 영화 〈기생충〉이 제92회 아카데미 시상식에서 작품상 · 감독상 · 각본상 · 국제장편영화상 등을 수상하며 4관왕을 차지했다. 특히 아카데미 92년 역사상 외국어 영화의 작품상 수상은 처음 있는 일이며, 비영어권 영화가 작품상과 감독상 모두를 차지한 것도 아카데미 사상 초유의 일이다. 아울러 국제장편영화상 수상작이 작품상을 받은 것도 처음 있는 일이었다.

오답해설 ① 에미상은 미국에서 한 해 동안 TV를 통해 방송된 모든 프로그램을 대상으로 수여하는 상으로 미국의 TV 예술 아카데미에서 관장한다.
② 골든글로브상은 세계 각국의 신문 및 잡지 기자로 구성된 할리우드 외신기자협회에서 수여하는 상으로 1944년부터 TV드라마, 뮤지컬, 코미디 장르를 구분해 시상한다.
④ '연극의 아카데미상'이라 불리는 이 상은 1947년부터 매년 브로드웨이의 연극, 뮤지컬 작품 및 그 무대 만들기에 참가했던 출연진, 스태프를 대상으로 시상하는 무대예술계 최고의 권위있는 상이다.

23 북한의 김정은 국무위원장이 2013년 노동당 중앙위원회 전원회의에서 제시했으며 경제 발전과 국방력 강화를 동시에 추구한다는 북한의 경제정책 기조와 노선은?

① 자립적민족경제건설노선 ② 4대군사노선
③ 민주기지노선 ④ 경제국방병진노선

정답해설 경제국방병진노선은 경제 발전과 국방력 강화를 동시에 추구한다는 북한의 경제정책 기조와 노선으로 김정은 국무위원장이 2013년 노동당 중앙위원회 전원회의에서 '경제 · 핵무력건설 병진노선'을 처음 제시했다. 그러다 2018년 4월 한반도의 정세변화 속에서 '경제건설 총력집중'의 새 '전략적 노선'을 전격 채택하고, 그 일환으로 풍계리 핵시험장 폐기 등 일련의 비핵화 조치를 발표했다. 그러나 2019년 말 미국이 적대 정책을 추구하면 한반도 비핵화는 영원히 없을 것이라며 병진노선으로의 회귀 가능성을 언급했다.

24 중장년층에겐 추억과 향수를, 젊은 세대에겐 새로움과 재미를 안겨 주는 것을 목적으로 복고를 현대적으로 재해석해 즐기는 문화 트렌드는?

① 레트로 ② 뉴트로
③ 빈트로 ④ 힙트로

정답 20 ④ | 21 ④ | 22 ③ | 23 ④ | 24 ②

정답 해설 뉴트로는 새로움(New)과 복고(Retro)를 합친 신조어로, 복고(Retro)를 새롭게(New) 즐기는 경향을 말하며 같은 과거의 것이지만 이걸 즐기는 계층에겐 신상품과 마찬가지로 새롭다는 의미를 담고 있는데 마치 시간을 되돌려 놓은 듯한 물건과 소품으로 인테리어를 한 카페나 음식점들이 최근 들어 인기를 누리고 있는 것들을 그 예로 들 수 있다.

오답 해설 ① 레트로는 추억이라는 뜻의 영어 'Retrospect'의 준말로 과거의 추억이나 전통 등을 그리워해 그것을 본뜨려고 하는 성향을 말한다.
③ 빈트로는 '빈티지(vintage)'와 '레트로(retro)'가 합쳐진 말로, 복고풍의 인테리어 등에서 새롭고 독특한 감각을 찾는 유행을 이른다.
④ 힙트로는 '힙(Hip : (최신 유행의)사정에 밝은, 앞서 있는)'과 '레트로(Retro)'의 합성어로, 최근 유행하고 있는 복고 스타일을 말하는 신조어이다.

25 다음 중 민식이법에 대한 설명으로 올바르지 않은 것은?

① 어린이보호구역 내에 과속단속카메라, 과속 방지턱, 신호등 설치를 의무화하는 내용을 담고 있다.
② 운전자의 부주의로 어린이보호구역에서 어린이가 사망할 경우 무기 또는 2년 이상의 징역에 처한다.
③ 피해자가 상해를 입으면 1년 이상 15년 이하의 징역이나 500만 원 이상~3000만 원 이하 벌금을 부과한다.
④ 어린이보호구역에서 규정 속도 시속 30km를 초과하거나, 전방 주시 등 안전운전 의무를 소홀히 해서 13세 미만 어린이를 사망하게 하거나 다치게 하는 경우에 적용된다.

정답 해설 민식이법은 '도로교통법 일부개정안'과 어린이보호구역 내 안전운전 의무 부주의로 사망이나 상해사고를 일으킨 가해자를 가중 처벌하는 내용의 '특정범죄가중처벌 등에 관한 법률 일부 개정안' 등 2건의 법안을 가리키며 이중 특정범죄 가중처벌법 개정안은 운전자의 부주의로 어린이가 사망할 경우 무기 또는 3년 이상의 징역에 처하는 내용을 담고 있다.

26 다량의 데이터로부터 높은 수준의 추상화 모델을 구축하는 딥 러닝(Deep Learning)이 사용된 기술이 아닌 것은?

① 얼굴 인식 ② 자연어 처리

③ 검색어 자동 완성 ④ 추천 알고리즘

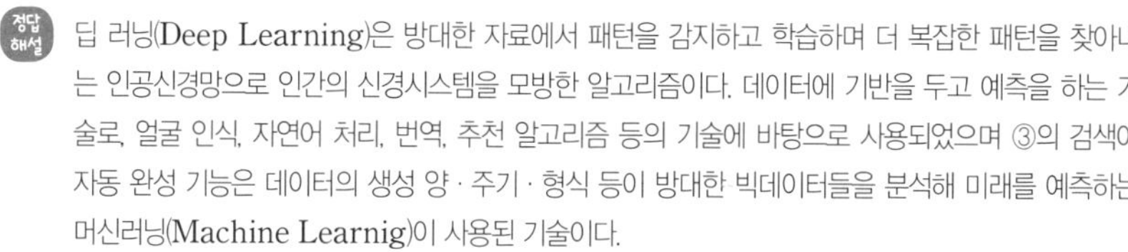
정답해설 딥 러닝(Deep Learning)은 방대한 자료에서 패턴을 감지하고 학습하며 더 복잡한 패턴을 찾아내는 인공신경망으로 인간의 신경시스템을 모방한 알고리즘이다. 데이터에 기반을 두고 예측을 하는 기술로, 얼굴 인식, 자연어 처리, 번역, 추천 알고리즘 등의 기술에 바탕으로 사용되었으며 ③의 검색어 자동 완성 기능은 데이터의 생성 양 · 주기 · 형식 등이 방대한 빅데이터들을 분석해 미래를 예측하는 머신러닝(Machine Learnig)이 사용된 기술이다.

27 하나의 TV프로그램이 시작하고 나서 끝나기까지 프로그램 사이에 편성되는 중간광고(Commercial Break)가 2회 이내까지 편성될 수 있는 프로그램의 시간은?

① 45~60분 ② 60~90분

③ 90~120분 ④ 120~160분

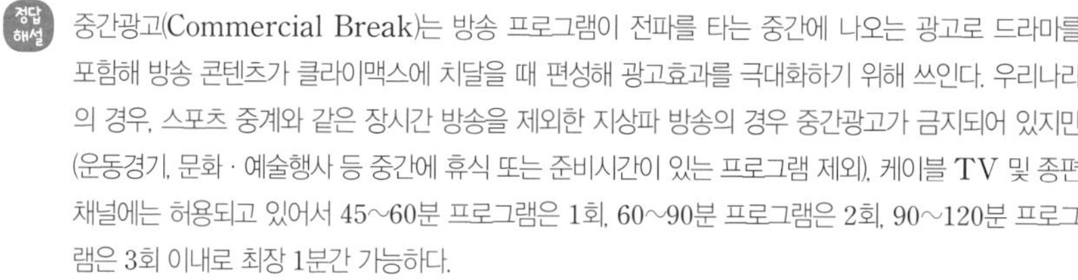
정답해설 중간광고(Commercial Break)는 방송 프로그램이 전파를 타는 중간에 나오는 광고로 드라마를 포함해 방송 콘텐츠가 클라이맥스에 치달을 때 편성해 광고효과를 극대화하기 위해 쓰인다. 우리나라의 경우, 스포츠 중계와 같은 장시간 방송을 제외한 지상파 방송의 경우 중간광고가 금지되어 있지만(운동경기, 문화 · 예술행사 등 중간에 휴식 또는 준비시간이 있는 프로그램 제외), 케이블 TV 및 종편 채널에는 허용되고 있어서 45~60분 프로그램은 1회, 60~90분 프로그램은 2회, 90~120분 프로그램은 3회 이내로 최장 1분간 가능하다.

28 다음 중 패스트트랙이 본회의에 상정되어 표결 처리가 될 수 있으려면 지나야 하는 최장 기간은?

① 110일 ② 220일

③ 330일 ④ 440일

정답 해설 패스트트랙(신속처리안건)은 쟁점법안이 국회에서 장기간 표류하는 것을 막기 위한 제도로 최장 330일이 지났을 때 본회의에 상정되어 표결 처리할 수 있도록 하는 절차를 말한다.

29 국회의 회의에 대산 설명으로 옳지 않은 것은?

① 회의에는 정기회와 임시회가 있다.
② 정기회는 연 1회 9월 1일에 소집되고 회기는 100일 이내이다.
③ 임시회는 국회재적의원 4분의 1 이상의 요구에 의하여 집회한다.
④ 회기는 개월 단위로 위원회 활동을 한다.

정답 해설 국회의 회기는 주 단위로 운영된다.

30 다음 중 국회법과 관련된 설명으로 틀린 것은?

① 국회 회의를 방해할 목적의 폭행 등을 금지한다.
② 위반 시 벌금형을 확정 받더라도 피선거권은 유지된다.
③ 재적의원 5분의 1 이상이 출석해야 본회의 개의가 가능하다.
④ 재적의원 3분의 1 이상 요구가 있는 경우 필리버스터가 가능하다.

정답 해설 국회법 위반 시 벌금 500만 원 이상의 형을 확정 받을 경우 피선거권이 박탈된다.

31 간접세를 중심으로 국가의 조세정책이 이루어질 경우 국민 경제에 미치는 영향으로 올바른 것은?

① 물가가 하락한다.
② 누진세율이 적용된다.
③ 직접세보다 조세의 징수가 어려워진다.
④ 빈부 격차가 심화된다.

정답 해설 간접세는 세금의 납부자와 담세자가 서로 다른 세금으로 부가가치세, 특별소비세, 주세, 관세 등이 포함된다. 납세자로부터 담세자에게 부담이 옮겨지는 간접적인 징수방법으로 인해 조세의 징수가 용이하고 조세저항이 적은 특징이 있으나 저소득층에 대한 과세부담 증가로 빈부격차를 심화시키고 물가를 자극한다는 단점이 있다.

1DAY 2DAY 3DAY

32 대중문화의 시각 이미지를 미술의 영역으로 수용한 미술의 경향은?

① 아방가르드　② 팝 아트
③ 초현실주의　④ 포스트모더니즘

정답 해설 팝 아트는 TV, 광고, 매스컴 등 대중매체 혹은 우리의 가까운 곳에 있는 소재들을 예술로 받아들임으로써 순수 예술과 대중 예술의 경계를 무너뜨렸다.

33 다음 법정감염병 중에서 제1군에 해당하는 것은?

① 결핵　② A형간염
③ 뎅기열　④ 일본뇌염

정답 해설 제1군 법정감염병은 제1군감염병이 마시는 물 또는 식품을 매개로 발생하고 집단 발생의 우려가 커서 발생 또는 유행 즉시 방역대책을 수립하여야 하는 질병으로 콜레라, 장티푸스, 파라티푸스, 세균성이질, 장출혈성대장균감염증, A형간염 총 6종이 있다.

오답 해설 ① 결핵은 제3군 감염병이다.
③ 뎅기열은 제4군 감염병이다.
④ 일본뇌염은 제2군 감염병이다.

34 다음 중 팩터링(Factoring)에 대한 설명으로 올바르지 않은 것은?

① 단기자금 조달을 목적으로 도입된 기업 어음의 일종이다.
② 기업이 상품 등을 매출하고 받은 어음을 신용판매회사가 사들인다.
③ 회사가 채권을 관리하며 회수한다.
④ 사들인 외상매출채권이 부도가 날 경우의 위험부담은 회사가 진다.

정답해설 팩터링(Factoring)은 기업의 외상 매출 채권을 매입하여 대금 회수를 행하는 채권 인수업으로 기업들의 외상 매출 채권을 신속하게 현금화하여 기업 활동을 돕는 데 목적을 두고 있으며 기업 어음과는 관계가 없다.

35 온라인 환경에서 아이디나 비밀번호 없이 생체인식 기술로 편리하게 개인 인증을 수행하는 기술을 일컫는 용어는?

① IP
② ERP
③ RPA
④ FIDO

정답해설 FIDO(Fast Identity Online)는 '신속한 인증'의 줄임말로 온라인 환경에서 아이디와 비밀번호 없이 생체인식 기술로 더욱 편리하고 안전하게 개인 인증을 수행하는 기술이며 주로 지문, 홍체 등 신체적 특성과 동작 등 행동적 특징의 생체정보가 이용되고 있다.

오답해설
① IP(Internet Protocol)는 인터넷에서 해당 컴퓨터의 주소로 인터넷에 연결되어 있는 각 컴퓨터의 숫자들이다.
② ERP(Enterprise Resource Planning)는 전사적 자원관리 또는 기업자원관리로 기업 내 통합정보시스템을 구축하는 것을 말한다.
③ RPA(Robotic Process Automation)는 기업에서 각종 데이터를 수집하고 입력, 비교하는 단순 반복 업무를 자동화한 기술 형태다.

36 다음 중 4대 불법 주정차 금지구역이 아닌 것은?

① 교차로
② 횡단보도
③ 버스 정류장
④ 어린이 보호구역

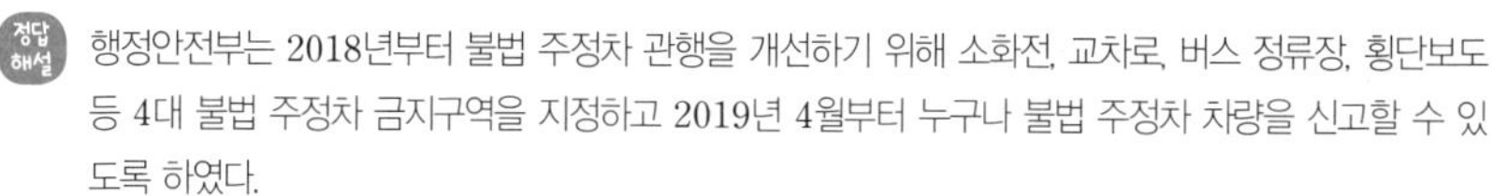

정답해설 행정안전부는 2018년부터 불법 주정차 관행을 개선하기 위해 소화전, 교차로, 버스 정류장, 횡단보도 등 4대 불법 주정차 금지구역을 지정하고 2019년 4월부터 누구나 불법 주정차 차량을 신고할 수 있도록 하였다.

37 다음 중 대통령이 국회의 동의 없이 임명할 수 있는 공무원은?

① 감사원장
② 국무총리
③ 헌법재판소장
④ 헌법재판관

정답해설 대통령이 임명 시 국회의 동의를 얻어야 하는 공무원은 국무총리, 대법원장, 헌법재판소장, 감사원장, 대법관 등이지만 헌법재판관은 국회의 동의가 필요 없어 별도의 본회의 표결 절차를 거치지 않는다.

38 독자의 관심을 끌기 위해 흥미 위주의 저속하고 선정적인 기사를 주로 보도하는 신문과 논조를 뜻하는 용어는?

① 블랙 저널리즘
② 옐로 저널리즘
③ 그래프 저널리즘
④ 제록스 저널리즘

정답해설 옐로 저널리즘(Yellow Journalism)은 인간의 불건전한 감정을 자극하는 범죄 · 괴기사건 · 성적 추문 등을 과대하게 취재 · 보도하는 신문의 경향을 뜻하며 1889년에 J.퓰리처가 《뉴욕 월드》 일요판에 황색의 옷을 입은 소년 '옐로 키드(yellow kid)' 만화를 개재하였을 때 이를 흉내 낸 W.R.허스트의 《뉴욕 저널》과의 사이에 선정주의의 치열한 경쟁을 전개함으로써 이 호칭이 생겼다.

오답해설 ① 블랙 저널리즘(Black Journalsm)은 조직과 개인의 약점을 취재해 협박하거나 특정 집단의 이익을 도모할 목적으로 신문이나 잡지를 발행하는 저널리즘을 뜻한다.

③ 그래프 저널리즘(Graph Journalism)은 사진을 중심으로 편집된 간행물로서 다큐멘터리를 중심으로 사회 문제를 비롯한 다양한 소재를 다룬다.

④ 제록스 저널리즘(Xerox Journalism)은 비밀문서를 복사한다는 뜻으로 비합법적이고 안이한 취재방법과 문서를 바탕으로 한 언론 경향을 뜻한다.

39 다음 중 적대적 M&A의 방어수단 전략으로 알맞지 않은 것은?

① 왕관보석 ② 곰의 포옹
③ 황금낙하산 ④ 백기사

정답 해설 곰의 포옹은 적대적 인수, 합병과정에서 대상기업의 경영진에게 경영권을 넘겨줄 것을 강요하는 행위로 이는 경영권 확보의사를 공식화하는 동시에 확보한 지분의 규모를 암시함으로써 경영진으로 하여금 스스로 경영권을 포기하게 만드는 것이다. 이러한 행위가 성공하면 인수비용을 상당부분 절약할 수 있지만 경영권 분쟁을 공식화함으로써 인수가 어려워질 수 있다.

오답 해설 ① 왕관보석(Crown Jewel)은 M&A 대상이 되는 회사의 가장 가치 있는 자산을 처분함으로써 대상 회사의 가치 및 매력을 감소시켜 M&A를 방지하는 것을 말한다.
③ 황금낙하산(Golden Parachute)은 인수 대상 기업의 CEO가 인수로 인하여 임기 전에 사임하게 될 경우를 대비하여 거액의 퇴직금, 저가에 의한 주식 매입권, 일정기간 동안의 보수와 보너스 등을 받을 권리를 사전에 고용계약에 기재하여 안정성을 확보하고 동시에 기업의 인수 비용을 높이는 방법이다.
④ 백기사(White Knight)는 기업들 간 적대적 M&A가 진행되는 경우 현 경영진의 경영권 방어에 우호적인 주주를 뜻한다.

40 다음 중 지방선거에서 선출되지 않는 직책은?

① 광역시장 ② 특별자치시장
③ 서울시 지역구의원 ④ 군수

정답 해설 국회의원은 지방선거로 선출하지 않는다.

39 ② | 40 ③ 정답

우리은행 필기모의 2회

제2회

우리은행 필기모의

NCS

01 다음 글의 내용에 부합하지 않는 것은?

수요 공급 법칙에 따르면 수요보다 공급이 과하면 가격이 내려가게 되고, 가격이 내려가면 과잉공급 상태는 해소되며 가격은 다시 균형을 찾게 된다. 따라서 대졸자가 지금처럼 공급과잉 상태가 되면 대졸자의 평균 임금은 당연히 하락해야 한다. 하지만 한 번 오른 임금은 경제 여건이 변해도 쉽게 내려갈 생각을 하지 않는데, 이를 '임금의 하방 경직성'이라 한다. 임금이 하방 경직성을 띠는 이유는 노동조합의 존재, 균형 임금보다 높은 최저 임금, 균형 임금보다 높은 효율 임금, 장기 근로 계약 등이 있다. 이렇게 대졸자의 임금이 높게 유지되므로 대학진학률 역시 고공행진을 이어가고 있다. 이는 학력 공급의 탄력성으로도 설명해 볼 수 있다. 학사 이상의 학력을 갖추는 데에는 적어도 3~4년의 세월이 필요하므로 시장의 수요에 즉각 반응할 수 없다. 공급이 비탄력적이므로 노동시장의 변화에 대응하는 속도가 늦어 공급과잉이 쉽게 해소되지 못하는 것이다.

대학을 중시하는 사회 풍토는 기업의 요직을 차지하고 있는 부모세대의 경험과도 관련이 있다. 대졸자가 고졸자보다 사회적으로 많은 혜택을 누리는 경우를 직접 경험했거나 목격한 부모가 자신의 자식에게 대학을 졸업하는 것에 대한 장점을 지속해서 주지시키면서 결국 자식 세대는 별다른 의심이나 고민 없이 대학에 진학하는 것이다.

이처럼 대학을 졸업하는 사람이 사회에서 필요로 하는 것보다 훨씬 더 많은 지금의 사태는 한쪽 측면에서 단순하게 고려할 문제가 아니다. 경제적인 요인과 사회적인 요인이 서로 영향을 주고받으며 이러한 현상을 공고하게 하는 것이다. 이것은 대학 진학에 대한 문제가 교육 정책만으로 해결할 수 있는 것이 아니라 한국 사회에 대한 깊은 고찰이 수반되어야 함을 의미한다. 다양한 분야의 전문가가 함께하는 자리 없이는 우리 사회의 뿌리박힌 교육 문제를 해결하기 어려우며, 수많은 방안 역시 근본적인 해결책이 될 수는 없다.

① 대졸자의 평균 임금은 경제 여건에 따라 쉽게 변하지 않는다.
② 학력에 따른 임금 격차를 줄이기 위한 방안이 시급히 마련되어야 한다.
③ 부모세대의 시절에도 대졸자와 고졸자 사이의 사회적 격차는 존재해왔다.
④ 대졸자의 공급과잉 문제를 해결하기 위해서는 여러 요인을 함께 고려하여야 한다.

정답 해설 제시된 글을 통해 유추해 볼 수 있는 내용이나 글의 주제문으로 보기는 어렵다. 제시된 글은 높은 대학 진학률을 보이는 이유를 언급하면서 대졸자의 평균 임금이 높다는 것을 한 원인으로 설명하고 있다.

오답 해설 ① 첫 번째 단락에서 대졸자의 평균 임금은 '임금의 하방 경직성'이 작용하므로, 공급과잉 상태가 되어도 쉽게 떨어지지 않는다고 하였다.
③ 두 번째 단락에서 대졸자가 고졸자보다 사회적으로 많은 혜택을 누리는 경우를 직접 경험했거나 목격한 부모가 자신의 자식에게 대학을 졸업하는 것에 대한 장점을 지속해서 주지시킴으로써 자식 세대도 별다른 고민 없이 대학에 진학한다고 한 것으로 보아 부모세대가 살던 시대에도 대졸자와 고졸자 사이의 사회적 격차는 존재했었다는 사실을 알 수 있다.
④ 첫 번째와 두 번째 단락에서는 우리 사회에서 높은 대학진학률이 지속되고 있는 이유를 설명하고 있다. 그리고 세 번째 단락은 이것이 한쪽 측면에서 단순하게 고려할 문제가 아니며, 그것은 경제적 요인과 사회적 요인을 비롯한 여러 요인이 함께 고찰되어야 한다고 하였다.

[02~03] 다음 글을 읽고 물음에 알맞은 답을 고르시오.

디지털 이미지는 사용자가 가장 손쉽게 정보를 전달할 수 있는 멀티미디어 객체이다. 일반적으로 디지털 이미지는 화소에 의해 정보가 표현되었는데, M×N개의 화소로 이루어져 있다. 여기서 M과 N은 가로와 세로의 화소 수를 의미하며, M×N의 값을 해상도라 한다.

무선 네트워크와 모바일 기기의 사용이 보편화되면서 다양한 스마트 기기의 보급이 진행되고 있다. 스마트 기기는 그 사용 목적이나 제조 방식, 가격 등의 요인에 의해 각각의 화면 표시 장치들이 서로 다른 해상도와 화면 비율을 가진다. 이에 대응하여 동일한 이미지를 다양한 화면 표시 장치 환경에 맞출 필요성이 발생했다. 하나의 멀티미디어의 객체를 텔레비전용, 영화용, 모바일 기기용 등 표준적인 화면 표시 장치에 맞추어 각기 독립적인 이미지 소스로 따로 제공하는 것이 아니라, 하나의 이미지 소스를 다양한 화면 표시 장치에 맞도록 적절히 변환하는 기술을 요구하고 있다.

이러한 변화 기술을 '이미지 리타겟팅'이라고 한다. 이는 A×B의 이미지를 C×D 화면에 맞추기 위해 해상도와 화면 비율을 조절하거나 이미지의 일부를 잘라 내는 방법 등으로 이미지를 수정하는 것이다. 이러한 수정에서 입력 이미지에 있는 콘텐츠 중 주요 콘텐츠는 그대로 유지되어야 한다. 즉 리타겟팅 처리 후에도 원래 이미지의 중요한 부분을 그대로 유지하면서 동시에 왜곡을 최소화하는 형태로 주어진 화면에 맞게 이미지를 변형하여야 한다. 이러한 조건을 만족하기 위해 ㉠ 다양한 접근이 일어나고 있는데, 이미지의 주요한 콘텐츠 및 구조를 분석하는 방법과 분석된 주요 사항을 바탕으로 어떤 식으로 이미지 해상도를 조절하느냐가 주요 연구 방향이다.

02 다음 중 글의 내용과 일치하지 않는 것은?

① 디지털 이미지는 가로와 세로의 화소 수에 따라 해상도가 결정된다.

② 무선 네트워크와 모바일 기술을 이용한 스마트 기기의 경우 그 사용 목적이나 제조 방식 등에 따라 화면 표시 장치의 해상도와 화면 비율이 다양하다.

③ 스마트 기기에 대응하기 위해서는 하나의 이미지 소스를 표준적인 화면 표시 장치에 맞추어 개별적으로 제공할 필요가 있다.

④ 이미지 리타겟팅 처리 이후에도 이미지의 중요 콘텐츠는 그대로 유지하는 것이 필요하다.

정답해설 두 번째 단락에서 하나의 멀티미디어 객체를 텔레비전용, 영화용, 모바일 기기용 등 표준적인 화면 표시 장치에 맞추어 각기 독립적인 이미지 소스로 따로 제공하는 것이 아니라, 하나의 이미지 소스를 다양한 화면 표시 장치에 맞도록 적적히 변환하는 기술을 요구한다고 하였는데 이를 통해 다양한 스마트 기기에 대응하기 위해서는 동일한 이미지를 다양한 화면 표시 장치라는 환경에 맞추어 적절히 변환하는 것이 필요하다는 것을 알 수 있다.

오답해설 ① 첫 번째 단락에서 일반적인 이미지는 화소에 의해 정보가 표현되는데 M×N개의 화소로 이루어져 있다. 여기서 M과 N은 가로와 세로의 화소 수를 의미하며, M×N의 값을 해상도라 한다는 내용과 일치한다.

② 두 번째 단락의 스마트 기기는 그 사용 목적이나 제조 방식, 가격 등의 요인에 의해 각각의 화면 표시 장치들이 서로 다른 해상도와 화면 비율을 가진다는 내용과 일치한다.

④ 세 번째 단락의 리타겟팅 후에도 원래 이미지의 중요한 부분을 그대로 유지하면서 왜곡을 최소화하는 형태로 주어진 화면에 맞게 이미지를 변형하여야 한다는 내용과 일치한다.

03 다음 글의 ㉠의 사례로 보기 어려운 것은?

① 광고 사진에서 화면 전반에 걸쳐 흩어져 있는 콘텐츠를 무작위로 추출하여 화면을 재구성하는 방법

② 인물 사진에서 얼굴 추출 기법을 사용하여 인물의 주요 부분을 왜곡하지 않고 필요 없는 부분을 잘라내는 방법

③ 정물 사진에서 대상물의 영역은 그대로 두고 배경 영역에 대해서는 왜곡을 최소로 하며 이미지를 축소하는 방법

④ 상품 사진에서 상품을 충분히 인지할 수 있을 정도의 범위 내에서 가로와 세로의 비율을 화면에 맞게 조절하는 방법

정답 해설 다양한 접근은 원래 이미지의 중요한 부분을 그대로 유지하면서 왜곡을 최소화하는 형태로 주어진 화면에 맞게 이미지를 변형하는 다양한 접근법을 말한다. 그런데 ①의 경우 화면 전반에 흩어져 있는 콘텐츠를 무작위로 추출하여 화면을 재구성하는 방법이므로 ㉠의 조건에 부합하는 사례로 볼 수 없다.

오답 해설
② 인물 사진에서 인물의 주요 부분을 왜곡하지 않고 필요 없는 부분을 잘라내는 방법도 ㉠의 조건에 부합한다.
③ 정물 사진에서 대상물의 영역은 그대로 두고 배경 영역에 대한 왜곡을 최소로 하면서 이미지를 축소하는 방법도 ㉠의 조건에 부합한다.
④ 상품 사진에서 상품을 충분히 인지할 수 있을 정도의 범위 내에서 가로와 세로의 비율을 조절하는 방법도 ㉠의 조건에 부합한다.

[04~05] 다음 글을 읽고 물음에 알맞은 답을 고르시오.

우리는 식인 풍습의 긍정적인 형태들(그 기원이 신비적이거나 주술적인, 또는 종교적인 것들이 대부분 여기에 포함됨)을 고찰해 볼 필요가 있다.

식인종은 조상의 신체 일부분이나 적의 시체의 살점을 먹음으로써 죽은 자의 덕을 획득하려 하거나 또는 그들의 힘을 중화시키고자 한다. 이러한 의식은 종종 매우 비밀스럽게 거행된다. 식인종들은 인간의 살점을 다른 음식물과 섞어 먹거나 가루로 만든 유기물 약간

과 함께 먹는다. 오늘날 식인 풍습의 요소가 보다 공개적으로 인정받고는 있으나, 그러한 풍습은 여전히 비도덕적이라는 이유로 비난받기도 한다.

하지만 식인종들의 풍습은 시체가 물리적으로 파괴되면 육체적 부활이 위태로워진다는 생각에서 비롯된 것이거나, 또는 영혼과 육체의 연결과 여기에 따르는 육체와 영혼의 이원론에 대한 확신에서 비롯된 것이라는 점을 인정해야만 한다. 이러한 확신들은 의식적인 식인 풍습의 의미로 시행되고 있는 것에 나타나는 것과 동일한 성격을 지닌다.

(㉠) 우리는 어느 편이 더 나은 것이라고 말할 수 있는 어떠한 정당한 이유도 지니고 있지 못하다. 뿐만 아니라 우리는 죽음의 신성시함을 무시한다는 이유에서 식인종을 비난하지만, 어찌 보면 식인종들의 풍습은 우리가 해부학실습을 용인하고 있다는 사실과 별반 다를 것이 없다.

(㉡) 무엇보다도, 만약 우리와 다른 사회에서 살아온 관찰자가 우리를 연구하게 된다면 우리에게는 자연스러운 어떤 풍습이, 그에게는 우리가 비문명적이라고 여기는 식인 풍습과 비슷한 것으로 간주될 수 있다는 점을 인식해야만 한다.

04 다음 중 윗글에 나타난 저자의 견해와 일치하는 것은?

① 각 사회는 나름대로의 합리성에 의한 문화를 갖는다.

② 오늘날 문화를 판단하는 기준은 여러 가지가 존재한다.

③ 문화의 열등함과 우등함을 구분하는 기준은 어느 문명에서나 존재할 수 있다.

④ 도덕적 규범은 관습에 기초하는 절대 불변의 보편타당한 원리이다.

정답해설 저자는 식인 풍습을 가진 인종들이 식인 행위를 하는 것에 대한 종교적, 의식적인 관념을 예로 들면서 각각의 사회는 나름대로의 합리성에 의한 문화를 가진다는 ①번의 주장과 비슷한 견해를 밝히고 있다.

오답해설 ②, ③, ④ 글을 통해 저자는 모든 문화는 나름대로 고유한 특성과 가치를 지니고 있으므로 어떤 하나의 척도에 의해 문화의 우열을 가릴 수 없다는 문화상대주의적 관점을 지니고 있음을 알 수 있다. 한 가지 관점으로 특정 문화의 옳고 그름을 판단할 수 없음을 식인 풍습을 예로 들어 설명하고 있는데, 이 예에서도 살펴볼 수 있듯이 도덕적 규범 또한 관습에 기초하여 생성되는 것으로서 경험적인 전제와 관련된 하나의 사회적 기준일 뿐 절대 불변의 보편타당한 원리라 보기는 어렵다.

05 다음 중 ㉠과 ㉡에 들어갈 접속어를 순서대로 나열한 것으로 가장 알맞은 것은?

㉠ – ㉡

① 그리고 – 따라서

② 그리고 – 그러나

③ 그러므로 – 따라서

④ 더불어 – 그로 인해

정답 해설 저자는 ㉠의 앞에서 일반적으로 비도덕적이라고 비난 받기도 하는 식인 풍습에는 나름의 이유와 목적을 지닌 그 나라의 문화권 기준의 합리성이 내재되어 있음을 언급하고, ㉠의 뒤에서는 어떤 것이 더 낫다고 말하기 어렵다고 서술하고 있다. 때문에 ㉠에는 결론적인 저자의 입장을 전달하기 위한 접속사인 '그러므로' 가 적당하다. ㉡의 앞에서는 식인종과 우리의 차이가 없을 수 있음을 견지하고, 뒤에는 그에 대한 결론이 이어지고 있으므로 '따라서'가 가장 적당하다.

06 다음 글의 주제문으로 가장 알맞은 것은?

어떤 경제 주체의 행위가 자신과 거래하지 않는 제3자에게 의도하지 않게 이익이나 손해를 주는 것을 '외부성'이라 한다. 과수원의 과일 생산이 인접한 양봉업자에게 벌꿀 생산과 관련한 이익을 준다든지, 공장의 제품 생산이 강물을 오염시켜 주민들에게 피해를 주는 것 등이 대표적인 사례이다.

외부성은 사회 전체로 보면 이익이 극대화되지 않는 비효율성을 초래할 수 있다. 개별 경제 주체가 제3자의 이익이나 손해까지 고려하여 행동하지는 않을 것이기 때문이다. 예를 들어, 과수원의 이윤을 극대화하는 생산량이 Q라고 할 때, 생산량을 Q보다 늘리면 과수원의 이윤은 줄어든다. 하지만 이로 인한 과수원의 이윤 감소보다 인접 양봉업자의 이윤 증가가 더 크다면, 생산량을 Q보다 늘리는 것이 사회적으로 바람직하다. 하지만 과수원이 자발적으로 양봉업자의 이익까지 고려하여 생산량을 Q보다 늘릴 이유는 없다. 전통적인 경제학은 이러한 비효율성의 해결책이 보조금이나 벌금과 같은 정부의 개입이라고 생각한다. 보조금을 받거나 벌금을 내게 되면, 제3자에게 주는 이익이나 손해가 더 이상 자신의 이익과 무관하지 않게 되므로, 자신의 이익에 충실한 선택이 사회적으로 바람직한 결과로 이어진다는 것이다.

① 외부성에 따른 사회적 비효율

② 제3자의 손익을 고려하지 않는 개별 경제 주체

③ 비효율성 해결을 위한 정부의 개입이 초래하는 해악

④ 외부성이 초래하는 문제를 해결하기 위한 정부의 개입

정답 해설 제시된 글은 외부성으로 인해 발생하는 비효율성 문제를 예를 들어 설명하였고, 이에 대한 해결책으로 전통적인 경제학에서 제시한 보조금 또는 벌금과 같은 정부의 개입을 제시하였다. 따라서 글의 주제문으로 가장 알맞은 것은 '외부성이 초래하는 문제를 해결하기 위한 정부의 개입'이다.

07 다음 글의 내용과 부합하지 않는 것은?

우리는 흔히 수학에서 말하는 '집합'을 사물들이 모여 하나의 전체를 구성하는 '모임'과 혼동하곤 한다. 하지만 사물의 모임과 집합 사이에는 중요한 차이가 있다. 첫째, 전체로서 사물의 모임은 특정한 관계들에 의해 유지되며, 그런 관계가 없으면 전체 모임도 존재하지 않는다. 그렇지만 집합의 경우 어떤 집합의 원소인 대상들이 서로 어떤 관계를 가지든 그 집합에 대해서는 아무런 차이가 없다. 둘째, 전체로서 어떤 사물의 모임이 있을 때 우리는 그 모임의 부분이 무엇인지를 미리 결정할 수 없다. 반면에 집합이 주어져 있을 때에는 원소가 무엇인지가 이미 결정되어 있다. 셋째, 전체로서 어떤 사물의 모임 B에 대해서는 B의 부분에 속한 부분은 언제나 B 자신의 부분이라는 원리가 성립한다. 그렇지만 집합과 원소 사이에는 그런 식의 원리가 성립하지 않는다. 그러므로 우리는 모임을 집합과 혼동해서는 안 된다. 내가 앉아 있는 의자를 이루는 원자들의 집합 자체는 의자가 아니다.

① 홀수들만으로 이루어진 집합들의 집합은 홀수를 원소로 갖지 않는다.

② 팀을 하나의 모임으로 볼 때, 팀의 부분으로서 부서의 부분들인 부원들은 팀의 부분이라고 할 수 없다.

③ 집합 A가 홀수들의 집합이라면 임의의 대상들이 A의 원소냐 아니냐는 그 대상

이 홀수냐 아니냐에 따라 이미 결정되어 있다.

④ 팀원들 각각은 살아남더라도 팀원이라는 모임을 유지시켜 주는 팀원들 사이의 관계가 사라진다면 더 이상 팀이라고 할 수 없을 것이다.

정답해설 제시문의 '셋째, 전체로서 어떤 사물의 모임 B에 대해서는 B의 부분에 속한 부분은 언제나 B 자신의 부분이라는 원리가 성립한다.'라는 내용과 ②의 내용은 부합되지 않는다. 즉 모임의 세 번째 특성에서 볼 때, 팀의 부분으로서 부서의 부분들인 부원들도 팀의 부분에 해당한다.

오답해설 ① 제시문의 '셋째, 전체로서 어떤 사물의 모임 B에 대해서는 B의 부분에 속한 부분은 언제나 B 자신의 부분이라는 원리가 성립한다. 그렇지만 집합과 원소 사이에는 그런 식의 원리가 성립하지 않는다.'라는 내용과 부합된다. 즉, 홀수들만으로 이루어진 집합들의 집합은 그 원소가 홀수들만으로 이루어진 집합 자체가 되며, 홀수를 원소로 갖지는 않는다.

③ 제시문의 '둘째, 전체로서 어떤 사물의 모임이 있을 때 우리는 그 모임의 부분이 무엇인지를 미리 결정할 수 없다. 반면에 집합이 주어져 있을 때에는 원소가 무엇인지가 이미 결정되어 있다'라는 내용에 부합되는 내용이다. 즉, 집합의 경우 집합이 홀수들의 집합이라고 주어졌을 때, 그 대상들이 홀수인지의 여부에 따라 원소인지 여부가 이미 결정되어 있는 것이다.

④ 제시문의 '첫째, 전체로서 사물의 모임은 특정한 관계들에 의해 유지되며, 그런 관계가 없으면 전체 모임도 존재하지 않는다.'라는 내용과 부합하는 내용이다. 즉, 팀이라는 모임을 유지하는 팀원 간의 관계가 사라지면 더 이상 모임으로서의 팀이라 할 수 없게 되는 것이다.

08 다음 글을 알맞은 순서대로 바르게 배열한 것은?

(가) 정부에서 내놓은 1차 국가에너지기본계획서에서 강조하고 있는 것은 크게 세 가지로 볼 수 있다. 첫째 석유 의존도 축소, 둘째 에너지 효율성 개선, 셋째 그린에너지 산업 성장 동력화다. 사실 이 세 가지가 서로 다른 문제는 아니다.

(나) 그렇다면 신재생에너지와 이 국가적 규모의 정책 기조와의 관계를 살펴보는 것은 매우 중요하다. 정부 스스로 60년 앞을 내다보는 계획을 제출했다고 천명했으므로, 신재생에너지를 산업분야로서 주목하지 않을 수 없는 것이다.

(다) 정부가 '저탄소 녹색성장'을 향후 60년의 새로운 국가 비전으로 제시한 것도 이런 세계적 트렌드의 변화를 대비한 선제적 포석인 셈이다. '저탄소, 친환경'이라는 인식이 전 세계적으로 통용되는 상황에서 이미 단순 경제 성장 논리에 익숙한 우리에게는 더

이상 미룰 수 없는 과제적 성격을 가지는 것이기도 하다.

(라) 우리나라는 세계 10대 에너지 소비국이다. 그런데 이 에너지의 97퍼센트를 해외 수입에 의존하고 있다. 향후 온실가스 감축 의무가 부과될 경우, 우리나라 경제가 안게 될 부담은 상상 이상일 수 있다. 기후변화 문제가 심각해질수록 국제사회는 점차 강한 규제를 통해 각국의 탄소 배출을 강제할 것이다.

① (가) – (나) – (라) – (다)
② (가) – (다) – (나) – (라)
③ (라) – (가) – (나) – (다)
④ (라) – (다) – (나) – (가)

정답 해설 (다)에서는 정부가 세계적 트렌드의 변화에 대비하여 '저탄소 녹색성장'을 새로운 국가 비전으로 제시하였다고 했는데, 여기서의 "세계적 트렌드 변화"는 (라)에 제시되어 있다. 즉, (라)에서는 이를 온실가스 감축 의무의 부과와 각국의 탄소 배출 강제를 통해 언급하였다. 따라서 (다)는 (라) 바로 다음에 이어져야 한다. 다음으로 (나)에서 언급된 '신재생에너지와 이 국가적 규모의 정책 기조'는 (다)에서 언급된 '저탄소 녹색성장'의 국가 비전을 받는 내용이므로, (나)는 (다) 다음에 바로 이어져야 한다. 마지막으로 (가)의 내용은 (나)에서 언급한 정부 스스로 60년 앞을 내다보고 제출한 계획을 구체적으로 설명한 것이므로, (나) 다음에 이어져야 한다.

따라서 제시된 글을 알맞은 순서대로 배열하면 '(라) – (다) – (나) – (가)'의 순서가 된다.

09 다음 글의 내용이 참이라고 할 때 〈보기〉의 문장 중 반드시 참인 것을 모두 고르면?

우리는 사람의 인상에 대해서 "선하게 생겼다" 또는 "독하게 생겼다"라는 판단을 할 뿐만 아니라 사람의 인상을 중요시한다. 오래 전부터 사람의 얼굴을 보고 그 사람의 길흉을 판단하는 관상의 원리가 있었다. 관상의 원리를 어떻게 받아들여야 할까?

관상의 원리가 받아들일 만하다면, 얼굴이 검붉은 사람은 육체적 고생을 하기 마련이다. 그런데 우리는 주위에서 얼굴이 검붉지만 육체적 고생을 하지 않고 편하게 살아가는 사람을 얼마든지 볼 수 있다. 관상의 원리가 받아들일 만하다면, 우리가 사람의 얼굴에 대해서 갖는 인상이란 한낱 선입견에 불과한 것이 아니다. 사람의 인상이 평생에 걸쳐 고정되어 있다고 할 수 있는 경우에만 관상의 원리는 받아들일 만하다. 또한 관상의 원리가 받아들일 만하지 않다면, 관상의 원리에 대한 과학적 근거를 찾으려는 노력은 헛된 것이다. 실제로 많은 사람들이 관상의 원리가 과학적 근거를 가질 것이라고 기대한다. 그런데 우리는 자주 관상가의 판단이 받아들일 만하다고 느끼고, 그런 느낌 때문에 관상의 원리가 과학적 근거를 가질 것이라고 기대하는 것이다. 관상의 원리가 실제로 과학적 근거를 갖는지의 여부는 논외로 하더라도, 관상의 원리에 대하여 과학적 근거가 있을 것이라고 기대하는 사람은 관상의 원리에 의존하는 것이 우리의 삶에 위안을 주는 필요조건 중의 하나라 믿는다.

보기

ㄱ. 관상의 원리는 받아들일 만한 것이 아니다.
ㄴ. 우리가 사람의 얼굴에 대해서 갖는 인상이란 선입견에 불과하다.
ㄷ. 사람의 인상은 평생에 걸쳐 고정되어 있다고 할 수 있다.
ㄹ. 관상의 원리에 대한 과학적 근거를 찾으려는 노력은 헛된 것이다.

① ㄱ, ㄹ
② ㄴ, ㄷ
③ ㄷ, ㄹ
④ ㄱ, ㄴ, ㄹ

ㄱ. 설문에서 제시된 글의 내용이 참이라고 하였는데, 둘째 단락의 '관상의 원리가 받아들일 만하다면, 얼굴이 검붉은 사람은 육체적 고생을 하기 마련이다. 그런데 우리는 주위에서 얼굴이 검붉지만 육체적 고생을 하지 않고 편하게 살아가는 사람을 얼마든지 볼 수 있다'는 부분이 참이라고 한다면, 관상의 원리는 받아들일 만한 것이 아니라고 할 수 있다. 따라서 'ㄱ'은 참이 된다.

ㄹ. 둘째 단락의 '관상의 원리가 받아들일 만하지 않다면, 관상의 원리에 대한 과학적 근거를 찾으려는 노력은 헛된 것이다'가 참이므로, 'ㄹ(관상의 원리에 대한 과학적 근거를 찾으려는 노력은 헛된 것이다)'도 반드시 참이 된다.

ㄴ. 둘째 단락에서 '관상의 원리가 받아들일 만하다면, 우리가 사람의 얼굴에 대해서 갖는 인상이란 한낱 선입견에 불과한 것이 아니다'가 참인 명제라 할 때, 이 명제의 대우인 "우리가 사람의 얼굴에 대해서 갖는 인상이 한갓 선입견에 불과한 것이라면, 관상의 원리는 받아들일 만한 것이 아니다"는 참이 되며, 이 명제의 이인 "관상의 원리가 받아들일 만하지 않다면, 우리가 사람의 얼굴에 대해서 갖는 인상이란 한낱 선입견에 불과하다"는 반드시 참이라 할 수 없다. 'ㄱ'에서 보았듯이 '관상의 원리는 받아들일 만한 것이 아니다'는 항상 참이므로, 'ㄴ(우리가 사람의 얼굴에 대해서 갖는 인상이란 선입견에 불과하다)'은 항상 참이라고 할 수 없다.

ㄷ. 둘째 단락의 '사람의 인상이 평생에 걸쳐 고정되어 있다고 할 수 있는 경우에만 관상의 원리는 받아들일 만하다'가 참이므로, 그 대우 명제인 "관상이 받아들일 만하지 않다면 사람의 인상이 평생에 걸쳐 고정되어 있다고 할 수 없다"도 반드시 참이 된다. 관상은 받아들일 만하지 않은 것이므로 'ㄷ(사람의 인상은 평생에 걸쳐 고정되어 있다고 할 수 있다)'은 참이 될 수 없다.

정답 09 ①

10 다음 지문의 괄호 안에 들어갈 내용으로 가장 옳은 것은?

일본 젊은이들의 '자동차 이탈 현상'은 어제오늘 일이 아니다. 자동차 이탈 현상이란 2000년대 일본 젊은이들이 자동차에 대한 관심을 거두어버린 현상을 말한다. 일본의 한 유력 일간지가 2007년 동경의 20대 젊은이 1200명을 조사하니, 자동차 보유비율은 13%에 불과했다. 이는 2000년 조사 결과인 23.6%에서 10% 포인트 이상 떨어진 것이다. 이러한 결과에 대해 신문은 일본의 젊은이들이 자동차를 사지 않는 풍조를 넘어, 자동차 없는 현실을 멋지게 받아들이는 단계로 접어들었다고 분석했다. 그러나 이런 풍조는 일종의 자기 최면이다. (   ) 사실 일본 젊은이들의 자동차 이탈엔 장기 침체와 청년 실업이라는 경제적 배경이 버티고 있다.

① 현재의 자동차 이탈 현상은 곧 끝날 수 있기 때문이다.
② 자동차에 대한 일본 중년층들의 관심은 유지되고 있다.
③ 일본 젊은이들의 경제적 빈곤 상태가 자동차 이탈 현상을 만든 것이다.
④ '못' 사는 것을 마치 '안' 사는 것인 양 포장한 것이다.

정답해설 자동차가 없는 현실을 멋지게 받아들이는 단계가 최면이라 평가하고, 자동차 이탈의 원인을 경제적 배경으로 설명한 것으로 설정하여 '못' 사는 것을 '안' 사는 것인 양 포장한 것을 말하는 글이다.

11 다음은 현대 표준어 생활에 있어서 방언의 사용에 대한 문서이다. 제시된 문서에서 <u>잘못</u> 쓰인 글자의 개수는?

서론 : 많은 사람들이 표준어는 세련되고 방언은 촌스럽다고 생각한다.
본론 : 1. 표준어와 방언의 특징
　　1) 표준어는 통일된 언어를 위해 기준을 새운 것으로 공적이며 규범적이다.
　　2) 방언은 일정한 지역에서 소통되는 언어로 자생적으로 발생하였으며 정감이 있고 항토적이다.

2. 방언의 가치
  1) 훌륭한 언어 채계를 가지고 있다.
  2) 표준어의 부족한 점을 보완해 준다.
결론 : 방언의 가치를 인식하여 표준어와의 상호접촉을 통해 언어생활을 풍부히 하자.

① 1개 ② 2개
③ 3개 ④ 4개

정답해설 새운 것으로 → 세운 것으로 / 항토적이다. → 향토적이다. / 언어 채계를 → 언어 체계를

12 다음은 표준 개인정보 유출사고 대응 매뉴얼이다. ㉠~㉣ 중 가장 적절하지 않은 것은?

단계	상세 업무
사고인지 및 긴급조치	㉠ 개인정보 유출사고 신고 접수 및 사고인지 ㅇ 피해 최소화를 위한 긴급조치 수행
정보주체 유출통지	ㅇ 정보주체에게 개인정보 유출사실 통지(5일 이내)
개인정보 유출신고	㉡ 1천 명 이상의 개인정보 유출시 한국인터넷진흥원에 유출신고
민원대응반 운영	ㅇ 개인정보 유출사고 규모 및 성격에 따라 민원대응반 구성
고객민원 대응	㉢ 유출사고 대응센터 소집 및 유관기관 협조체계 확인
피해구제 절차	ㅇ 개인정보 유출에 대한 피해구제 절차 안내
보안기능 강화	ㅇ 사고 원인 분석 및 보안 강화 · 기능 개선
결과보고	ㅇ 기관장 및 이사회에 개인정보 유출사고 결과보고서 작성 및 보고
재발방지	㉣ 개인정보 유출사고 사례 전파 교육 및 개선 대책 시행

① ㉠ ② ㉡
③ ㉢ ④ ㉣

정답 해설 고객민원 대응 단계에서는 개인정보 유출 사고의 2차 피해를 방지하기 위하여 고객의 민원에 맞는 대응을 하고, 고객의 불안을 해소시켜주는 단계로 유출사고 대응센터 소집 및 유관기관 협조체계 확인은 적절하지 않다. 유출사고 대응센터 소집 및 유관기관 협조체계 확인은 사고인지 및 긴급조치 단계에서 해야 할 일이다.

13 다음 중 의사소통능력의 언어적 능력끼리 올바르게 짝지어진 것은?

ㄱ. 경청능력 ㄴ. 의사표현력
ㄷ. 문서이해능력 ㄹ. 문서작성능력

① ㄱ, ㄴ ② ㄴ, ㄷ
③ ㄷ, ㄹ ④ ㄱ, ㄷ, ㄹ

 의사소통능력을 문서와 언어 측면에서 나누면 다음의 표와 같다.

의사소통능력	세부내용
언어적인 측면	• 경청능력 : 원활한 의사소통의 방법으로, 상대방의 이야기를 듣고 의미를 파악하는 능력 • 의사표현력 : 자신의 의사를 상황과 목적에 맞게 설득력을 가지고 표현하는 능력
문서적인 측면	• 문서이해능력 : 업무에 관련된 문서를 통해 구체적인 정보를 획득 · 수집 · 종합하는 능력 • 문서작성능력 : 상황과 목적에 적합한 문서를 시각적 · 효과적으로 작성하는 능력

14 의사표현의 종류에서 다음의 내용이 포함된 말하기 방법은 무엇인가?

금융 회사에 다니는 A씨는 이번 달도 목표 실적 이상을 달성했다. 회사의 요청을 받은 A씨는 연단에서서 자신의 비결을 말하였다.

"먼저 고객이 될 만한 사람을 생각해보세요. 그리고 그 사람들을 짧은 시간에 많이 만날 수 있는 곳을 찾아가는 것이 좋겠지요. 언뜻 상품이 주로 자산과 관련된 아이템인 것 같으니 은행이나 부동산, 분양 하우스, 모델하우스 같은 곳도 생각해 볼 수 있겠네요. 먼저 하고 계신 분들을 보면 어디를 가야 효과적인지 쉽게 아실 수 있을 겁니다."

① 공식적 말하기 ② 의례적 말하기

③ 친교적 말하기 ④ 의무적 말하기

정답 해설 A씨는 공식석상에서 연설을 하였으므로 공식적 말하기에 해당된다. 공식적 말하기는 준비된 내용을 대중을 상대로 하여 말하는 것을 말한다.

1DAY 2DAY 3DAY

15 다음 대화의 괄호에 들어갈 말로 가장 적절한 것은?

A : 우리 A부장님은 의사소통 방식이 무척 개방적인 것 같아요.
B : 그게 무슨 뜻이에요?
A : (   )

① 상대방이 하는 말을 하나도 놓치지 않으시죠.

② 지시를 내릴 때 아랫사람의 기분을 항상 생각하시죠.

③ 여러 의견에 대해 무척 신중한 결정을 하시죠.

④ 반대 의견도 기꺼이 수용하시는 분이죠.

정답 해설 의사소통 방식이 개방적이라는 것은 생각이나 태도가 숨김이나 막힘이 없이 열려있는 것을 의미한다. 이러한 태도는 한 가지 의견이나 방식을 고집하지 않고 다른 의견이나 방식을 잘 수용한다는 것으로 볼 수 있다. 따라서 이러한 방식과 가장 가까운 것은 ④이다.

16 다음은 상황에 따른 문서작성법 중 하나이다. 아래의 상황에 주로 필요한 문서작성법이 사용되는 경우는?

일반적으로 회사 자체에 대한 홍보나 기업정보를 제공하는 경우에는 홍보물이나 보도자료 등의 문서가 필요하고, 제품이나 서비스에 대해 정보를 제공해야 하는 경우에는 설명서나 안내서 등이 필요하다.

정답 13 ① | 14 ① | 15 ④ | 16 ①

① 정보제공을 위한 경우

② 제안이나 기획을 할 경우

③ 명령이나 지시가 필요한 경우

④ 요청이나 확인을 부탁하는 경우

정답 해설 기업의 내 · 외적인 홍보물이나 보도자료 등의 문서는 기본적으로 서비스나 제품에 관한 정보를 제공하는 문서이다. 따라서 이러한 문서들은 정보제공을 위한 경우 사용된다.

17 다음의 밑줄 친 부분이 ㉠과 가장 유사한 의미로 쓰인 것은?

> 그 당시 불붙은 부동산 경기를 ㉠ 타고 건축 붐이 활발히 일면서 대규모 아파트 공사가 곳곳에서 진행되었다.

① 그는 감시가 소홀한 야밤을 타서 먼 곳으로 갔다.

② 그는 남들과는 다른 비범한 재능을 타고 태어났다.

③ 그는 가야금을 발가락으로 탈 줄 아는 재주가 있다.

④ 그는 어릴 적부터 남들 앞에 서면 부끄럼을 잘 탔다.

정답 해설 ㉠의 '타다'는 '어떤 조건이나 시간, 기회 등을 이용하다'라는 의미이다. 이러한 의미로 사용된 것은 ①의 '타다'이다.

오답 해설 ② 여기서의 '타다'는 '복이나 재주, 운명 따위를 선천적으로 지니다'라는 의미로 주로 '복이 나 팔자를 타고 태어나다'라는 형태로 사용된다.

③ '악기의 줄을 퉁기거나 건반을 눌러 소리를 내다'라는 의미로 사용되었다.

④ 여기서의 '타다'는 '부끄러움이나 노여움 등의 감정 또는 간지럼 등의 육체적 느낌을 쉽게 느끼다'라는 의미이다.

18 다음 문장의 밑줄 친 부분과 같은 의미로 사용된 것은?

그들은 다음 달 금리가 인상될 것이라는 근거 없는 소문의 진상을 알아보고 싶었다.

① 그렇게 어두운 밤에는 사람을 알아볼 수 없었다.

② 졸업한 지 20년이 넘은 제자가 나를 알아보았다.

③ 그는 즉시 그 지점으로 가는 교통편을 알아보았다.

④ 이 일로 그 사람의 됨됨이를 알아보게 되었다.

정답해설 제시된 문장의 '알아보다'는 '조사하거나 살펴보다'는 의미로 이렇게 사용된 것은 ③이다.

오답해설 ① '눈으로 보고 분간하다'라는 의미이다.
② '잊어버리지 않고 기억하다'라는 의미이다.
④ '능력이나 가치 등을 밝히어 알다'라는 의미이다.

1DAY 2DAY 3DAY

19 밑줄 친 부분과 관련된 사자 성어로 가장 적절한 것은?

전국시대 말, 진나라의 공격을 받은 조나라 혜문왕은 동생인 평원군을 초나라에 보내어 구원병을 청하기로 했다. 20명의 수행원이 필요한 평원군은 그의 삼천여 식객 중에서 십구 명은 쉽게 뽑았으나, 나머지 한 명을 뽑지 못한 채 고심했다. 이때에 모수라는 식객이 나섰다. 평원군은 어이없어하며 자신의 집에 언제부터 있었는지 물었다. 모수가 삼년이 되었다고 대답하자 평원군은 재능이 뛰어난 사람은 숨어 있어도 저절로 사람들에게 알려지게 되는 법인데, 모수의 이름을 들어본 적이 없다고 답했다. 그러자 모수는 "나리께서 이제까지 저를 단 한 번도 주머니 속에 넣어 주시지 않았기 때문입니다. 하지만 이번에 주머니 속에 넣어 주신다면 끝뿐이 아니라 자루까지 드러날 것입니다." 하고 재치 있는 답변을 했다. 만족한 평원군은 모수를 수행원으로 뽑았고, 초나라에 도착한 평원군은 모수가 활약한 덕분에 국빈으로 환대받고, 구원군도 얻을 수 있었다.

① 오월동주(吳越同舟)　　② 낭중지추(囊中之錐)

③ 마이동풍(馬耳東風)　　④ 근묵자흑(近墨者黑)

 제시된 글은 '낭중지추(囊中之錐)'의 유래를 나타낸 글이다. 이는 '주머니 속의 송곳'이라는 뜻으로, 뾰족한 송곳은 가만히 있어도 반드시 뚫고 비어져 나오듯이 뛰어난 재능을 가진 사람은 남의 눈에 띔을 비유하는 말이다.

 ① **오월동주(吳越同舟)** : '오나라 사람과 월나라 사람이 한 배에 타고 있다'는 뜻으로, 어려운 상황에서는 원수라도 협력하게 됨을 이르는 말이다.

③ **마이동풍(馬耳東風)** : '말의 귀에 동풍'이라는 뜻으로, 남의 비평이나 의견을 조금도 귀담아 듣지 아니하고 흘려버림을 이르는 말이다.

④ **근묵자흑(近墨者黑)** : '먹을 가까이 하면 검게 변한다'는 뜻으로, 나쁜 사람을 가까이하면 그 버릇이 물들기 쉽다는 말이다.

20 다음 글에서 제시된 속담으로 가장 적절한 것은?

> 어떤 사람이 끼니를 잇기 힘들 정도로 가난한데도 항상 화려한 치장으로 자신을 꾸미고 다닐 때 이 속담을 사용한다. 이는 가난한 사람이 남에게 업신여김을 당하기 싫어서 허세를 부리려는 심리를 비유적으로 이르는 말이라 할 수 있다.

① 가난한 집 신주 굶듯.　　② 가난한 집에 자식 많다.

③ 가난할수록 기와집 짓는다.　　④ 가난한 집 제사 돌아오듯.

 '가난할수록 기와집 짓는다.'는 가난한 사람이 남에게 업신여김을 당하기 싫어서 허세를 부리려는 심리를 비유적으로 이르는 속담이다.

 ① 가난한 집에서는 산 사람도 배를 곯는 형편이라 신주까지도 제사 음식을 제대로 받아 보지 못한다는 뜻으로 줄곧 굶기만 한다는 의미로 사용되는 속담이다.

② 가난한 집에는 먹고 살아 나갈 걱정이 큰데 자식까지 많다는 뜻으로 이래저래 부담되는 것이 많음을 이르는 속담이다.

④ 살아가기도 어려운 가난한 집에 제삿날이 자꾸 돌아와서 그것을 치르느라 매우 어렵다는 뜻으로 힘든 일이 자주 닥쳐옴을 비유적으로 이르는 말이다.

[21~22] 다음은 연령별 저축률에 대한 자료이다. 자료를 읽고 이어지는 질문에 답하시오.

	2015		2017		2019		2021	
	저축중인 인원(명)	저축률 (%)	저축중인 인원(명)	저축률 (%)	저축중인 인원(명)	저축률 (%)	저축중인 인원(명)	저축률 (%)
30대 이하	63	72.8	68	68.2	117	81.1	99	69.9
40대	271	60.5	277	61.4	184	70.3	210	65.4
50대	440	59.2	538	54.9	38.	58.6	383	54.4
60대	469	47.6	538	53.5	536	41.0	542	39.9
70대 이상	582	27.7	562	37.0	768	24.7	754	21.9

21 다음 중 연령별 저축률 자료에 대해 바르게 설명한 것은?

① 70대 이상의 저축률은 꾸준히 감소하고 있다.

② 위 표에서 30대 이하와 40대의 연령별 저축률은 동일한 증감추이를 보이고 있다.

③ 위 표에서 30대 이하와 50대의 연령별 저축률은 반대의 증감추이를 보이고 있다.

④ 2015년에서 2021년 사이에 저축하고 있다고 응답한 인원수가 가장 큰 폭으로 변화한 연령층은 70대 이상이다.

정답 해설 응답자와 저축률을 곱한 저축인원을 계산하면, 70대 이상에서의 변화폭이 제일 크다.

오답 해설 ① 2015년과 2017년 사이에는 증가했다.

② 30대 이하는 감소 → 증가 → 감소했고, 40대는 증가 → 증가 → 감소했으므로 두 연령층의 증감추이는 동일하지 않다.

③ 30대 이하와 50대의 연령별 저축률은 감소 → 증가 → 감소의 동일한 변화를 보인다.

22 다음 중 저축률의 증감추이가 같은 연령끼리 짝지은 것은?

① 40대, 50대
② 40대, 60대
③ 60대, 70대 이상
④ 30대 이하, 70대 이상

 60대와 70대 이상의 저축률 모두 증가 → 감소 → 감소의 동일한 변화를 보인다.

23 다음 중 계산한 값이 가장 큰 것은?

① $46-15\times3+13$
② $4302+11-2150\times2$
③ $\frac{125}{3}\times\frac{18}{5}\div\frac{25}{2}$
④ $150\div6-\frac{1}{3}\times36$

 $46-15\times3+13=46-45+13=14$

 ② $4302+11-2150\times2=4302+11-4300=4313-4300=13$

③ $\frac{125}{3}\times\frac{18}{5}\div\frac{25}{2}=6\times2=12$

④ $150\div6-\frac{1}{3}\times36=\frac{150}{6}-\frac{36}{3}=25-12=13$

24 어떤 건물의 엘리베이터가 1층에서 5층까지 올라가는 데 걸리는 시간이 20초라 한다. 이 건물의 1층에서 9층까지 올라갈 때 걸리는 시간은?(단, 다른 층에서 멈추는 시간은 무시한다.)

① 28
② 32
③ 36
④ 40

1층에서 5층까지 4개의 층을 올라가는 데 걸리는 시간이 20초이므로, 1개의 층을 올라가는 데 걸리는 시간은 $20 \div 4 = 5$(초)이다. 따라서 1층에서 9층까지 8개의 층을 올라가므로, 걸리는 시간은 $5 \times 8 = 40$(초)이다.

25 **어떤 수 x에 3을 곱해야 할 것을 실수로 3으로 나누고, 다시 13을 더해야 할 것을 실수로 13을 뺐더니 33이 되었다. 이를 다시 올바르게 계산한다면 그 값은?**

① 387　　② 397

③ 417　　④ 427

계산 실수한 식을 세워보면 $x \div 3 - 13 = 33$, $x \div 3 = 46$

$\therefore x = 138$

다시 올바르게 계산해보면 $138 \times 3 + 13 = 414 + 13 = 427$

26 **58분이 1시간으로 되어 있는 시계가 있다. 시간을 1시에 맞춰 놓았는데 시계의 시각이 5시 30분이라면 실제 시간은?**

① 5시 17분　　② 5시 19분

③ 5시 21분　　④ 5시 23분

정답 해설 시계의 1시간은 실제 58분이므로, 시계가 4시간 30분을 움직였다면 실제 경과한 시간은 $270 \times \frac{58}{60} = 261$(분)이다. 즉 4시간 21분이 경과 했으므로, 현재 시각은 5시 21분이다.

정답 22 ③ | 23 ① | 24 ④ | 25 ④ | 26 ③

27 **A은행 100명의 승진 대상자 중 80%가 1단계 시험에 합격했고, 이 중 70%만 2단계에 응시했고, 2단계에서 16명이 떨어졌다. 2단계 합격자는 3단계에 모두 응시하였고 3단계 응시자의 승진률은 6할이라 할 때, 최종 승진자는 처음의 몇 %인가?**

① 15%　② 18%
③ 24%　④ 30%

정답해설 1단계에서 100명의 80%가 합격했으므로 $100\times\frac{80}{100}=80$(명)이 1단계 시험을 합격했다. 이 중 70%만 2단계 시험을 응시하였으므로, 2단계 응시자는 $80\times\frac{70}{100}=56$(명)이다. 2단계에서 16명이 떨어졌으므로, 3단계 시험의 응시자는 40명이다. 3단계 응시자의 승진률이 6할이므로 , 최종 승진자는 $40\times\frac{60}{100}=24$(명)이다. 따라서 최종 승진자는 처음의 $24\div100\times100=24$(%)이다.

28 **매월 A씨는 80,000원씩, B씨는 60,000원씩 은행에 적금을 넣는다. 현재 A씨는 840,000원, B씨는 180,000원을 저축하고 있다면 A씨의 적금 금액이 B씨의 적금 금액의 3배가 되는 때는 언제인가?**

① 3개월 후　② 4개월 후
③ 5개월 후　④ 6개월 후

정답해설 A씨의 x개월 후의 적금 금액은 $840,000+80,000x$(원)이고, B씨의 x개월 후의 적금 금액은 $180,000+60,000x$(원)이다. A씨의 적금 금액이 B씨의 적금 금액의 3배가 되는 x를 찾으면,
$840,000+80,000x=3(180,000+60,000x)$, $300,000=100,000x$
$\therefore x=3$(개월)

29 평균은 69, 중앙값은 83, 최빈값은 85인 자연수 5개가 있다. 가장 큰 수와 가장 작은 수의 차가 70일 때, 두 번째로 작은 수는?

① 77　　② 78

③ 79　　④ 80

정답해설 자연수 5개의 중앙값이 83이고 최빈값이 85이므로, 자연수의 5개는 ○, ○, 83, 85, 85이다. 가장 큰 수와 가장 작은 수의 차가 70이므로 가장 작은 수는 15이다. 평균이 69이므로 두 번째로 작은 수를 구하면 (15＋○＋83＋85＋85)÷5＝69, ○＝77

30 다음 숫자들은 일정한 법칙에 의해 나열되어 있다. 빈칸에 들어갈 알맞은 숫자는?

$\frac{3}{10}$　$\frac{7}{15}$　(　)　$\frac{15}{25}$　$\frac{19}{30}$　$\frac{23}{35}$

① $\frac{11}{20}$　　② $\frac{10}{25}$

③ $\frac{11}{25}$　　④ $\frac{11}{28}$

정답해설 나열된 분수의 분모와 분자를 각각 나누어 보면, 분모의 수는 5씩 커지고 있고, 분자의 수는 4씩 커지고 있다. 따라서 빈칸에 들어갈 알맞은 숫자는 $\frac{11}{20}$이다.

31 **1～20까지의 숫자가 적힌 공이 주머니 속에 들어있을 때 공 한 개를 꺼내서 나올 숫자의 평균은?**

① 9　　② 9.5

③ 10　　④ 10.5

정답해설 1～20까지의 합은 $(1+2+\cdots+19+20)=\frac{20\times(20+1)}{2}=210$이므로

평균$=\frac{210}{20}=10.5$이다.

32 **30km 떨어진 A와 B 두 사람이 서로를 향해 각각 16km/h, 4km/h의 속도로 간다고 할 때, 두 사람이 동시에 출발한 후 몇 분 뒤에 만나게 되는가?**

① 70분　　② 80분

③ 90분　　④ 100분

정답해설 A, B 두 사람이 만날 때까지 걸린 시간을 't'라고 할 때, 만날 때까지 A가 이동한 거리와 B가 이동한 거리의 합이 30km가 된다. '거리=속력×시간'이므로, '16t+4t=30'이 성립한다. 따라서 't=1.5시간=90분'이 된다.

33 **100원, 50원, 10원짜리 동전이 각각 5개씩 있다. 600원짜리 물건을 하나 구입할 경우 지불할 수 있는 경우의 수는?**

① 5가지　　② 6가지

③ 7가지　　④ 8가지

가지고 있는 동전으로 600원을 만들 수 있는 경우의 수를 만들어 보면 다음과 같다.

- 100원짜리 5개+50원짜리 2개
- 100원짜리 5개+50원짜리 1개+10원짜리 5개
- 100원짜리 4개+50원짜리 4개
- 100원짜리 4개+50원짜리 3개+10원짜리 5개
- 100원짜리 3개+50원짜리 5개+10원짜리 5개

따라서 동전으로 600원을 지불할 수 있는 경우의 수는 모두 5가지이다.

[34~35] 다음은 어느 공장의 지점별 제품 생산의 현황에 대한 자료이다. 자료를 보고 이어지는 질문에 답하시오.

〈지점별 제품 생산 현황〉

(단위 : 백 개)

	2017	2018	2019	2020
서울특별시	573	592	621	644
부산광역시	1,092	933	1,225	1,783
인천광역시	14,376	18,230	13,287	10,932
광주광역시	2,989	2,344	3,201	3,553
대구광역시	12,094	13,928	10,838	9,846
대전광역시	393	109	98	12
울산광역시	932,391	848,002	843,118	883,565
전주시	84,024	91,121	100,920	103,827
원주시	114,215	116,938	125,993	133,412
강릉시	139,310	124,097	126,075	132,222
천안시	127,656	122,302	121,294	119,383
제주시	18,021	14,355	15,437	19,313

34 다음 자료를 잘못 이해한 사람은?

① 승민 : 조사 지역 중 대전광역시는 매년 제품생산량이 가장 적어.

② 창원 : 광주광역시는 매년 20만 개 이상의 제품을 생산하지만 부산광역시는 그렇지 않군.

③ 태경 : 이 자료를 통해 울산광역시의 제품 수요가 가장 많고 그 다음으로 강릉시임을 알 수 있어.

④ 재원 : 2018년 시도별 제품생산량과 2020년 시도별 제품생산량을 비교했을 때 제품생산량이 감소한 지역은 네 군데 있어.

정답해설 주어진 자료는 제품생산량 현황에 대한 자료이므로 제품 수요에 대한 것은 알 수 없다.

오답해설 ① 조사 지역 중 대전광역시가 다른 지역보다 항상 우유생산량이 적음을 알 수 있다.
② 광주광역시는 매년 20만 개 이상의 제품을 생산하지만 부산광역시는 그 이상의 제품을 생산한 적이 없다.
④ 2018년과 2020년 지점별 제품생산량을 비교했을 때 제품생산량이 감소한 지역은 인천광역시, 대구광역시, 대전광역시, 천안시로 총 네 군데이다.

35 다음 중 조사 기간 동안 제품생산량 변동 추이가 동일하지 않은 지역끼리 짝지은 것은?

① 울산광역시 – 천안시
② 서울특별시 – 원주시
③ 광주광역시 – 강릉시
④ 인천광역시 – 대구광역시

정답해설 시도별 제품생산량 증감 추이를 살펴보면,
① **울산광역시** : 감소 – 감소 – 증가 / **천안시** : 감소 – 감소 – 감소
② **서울특별시** : 증가 – 증가 – 증가 / **원주시** : 증가 – 증가 – 증가
③ **광주광역시** : 감소 – 증가 – 증가 / **강릉시** : 감소 – 증가 – 증가
④ **인천광역시** : 증가 – 감소 – 감소 / **대구광역시** : 증가 – 감소 – 감소
따라서 변동 추이가 서로 다른 것은 ①번이다.

[36~37] 다음 〈표〉는 2017년 한 도시의 5개 구(區) 주민의 닭고기 소비량에 관한 자료이다. 〈표〉와 〈조건〉을 토대로 하여 물음에 알맞은 답을 고르시오.

〈표〉 5개 구 주민의 닭고기 소비량 통계

(단위 : kg)

구(區)	평균(1인당 소비량)	표준편차
A	(㉠)	5.0
B	(㉡)	4.0
C	30	6.0
D	12	4.0
E	(㉢)	8.0

※ 변동계수(%)$=\frac{\text{표준편차}}{\text{평균}}\times 100$

〈조건〉

- A구의 1인당 소비량과 B구의 1인당 소비량을 합하면 C구의 1인당 소비량과 같다.
- A구의 1인당 소비량과 D구의 1인당 소비량을 합하면 E구 1인당 소비량의 2배와 같다.
- E구의 1인당 소비량은 B구의 1인당 소비량보다 6kg 더 많다.

36 다음 중 ㉠~㉢에 해당하는 1인당 닭고기 소비량(kg)을 바르게 연결한 것은?

	㉠	㉡	㉢
①	10	20	26
②	14	16	22
③	16	14	20
④	20	10	16

정답 해설 1인당 닭고기 소비량을 구하기 위해 〈조건〉에 따라 식을 세우면 다음과 같다.

- ㉠+㉡=30.0
- ㉠+12.0=2㉢
- ㉢=㉡+6.0

세 식을 연립하여 풀면, ㉠은 20(kg), ㉡은 10(kg), ㉢은 16(kg)이 된다.

37 변동계수가 가장 큰 구(區)와 가장 작은 구(區)를 모두 바르게 연결한 것은?

	변동계수가 가장 큰 구	변동계수가 가장 작은 구
①	B	A
②	E	C
③	B	C
④	E	A

정답 해설 '변동계수(%)=$\frac{\text{표준편차}}{\text{평균}}$×100'이므로, 각 구의 평균과 〈표〉의 표준편차를 대입하여 구할 수 있다.

A~E의 평균은 '20, 10, 30, 12, 16'이므로, 각각의 변동계수는 '25%, 40%, 20%, (대략) 33.3%, 50%'가 된다. 따라서 변동계수가 가장 큰 구는 E이며, 변동계수가 가장 작은 구는 C가 된다.

38 표준 업무시간이 80시간인 업무를 각 부서에 할당해 본 결과, 다음과 같은 〈표〉를 얻었다. 업무효율이 가장 높은 부서는?

〈표〉 부서별 업무시간 분석결과

부서명	투입인원(명)	개인별 업무시간(시간)	회의	
			횟수(회)	소요시간(시간/회)
A	2	41	3	1
B	3	30	2	2
C	4	22	1	4
D	4	17	3	2

※ 1) 업무효율 $= \frac{\text{표준 업무시간}}{\text{총 투입시간}}$

2) 총 투입시간은 개인별 투입시간의 합임.

개인별 투입시간 = 개인별 업무시간 + 회의 소요시간

3) 부서원은 업무를 분담하여 동시에 수행할 수 있음.

4) 투입된 인원의 개인별 업무능력과 인원당 소요시간이 동일하다고 가정함.

① A부서 ② B부서

③ C부서 ④ D부서

'업무효율 $= \frac{\text{표준 업무시간}}{\text{총 투입시간}}$'이며, '개인별 투입시간 = 개인별 업무시간 + 회의 소요시간'이고 총 투입시간은 개인별 투입시간의 합이라 하였으므로, 이에 따라 부서별 업무효율을 구하면 다음과 같다.

부서명	투입인원(명)	개인별 투입시간	총 투입시간	업무효율
A	2	44(41+3)	88(44×2)	대략 0.91(80/88)
B	3	34(30+4)	102(34×3)	대략 0.78(80/102)
C	4	26(22+4)	104(26×4)	대략 0.77(80/104)
D	4	23(17+6)	92(23×4)	대략 0.87(80/92)

따라서 업무효율이 가장 높은 부서는 A부서이다.

[39~40] 다음 〈표〉는 저작물 구입 경험이 있는 초·중·고등학생 각각 1,000명을 대상으로 저작물 구입 실태에 관한 설문조사를 실시한 결과이다. 물음에 알맞은 답을 고르시오.

〈표 1〉 저작물 구입 경험 현황

(단위 : %)

종류 \ 학교급	초등학교	중학교	고등학교
음악	29.3	41.5	58.6
영화, 드라마, 애니메이션 등 영상물	31.2	34.3	39.6
컴퓨터 프로그램	45.6	45.2	46.7

게임	58.9	57.7	56.8
사진	16.2	20.5	27.3
만화/캐릭터	73.2	53.3	62.6
책	68.8	66.3	82.8
지도, 도표	11.8	14.6	15.0

※설문조사에서는 구입 경험이 있는 모든 저작물 종류를 선택하도록 하였음.

〈표 2〉 정품 저작물 구입 현황

(단위 : %)

학교급 / 정품 구입 횟수 비율	초등학교	중학교	고등학교
10회 중 10회	35.3	55.9	51.8
10회 중 8~9회	34.0	27.2	25.5
10회 중 6~7회	15.8	8.2	7.3
10회 중 4~5회	7.9	4.9	6.8
10회 중 2~3회	3.3	1.9	5.0
10회 중 0~1회	3.7	1.9	3.6
전체	100.0	100.0	100.0

39 제시된 〈표〉를 바탕으로 작성한 다음 보고서의 내용 중 옳은 것을 모두 고르면? (단, 설문 참여자는 모든 문항에 응답하였다.)

본 조사결과에 따르면, ㉠ 전반적으로 '만화 / 캐릭터'는 초등학생이 중학생이나 고등학생보다 구입 경험의 비율이 높은 것으로 나타났으며, '컴퓨터 프로그램'이나 '게임'은 학교급 간의 차이가 모두 2% 미만이다. ㉡ 위 세 종류를 제외한 나머지 항목에서는 모두 고등학생이 중학생이나 초등학생에 비하여 구입 경험의 비율이 높았다. ㉢ 초 · 중 · 고 각각 응답자의 절반 이상이 모두 정품만을 구입했다고 응답하였다. 특히, ㉣ 모두 정품으로 구입했다고 응답한 학생의 비율은 중학교에서 가장 높았다.

① ㉠, ㉢ ② ㉠, ㉣

③ ㉡, ㉢ ④ ㉡, ㉣

㉡ 만화 / 캐릭터와 컴퓨터 프로그램, 게임의 세 종류를 제외한 항목에서는 모두 고등학생의 구입 경험의 비율이 높다. 따라서 ㉡은 옳은 내용이다.

㉣ 모두 정품만을 구입했다는 것은 정품 구입 횟수가 '10회 중 10회'라는 것을 의미한다. 중학교가 55.9%로 이 비율이 가장 높으므로, ㉣은 옳은 내용이 된다.

㉠ '만화 / 캐릭터'는 초등학생의 구입경험이 73.2%로, 중학생이나 고등학생보다 구입 경험의 비율이 높은 것은 사실이다. 그러나 '게임' 구입 경험에 있어 학교급 간의 차이의 경우, 초등학교(58.9%)와 고등학교(56.8%) 간의 차이가 '2.1%'이므로, 2% 이상이 된다. 따라서 ㉠은 옳지 않다.

㉢ 모두 정품만을 구입했다는 것은 정품 구입 횟수가 10회 중 10회라는 것을 의미하는데, 초등학생의 경우 이 비율이 35.3%에 그치고 있으므로, 응답자의 절반 이하가 모두 정품만을 구입한 것이다. 따라서 ㉢도 옳지 않은 내용이다.

40 10회 중 5회 이하 정품을 구입하였다고 응답한 학생의 비율이 가장 높은 학교급과 가장 낮은 학교급 간의 해당 응답 학생 수 차이는?

① 62명 ② 63명

③ 67명 ④ 68명

10회 중 5회 이하 정품을 구입하였다고 응답한 학생의 비율이 가장 높은 학교급은 고등학교로, 이 비율은 '6.8+5.0+3.6=15.4(%)'이다. 응답 학생의 비율이 가장 낮은 학교급은 중학교로, 이 비율은 '4.9+1.9+1.9=8.7(%)'이다. 각각 1,000명이 응답을 했다고 했으므로, 이 비율에 해당하는 고등학생 수는 '1,000×0.154=154(명)'이며, 중학생 수는 '1,000×0.087=87(명)'이다. 따라서 그 차이는 '67명'이 된다.

41 **다음 글은 조세정책에 관해 '갑'과 '을'이 벌인 논쟁이다. 이 글에 나타난 정책방향에 비추어 볼 때 '을'의 주장과 부합하는 정책으로 가장 적절한 것은?**

> 갑이 9조 원 감세안을 주장하면서 감세 논쟁이 불거졌다. 갑은 '서민을 위한 감세'로 소득세율 2%포인트 감세안을 주장하였다. 그러나 을은 이 안이 '부자를 위한 조세 정책'이라고 비판하였다. 이미 직장인의 47%, 자영업자의 51%가 소득세 면제 대상자이기 때문에 이들에게는 실질적 도움이 되지 않는다는 것이다. 또 다른 분석결과에 따르면 일률적인 2%포인트 감세안을 적용할 뿐 1천만 원 이하 소득자는 최대 9만원이 절감되지만, 8천만 원 초과 소득자는 최소 3백 9십만 원이 인하되어 오히려 부자들이 큰 혜택을 본다고 한다. 따라서 을은 갑이 제시한 감세안에 대해 반대하며 서민에게 더 유리한 조세정책이 수립되어야 한다고 주장한다.

① 소득세 면제 대상자를 줄인다.
② 소형 임대아파트 거주자의 주민세를 면제한다.
③ 차량 10부제 참여시 자동차세를 10% 감면한다.
④ 주택거래에 대한 취득세 및 등록세의 세율을 0.5%포인트 인하한다.

정답해설 을은 갑의 감세안이 서민에게는 실질적인 도움이 되지 않고 부자들이 더 큰 혜택을 본다고 비판하면서, 서민에게 더 유리한 조세정책이 수립되어야 한다고 주장한다. 이러한 을의 주장에 부합하는 정책은 ②로 소형 임대아파트 거주자인 경우가 대다수인 서민이 거주자의 주민세를 면세하는 경우 실질적으로 서민에게 더 유리한 조세정책이 될 수 있다.

오답해설 ① 소득세 면제 대상자를 선별하여 그 범위를 결정하지 않은 채 막연히 소득세 면제 대상자를 줄이는 것은 서민에게 더 유리한 정책이라 보장할 수 없다. 제시문에서 언급한 것처럼 실제 많은 직장인과 자영업자가 소득세 면제 혜택을 보고 있으며 이 중에는 많은 서민이 포함되어 있으므로 막연히 면제 대상자를 줄이면 면제를 받지 못하는 서민이 발생하기 때문이다.

③ 차량 10부제의 경우 일반 서민의 참가율보다는 자동차를 2대 이상 소유할 수 있는 부자의 참가율이 높을 가능성이 크며, 자영업 종사 등으로 인해 차량 10부제에 참여할 수 없는 서민들이 발생할 수 있다. 또한 배기량의 크기에 비례해서 부과되는 자동차세를 일률적으로 10% 감면한다면, 배기량이 큰 차를 소유하고 있는 부자에게 감면혜택이 더 크게 돌아간다.

④ 주택거래에 대한 취득세와 등록세는 거래되는 주택의 가격에 비례하므로 일률적인 감면비율을 적용할 경우 고가의 주택 거래자에게 돌아가는 혜택이 상대적으로 더 크다고 할 수 있다. 또한 취 · 등

록세는 주택거래에 기인하여 부과되는 세금이므로, 감면으로 인한 혜택은 주택의 거래가 많은 부자에게 더 많다고 할 수 있다.

42 다음 중 퍼실리테이션에 의한 문제해결 방법으로 옳은 것은?

㉠ 어떤 그룹이나 집단이 의사결정을 잘 하도록 도와주는 일이다.
㉡ 깊이 있는 커뮤니케이션을 통해 서로의 문제점을 이해하고 공감함으로써 창조적인 문제해결을 도모할 수 있다.
㉢ 대부분의 기업에서 볼 수 있는 전형적인 문제해결 방법이다.
㉣ 사실과 원칙에 근거한 토론으로 해결하는 방법이다.
㉤ 결론이 애매하게 끝나는 경우가 적지 않다.

① ㉠, ㉡　　② ㉠, ㉢
③ ㉢, ㉤　　④ ㉡, ㉢, ㉣

㉠ 어떤 그룹이나 집단이 의사결정을 잘 하도록 도와주는 일이다. : 퍼실리테이션
㉡ 깊이 있는 커뮤니케이션을 통해 서로의 문제점을 이해하고 공감함으로써 창조적인 문제해결을 도모할 수 있다. : 퍼실리테이션
㉢ 대부분의 기업에서 볼 수 있는 전형적인 문제해결 방법이다. : 소프트 어프로치
㉣ 사실과 원칙에 근거한 토론으로 해결하는 방법이다. : 하드 어프로치
㉤ 결론이 애매하게 끝나는 경우가 적지 않다. : 소프트 어프로치

43 다음 사례를 읽고, 문제해결과정 중 A공장장이 간과한 과정으로 옳은 것은?

P사는 1950년대 이후 세계적인 자동차 생산 회사로서의 자리를 지켜왔다. 그러나 최근 P사의 자동차 생산라인에서 문제가 발생하고 있었는데, 이 문제는 자동차 문에서 나타난 멍자국이었다. 문을 어느 쪽으로 보는가에 따라 다르기는 하지만, 이 멍자국은 눌린 것이거나 문을 만드는 과정에서 생긴 것 같았다.

문을 만들 때는 평평한 금속을 곡선으로 만들기 위해 강력한 프레스기에 넣고 누르게 되는데, 그때 표면이 올라온 것처럼 보였다. 실제적으로 아주 작은 먼지나 미세한 입자 같은 것도 프레스기 안에 들어가면 문짝의 표면에 자국을 남길 수 있을 것으로 추정되었다.

그러던 어느 날 공장의 생산라인 담당자 B로부터 다음과 같은 푸념을 듣게 되었다.

"저는 매일같이 문짝 때문에 재작업을 하느라 엄만금이 들어간다고 말하는 재정 담당 사람들이나, 이 멍자국이 진열대까지 올라가면 고객들을 열 받게 해서 다 쫓아 버린다고 말하는 마케팅 직원들과 싸우고 있어요." 처음에 A공장장은 이 말을 듣고도 "멍자국이 무슨 문제가 되겠어?"라고 별로 신경을 쓰지 않았다.

그러나 자기 감독 하에 있는 프레스기에서 나오는 멍자국의 수가 점점 증가하고 있다는 것을 알게 되었고, 그것 때문에 페인트 작업이나 조립 공정이 점점 늦어짐으로써 회사에 막대한 추가 비용과 시간이 든다는 문제를 인식하게 되었다.

① 원인 분석
② 문제 도출
③ 문제 인식
④ 해결안 개발

정답 해설 제시된 사례는 문제해결과정 중 문제인식 단계의 중요성에 대한 사례이다. 사례에서 A공장장은 처음에 문제를 인식하지 못하다가 상황이 점점 악화되자 문제가 있다는 것을 알게 되었다. 만약 A공장장이 초기에 문제 상황을 인식하였다면, 초기에 문제 상황에 적절하게 대처함으로써 비용과 시간의 소비를 최소화할 수 있었을 것이다. 이러한 사례를 통해서 문제인식이란 해결해야 할 전체 문제를 파악하고, 문제의 목표를 명확히 하는 활동이라는 것을 알 수 있다.

44 **직원 A는 월요일부터 목요일까지 회사의 감사에 대비한 대책회의 참석을 한다. A는 담당자로부터 다음 주 월요일부터 금요일 중에서 감사가 실시될 것이라는 정보를 들었다. 감사는 며칠에 나누어 실시될 수 있다고 한다. 다음의 〈조건〉이 모두 참이라고 할 때, 감사가 실시될 요일은?**

〈조건〉

㉠ 목요일에 감사가 실시된다면, 금요일에도 감사가 실시될 것이다.

㉡ 월요일에 감사가 실시되지 않는다면, 화요일이나 목요일에 실시될 것이다.

ⓒ 월요일에 감사가 실시된다면, 수요일에는 실시되지 않을 것이다.
ⓓ 목요일과 금요일에 감사가 실시되지 않는다면 화요일에도 감사가 실시되지 않을 것이다.
ⓔ A가 대책회의에 참석하지 않는 날에는 감사가 실시되지 않을 것이다.

① 월요일 ② 화요일
③ 수요일 ④ 목요일

정답해설 제시된 〈조건〉 중 ⓔ을 통해 금요일에는 감사가 실시되지 않는다는 사실을 알 수 있다. ⓐ의 대우인 "금요일에 감사가 실시되지 않으면 목요일에도 감사가 실시되지 않는다"가 참이므로, 목요일에도 감사가 실시되지 않음을 알 수 있다. 따라서 목요일과 금요일에 감사가 실시되지 않으므로 ⓓ에 따라 화요일에도 감사가 실시되지 않는다는 사실을 알 수 있다. 또한 여기서 화요일과 목요일에 감사가 실시되지 않는다는 사실과 ⓑ의 대우인 "화요일과 목요일에 감사가 실시되지 않으면 월요일에 감사가 실시될 것이다"가 참이라는 것을 통해, 월요일에는 감사가 실시된다는 것을 알 수 있다. 월요일에 감사가 실시되므로, ⓒ에 따라 수요일에는 감사가 실시되지 않는다. 따라서 이상을 종합하면 월요일에만 감사가 실시된다는 것을 알 수 있다.

45 다음 〈상황〉과 〈표〉를 근거로 판단할 때, 여섯 사람이 서울을 출발하여 대전에 도착할 수 있는 가장 이른 예정시각은? (단, 다른 조건은 고려하지 않는다.)

〈상황〉

회사 동기 6명은 연수에 참가하기 위해 같은 고속버스를 타고 함께 대전으로 가려고 한다.
고속버스터미널에는 은행, 편의점, 화장실, 패스트푸드점, 서점 등이 있다.
다음은 고속버스터미널에 도착해서 나눈 대화내용이다.

A : 버스표를 사야하니 저쪽 은행에 가서 현금을 찾아올게.
B : 그럼 그 사이에 난 잠깐 저쪽 편의점에서 간단히 먹을 김밥이라도 사올게.
C : 그럼 난 잠깐 화장실에 다녀올게. 그리고 저기 보이는 패스트푸드점에서 햄버거라도 사와야겠어. 너무 배고프네.
D : 나는 버스에서 읽을 책을 서점에서 사야지. 그리고 화장실도 들러야겠어.

정답 44 ① | 45 ③

E : 그럼 난 여기서 F랑 기다리고 있을게.
F : 지금이 오전 11시 50분이니까 다들 각자 볼일 마치고 빨리 돌아와.

각 시설별 이용 소요시간은 은행 30분, 편의점 10분, 화장실 20분, 패스트푸드점 25분, 서점 20분이다.

〈표〉

서울 출발 시각	대전 도착 예정시각	잔여좌석 수
12 : 00	14 : 00	7
12 : 15	14 : 15	12
12 : 30	14 : 30	9
12 : 45	14 : 45	5
13 : 00	15 : 00	10
13 : 20	15 : 20	15
13 : 40	15 : 40	6
14 : 00	16 : 00	8
14 : 15	16 : 15	21

① 14 : 15
② 14 : 45
③ 15 : 00
④ 15 : 20

〈상황〉을 통해 각자 볼일을 보는데 A는 30분(은행), B는 10분(편의점), C는 45분(화장실＋패스트푸드점), D는 40분(서점＋화장실)이 소요된다는 것을 알 수 있다. 따라서 지금 시간이 오전 11시 50분이므로, 모두 돌아오는 시간은 12시 35분이 된다. 그런데 12시 45분 버스의 경우 잔여좌석 수가 5개뿐이므로, 다음의 13시 버스를 타야 한다. 따라서 대전에 도착할 수 있는 가장 이른 예정시각은 15시가 된다.

46 다음은 어떤 지방자치단체가 사업을 추진하는 과정에서 간단한 비용·편익 분석을 수행해 본 잠정결과이다. 본 사업에서 추정되는 기대이익(손실)은?

(단위 : 억 원)

이익(손실)	확률
1,000	0.1
500	0.3
300	0.2
(500)	0.3
(1,300)	0.1

① 30억 원　② 60억 원
③ −30억 원　④ −60억 원

정답해설 이익(손실)×확률들을 모두 합하면 기대이익(손실)이 나온다.
(1,000억×0.1)+(500억×0.3)+(300억×0.2)+(−500억×0.3)+(−1,300억×0.1)=30억 원

47 우리은행 콜센터에 근무 중인 행원에게 고객으로부터 금융 상품 해지 건이 접수되었다. 상담한 결과 해당 고객은 1년 전에 예금을 가입하였으나 불가피한 사정으로 해당 예금상품을 해지할 계획이며, 해지할 경우 환급금이 얼마인지 문의하였다. 행원이 고객에게 안내할 예금의 환급금(세전)은?

〈1년 전 해당 고객의 예금 가입내역〉

- 가입기간 : 5년
- 가입금액 : 1백만원

- 이자 지급 방식 : 만기일시지급－단리식
- 기본금리 : 3.0%
- 우대금리 : 0.2% (중도인출 및 해지 시에는 적용하지 않음)
- 중도해지이율 (연%, 세전)
  - 3개월 미만 : 0.2
  - 6개월 미만 : 0.3
  - 12개월 미만 : 기본금리×20%
  - 18개월 미만 : 기본금리×30%
  - 24개월 미만 : 기본금리×40%
- 만기 후 이율(세전)
  - 만기 후 3개월 이내 : 만기 시점 국고채 1년물 금리
  - 만기 후 6개월 이내 : 일반정기예금 계약기간별 기본금리의 20%
  - 만기 후 6개월 초과 : 일반 정기예금 계약기간별 기본금리의 10%
- 예금자보호여부 : 해당됨

① 1,003,000원　　② 1,006,000원
③ 1,009,000원　　④ 1,012,000원

예금을 중도 해지할 경우에는 최초 가입 시 설정된 기본금리＋우대금리가 아닌 중도해지이율이 적용된다. A고객은 해당 예금상품을 1년 동안 보유했으므로 중도해지이율 중 18개월 미만에 해당된다. 따라서 기본금리의 30%가 적용된다.
1,000,000원×(1＋3.0%×0.3)＝1,009,000원

48 **S은행의 고객인 A는 S은행으로부터 예금만기 문자를 받고 은행을 방문하였다. 다음 조건을 토대로 A고객이 은행으로부터 수령할 수 있는 이자는?**

- 상품명 : S은행 드림드림 예금상품
- 가입자 : A(본인)

- 계약기간 : 30개월
- 저축금액 : 1천만원
- 저축방법 : 거치식
- 이자지급방식 : 만기일시지급, 단리식
- 기본이자율(계약당시, 세전)

1개월	6개월	12개월	24개월	36개월	48개월
연 0.5%	연 1%	연 1.3%	연 1.6%	연 1.8%	연 1.9%

- 우대금리(세전)
  - 계약당시 자신이 세운 목표 또는 꿈을 성취했을 경우 : 0.1%
  - 본인의 추천으로 지인이 해당 상품을 가입한 경우 : 0.05%
  - 타인의 추천으로 해당 상품을 본인이 가입한 경우 : 0.05%
- 기타 사항
  - A는 지인으로부터 추천을 받아 해당 상품을 가입하였음
  - 해당 상품 계약 시 세운 목표를 성취하여 은행이 이를 확인하였음
  - 해당 상품에서 발생하는 이자는 15%가 과세됨

① 204,000원　　② 210,375원
③ 215,750원　　④ 223,125원

A의 계약기간이 30개월이므로 기본이자율은 1.6%이다. 여기서 상품 계약 시 세운 목표를 성취하였고, 지인의 추천으로 해당 상품을 가입하였으므로 0.15%가 추가된다. 따라서 적용되는 금리는 모두 1.75%이다. A는 30개월(24개월+6개월)을 가입하였고 이자는 단리식이 적용된다고 하였으므로, 이자는 '$10{,}000{,}000 \times 1.75\% + 10{,}000{,}000 \times 1.75\% \times \frac{6}{12} = 175{,}000 + 87{,}500 = 262{,}500$(원)'이다. 그런데 이는 세전 금리이므로, 지급되는 이자는 여기서 15%를 제외해야 한다. 따라서 '$262{,}500 \times 85\% = 223{,}125$(원)'이 된다.

49 **A는 한 은행의 프라이빗뱅킹(PB) 서비스를 제공하는 업무를 담당하고 있는데, 최근 실적이 감소하고 있어 그 원인을 파악하고 있다. 아래에 제시된 '5Why'를 참고로 할 때, 다음 원인들의 인과관계상 가장 근본적인 원인은?**

〈문제해결을 위한 사고법 – 5Why〉

문제에 대한 근본적인 원인과 핵심에 대해 구체적으로 파고드는 기법으로, 첫 번째 프로세스는 해결해야 할 사항이나 문제를 한 문장으로 적고 5번의 Why(왜)를 통하여 표면으로 나타나는 이유가 아닌 진정한 원인을 찾아내어 각 관점의 명확한 원인을 발견하는 것이다. 체중 감소를 둘러싼 태도와 행동을 이해하기 위한 인터뷰를 예로 들면 다음과 같다.

Why? #1 : 왜 당신은 운동하는가? – 건강 때문이다.
Why? #2 : 왜 건강인가? – 심박수를 높이기 때문이다.
Why? #3 : 왜 그것이 중요한가? – 그러면 많은 칼로리를 소모한다.
Why? #4 : 왜 그것을 하고 싶어하는가? – 체중을 줄이기 위함이다.
Why? #5 : 왜 체중을 줄이고 싶은가? – 건강해 보이도록 사회적 압력을 느낀다.

① 고객의 PB서비스 계약 감소
② 고객정보의 수집 부족
③ 금융상품의 다양성 부족
④ 절대적인 고객 수의 감소

정답
해설 '5Why' 기법의 첫 번째 프로세스는 해결해야 할 사항이나 문제를 한 문장으로 적는 것인데, 문제에서 제시된 문제점은 '최근 실적의 감소'이다. 이러한 실적이 감소하는 가장 직접적인 원인은 '고객의 PB서비스 계약 감소'라 할 수 있다. 다음으로 고객의 PB서비스 계약이 감소하는 원인은 '절대적인 고객 수의 감소'가 될 것이다. 그리고 절대적인 고객 수가 감소하는 것은 고객 서비스 등에 만족하지 못한 것이 원인이 될 수 있는데, 여기서는 '금융상품의 다양성 부족'으로 고객의 불만족이 발생한 것이 원인이 된다. 금융상품의 다양성이 부족한 것은 고객이 무엇을 원하는지 제대로 파악하지 못하였기 때문이라 할 수 있다. 따라서 고객의 수요 파악을 위한 '고객정보의 수집 부족'이 가장 근본적인 원인이 된다.

50 다음 사업설명서를 근거로 판단할 때, 〈보기〉에서 옳은 것만을 모두 고르면?

〈사업설명서〉

<table>
<tr><td colspan="2">총지원금</td><td>2018년</td><td>180억 원</td><td>2019년</td><td colspan="2">210억 원</td></tr>
<tr><td colspan="2">지원 인원</td><td>2018년</td><td>2,000명</td><td>2019년</td><td colspan="2">3,000명</td></tr>
<tr><td rowspan="4">사업 개요</td><td>시작 년도</td><td colspan="5">2009년</td></tr>
<tr><td>추진 경위</td><td colspan="5">세계금융위기에 따른 국내 실업사태 극복 및 저소득층 지원</td></tr>
<tr><td>사업 목적</td><td colspan="5">일자리 제공 및 저소득층 지원으로 생활안정 및 사회안정망 구축</td></tr>
<tr><td>모집 시기</td><td colspan="5">연간 2회(6월, 12월)</td></tr>
<tr><td rowspan="3">근로 조건</td><td>근무 조건</td><td>월 소정 근로시간</td><td>120시간 이하</td><td>주당 근로일수</td><td colspan="2">5일</td></tr>
<tr><td rowspan="2">4대 사회보험 보장여부</td><td>국민연금</td><td>건강보험</td><td>고용보험</td><td colspan="2">산재보험</td></tr>
<tr><td>○</td><td>○</td><td>○</td><td colspan="2">○</td></tr>
<tr><td rowspan="3">참여자</td><td rowspan="2">주요 참여자</td><td>청년
(35세 미만)</td><td>중장년
(50~64세)</td><td>노인
(65세 이상)</td><td>여성</td><td>장애인</td></tr>
<tr><td></td><td>○</td><td></td><td>○</td><td></td></tr>
<tr><td>기타</td><td>우대 요건</td><td colspan="2">6개월 이상 장기실업자, 1년 이상 장기구직자, 여성가장, 저소득층 등 취업취약계층 우대</td><td>취업 취약계층 목표비율</td><td>80%</td></tr>
</table>

보기

㉠ 2019년에는 2018년보다 지원 인원 1인당 평균 지원금이 더 많아졌다.

㉡ 가족의 생계를 책임지는 여성도 주된 참가자에 해당한다.

㉢ 대학 졸업 후 5개월 간 구직활동을 한 청년도 참여할 수 있다.

㉣ 이 사업 참여자들은 4대 사회보험을 보장받지 못한다.

① ㉠, ㉡ ② ㉠, ㉣

③ ㉡, ㉢ ④ ㉢, ㉣

정답 해설 ㉡ 여성도 주된 참여자에 해당되며, 특히 여성가장은 우대 대상이 된다고 하였다. 따라서 ㉡은 옳은 내용이다.

㉢ 청년도 주된 참여자에 해당하며, 1년 이상 장기구직을 한 경우는 취업취약계층으로 우대한다고 하였다. 취업취약계층의 목표비율은 80%이므로 나머지 20% 정도의 범위에서는 우대 대상이 아니라도 참여할 수 있다. 따라서 대학 졸업 후 5개월 간 구직활동을 한 청년도 참여할 수 있다.

오답 해설 ㉠ 2019년에는 2018년보다 총지원금 규모는 증가했으나 참여 인원도 2,000명에서 3,000명으로 증가했으므로 지원 인원 1인당 평균 지원금은 오히려 감소하였다. 실제 2018년 지원 인원 1인당 평균 지원금은 9백만 원인데 비해 2019년 1인당 평균 지원금은 7백만 원으로 감소하였으므로 ㉠은 옳지 않다.

㉣ 근로조건에서 4대 사회보험을 모두 보장받는다고 하였으므로 ㉣도 옳지 않다.

51 다음 조건이 성립한다고 가정할 때, 반드시 참인 것은?

- 허용이 불가능한 것은 적용이 불가능하다.
- 적용이 불가능한 것은 허용도 불가능하다.
- 지침에 기초를 두고 있는 것만이 허용 가능하다.

① 적용할 수 있는 것은 허용할 수 없다.

② 허용 가능한 것은 지침에 기초를 두고 있지 않다.

③ 적용 가능한 것은 지침에 기초를 두고 있는 것이다.

④ 지침에 기초를 두고 있지 않은 것은 적용하는 것이 가능하다.

정답 해설 두 번째 조건의 대우가 '허용 가능한 것은 적용이 가능하다'이기 때문에 세 번째 조건과 연결해서 ③의 '지침에 기초를 두는 것은 적용하는 것이 가능하다'를 이끌어 낼 수 있다.

52 다음 제시된 명제가 모두 옳을 때, 아래 내용 중 참이 되는 것을 고르면?

- A를 구매하는 사람은 B를 구매한다.
- C를 구매하지 않는 사람은 B도 구매하지 않는다.

• C를 구매하는 사람은 D를 구매하지 않는다.

① A를 구매한 사람은 C를 구매하지 않는다.

② B를 구매한 사람은 D를 구매하지 않는다.

③ C를 구매하지 않는 사람은 D를 구매하지 않는다.

④ D를 구매하지 않는 사람은 A를 구매한다.

정답 해설 두 번째 문장의 대우명제는 'B를 구매하는 사람은 C를 구매한다.'이므로 이 문장과 제시된 문장을 삼단논법에 따라 순서대로 종합하면, 'A를 구매 ⇒ B를 구매', 'B를 구매 ⇒ C를 구매', 'C를 구매 ⇒ D를 구매하지 않음'이 성립한다. 따라서 'B를 구매한 사람은 D를 구매하지 않는다.'가 성립한다.

오답 해설 ① 두 번째 문장의 대우명제인 'B를 구매하는 사람은 C를 구매한다.'가 성립하므로 ①은 참이 아니다.
③ 세 번째 문장에서 'C를 구매하는 사람은 D를 구매하지 않는다.'고 했으므로, ③은 참이 아니다.
④ 'A를 구매하는 사람은 D를 구매하지 않는다.'의 역이므로, 항상 참이라 할 수 없다.

53 다음 제시된 문장이 모두 옳을 때, 아래 내용 중 옳지 않은 것은?

• 녹차를 좋아하는 사람은 커피를 좋아한다.
• 커피를 좋아하는 사람은 우유를 좋아한다.
• 우유를 좋아하는 사람은 홍차를 좋아하지 않는다.

① 녹차를 좋아하는 사람은 우유를 좋아한다.

② 커피를 좋아하는 사람은 홍차를 좋아하지 않는다.

③ 우유를 좋아하지 않는 사람은 홍차를 좋아한다.

④ 홍차를 좋아하는 사람은 커피를 좋아한다.

정답 해설 제시된 문장에서 '커피를 좋아하는 사람은 홍차를 좋아하지 않는다.'가 성립하므로, 그 대우명제인 '홍차를 좋아하면 커피를 좋아하지 않는다.'가 성립한다. 따라서 ④는 옳지 않다.

정답 51 ③ | 52 ② | 53 ④

54 다음 문장을 읽고 괄호 안에 가장 알맞은 것을 고르면?

- A는 면접점수가 가장 높고, 필기점수는 B보다 낮다.
- B는 C보다 면접점수가 낮지만 필기점수는 높다.
- 따라서 세 사람 중 (   )

① A는 필기점수가 가장 낮다.
② B는 필기점수가 가장 높다.
③ A는 C보다 면접점수는 높지만 필기점수는 낮다.
④ B는 면접점수와 필기점수를 합한 총점이 2번째이다.

정답 해설 우선 세 문장을 통해 면접점수가 높은 순서대로 보면, 'A > C > B'가 된다. 다음으로 필기점수는 'B > A'이고 'B > C'이다. 따라서 B는 세 사람 중 필기점수가 가장 높다.

오답 해설 ① 필기점수의 경우 A와 C의 필기점수가 B보다 낮다는 것만 알 수 있다. 따라서 A와 C 중 누가 더 필기점수가 낮은지 알 수 없다.
③ 면접점수는 A가 C보다 높지만, A는 C와 필기점수는 누가 높은지 알 수 없다.
④ B는 면접점수는 가장 낮고 필기점수는 가장 높은데, 제시된 문장만으로는 점수의 상대적 우열을 알 수 있을 뿐 구체적 점수를 산출할 수는 없으므로, 총점의 순위를 매길 수 없다.

55 다음 글을 근거로 판단할 때, 〈보기〉에서 옳은 것만을 모두 고르면?

갑과 을이 '사냥게임'을 한다. 1, 2, 3, 4의 번호가 매겨진 4개의 칸이 아래와 같이 있다.

1	2	3	4

여기서 갑은 네 칸 중 괴물이 위치할 연속된 두 칸을 정하고 을은 네 칸 중 화살이 명중할 하나의 칸을 정한다. 갑과 을은 자신들이 정한 칸을 말한다. 그 결과 화살이 괴물이 위치하는 칸에 명중하면 을이 승리하고, 명중하지 않으면 갑이 승리한다.

예를 들면 갑이 1과 2, 을이 1 또는 2를 선택한 경우 괴물이 화살에 맞은 것으로 간주하여 을이 승리한다. 만약 갑이 1과 2, 을이 3 또는 4를 선택했다면 괴물이 화살을 피한 것으로 간주하여 갑이 승리한다.

보기

㉠ 괴물이 위치할 칸을 갑이 무작위로 정할 경우 을은 1보다는 2를 선택하는 것이 승리할 확률이 높다.

㉡ 화살이 명중할 칸을 을이 무작위로 정할 경우 갑은 2, 3보다는 3, 4를 선택하는 것이 승리할 확률이 높다.

㉢ 이 게임에서 갑과 을이 무작위로 정할 경우 을이 선택할 수 있는 경우의 수가 많으므로, 승리할 확률이 높다.

① ㉠ ② ㉡

③ ㉢ ④ ㉠, ㉢

㉠ 괴물이 위치할 칸을 갑이 무작위로 정할 수 있는 칸은 1과 2, 2와 3, 3과 4의 세 가지이므로 1이 선택될 확률은 1/3이 되고 2가 선택될 확률은 2/3이 된다. 따라서 을의 입장에서는 1보다는 2를 선택하는 것이 승리할 확률이 높으므로 ㉠은 옳다.

오답 해설

㉡ 화살이 명중할 칸을 을이 무작위로 정할 경우, 갑이 어떤 연속된 두 칸을 정하더라도 을이 그것을 선택할 확률은 2/4가 된다. 따라서 이 경우는 갑과 을은 승리 확률이 같으므로 ㉡은 옳지 않다.

㉢ 갑과 을이 무작위로 정할 경우, ㉡과 마찬가지로 갑의 어떤 연속된 두 칸을 정하더라도 을이 그것을 선택할 확률이 모두 2/4(1/2)가 되어 같으므로, 승리 확률도 같다고 할 수 있다. 따라서 ㉢도 옳지 않다.

56 다음 〈상황〉을 근거로 판단할 때, 갑이 보유한 A통장의 잔액은? (이자나 수수료 등은 없는 것으로 한다.)

〈상황〉

- 갑이 보유한 통장 잔액의 합은 다음과 같다.
- 갑은 이 은행에서 각각의 통장을 하나씩만 보유하고 있다.

통장 종류	통장 잔액의 합(만 원)
㉠ : A통장, B통장	㉠ : 1,700

㉡ : C통장, D통장	㉡ : 2,000
㉢ : A통장, E통장	㉢ : 1,400
㉣ : B통장, C통장	㉣ : 1,800
㉤ : D통장, E통장	㉤ : 2,100

① 400만 원 ② 500만 원
③ 600만 원 ④ 700만 원

㉠ (A통장, B통장)과 ㉣ (B통장, C통장) 잔액의 합을 비교해보면 C통장 잔액은 A통장보다 100만 원이 더 많다는 것을 알 수 있다. 그리고 ㉡과 ㉤ 잔액의 비교에서 E통장 잔액은 C통장보다 100만 원이 더 많다는 것을 알 수 있다. 따라서 E통장 잔액은 A통장보다 200만 원이 더 많으므로 'E통장 잔액＝A통장 잔액＋200만 원'이 된다. 이를 ㉢ (A통장, E통장) 잔액의 합(1,400만 원)과 비교해보면 A통장 잔액은 '600만 원'이 된다는 것을 알 수 있다.

[57~58] 다음 〈조건〉과 〈7월 날씨〉를 근거로 알맞은 답을 고르시오.

〈조건〉

• 날씨 예측 점수는 매일 다음과 같이 부여한다.

실제 \ 예측	맑음	흐림	비
맑음	10점	6점	0점
흐림	4점	10점	6점
비	0점	2점	10점

• 한 주의 주중(월~금) 날씨 예측 점수의 평균은 매주 5점 이상이다.

• 7월 1일부터 19일까지 요일별 날씨 예측 점수의 평균은 다음과 같다.

요일	월	화	수	목	금
날씨 예측 점수 평균	7점 이하	5점 이상	7점 이하	5점 이상	7점 이하

〈7월 날씨〉

구분	월	화	수	목	금	토	일
날짜			1	2	3	4	5
예측			맑음	흐림	맑음	비	흐림
실제			맑음	맑음	흐림	흐림	맑음
날짜	6	7	8	9	10	11	12
예측	맑음	흐림	맑음	맑음	맑음	흐림	흐림
실제	흐림	흐림	(　)	맑음	흐림	비	흐림
날짜	13	14	15	16	17	18	19
예측	비	비	흐림	비	비	흐림	흐림
실제	맑음	맑음	흐림	(　)	비	흐림	비

※ 위 달력의 같은 줄을 한 주로 한다.

1DAY 2DAY 3DAY

57 다음 중 7월 8일의 실제 날씨로 가장 알맞은 것은?

① 맑음 ② 흐림
③ 비 ④ 맑음 또는 흐림

7월 8일은 수요일이고, 수요일의 날씨 예측 점수 평균은 '7점 이하'이다. 여기서 7월 1일의 날씨 예측은 '맑음'이고 실제 날씨도 '맑음'이므로, 날씨 예측 점수는 '10점'이 된다. 또한 7월 15일의 날씨 예측은 '흐림'이고 실제 날씨도 '흐림'이므로 날씨 예측 점수는 '10점'이 된다. 따라서 8일을 제외한 수요일의 날씨 예측 점수가 모두 '10점'이며, 수요일 날씨 예측 점수 평균은 '7점 이하'가 되므로, 8일의 날씨 예측 점수는 '1점' 이하, 즉 '0점'이 되어야 한다. 8일의 날씨 예측은 '맑음'이므로, 날씨 예측 점수가 0점이 되려면, 실제 날씨는 '비'여야 한다.

58 다음 중 7월 16일의 실제 날씨로 가장 알맞은 것은?

① 맑음 ② 흐림
③ 맑음 또는 흐림 ④ 비 또는 흐림

정답 해설 7월 16일은 목요일고, 목요일의 날씨 예측 점수 평균은 '5점 이상'이다. 그런데, 7월 1일과 9일의 날씨 예측 점수가 각각 6점, 10점이므로, 16일의 점수와 관계없이 날씨 예측 점수의 평균은 5점 이상이 된다. 따라서 다른 조건, 즉 '한 주의 주중(월~금) 날씨 예측 점수의 평균은 매주 5점 이상'이라는 조건에 따라서 실제 날씨를 파악해야 한다. 7월 13일(월)부터 17일(금)요일까지의 날씨 예측 점수의 합은 '0점+0점+10점+(16일의 예측 점수)+10점=(16일의 예측 점수)+20점'이 되므로, 이 점수의 평균이 5점 이상이 되려면, (16일의 예측 점수)는 5점 이상이 되어야 한다. 16일의 날씨 예측은 '비'이므로, 날씨 예측 점수가 5점 이상이 되려면 실제 날씨는 '흐림' 또는 '비'가 되어야 한다.

59 다음 글을 근거로 판단할 때, 갑이 〈표〉의 기술 단계 중 7개만을 기술 보고서에 포함하는 경우 갑의 최대 선정 지수는?

○ 갑은 다음의 단계를 포함하는 기술 보고서를 20시간 이내에 제출하여야 한다.
○ 보고서가 채택되기 위해서는 총 선정 지수가 높아야 한다.
○ 단계별 선정 지수와 소요 시간은 아래 〈표〉와 같으며, 보고서가 제출 시한보다 1시간 늦을 때마다 선정 지수는 4점씩 감점된다.
○ 보고서 작성은 'A → B → C → D'의 순서로 하여야 하며, 이 4단계는 생략할 수 없다.
○ D단계 이후의 단계는 어떤 것을 선택해도 상관없다.
○ 동일 단계는 반복하지 않으며, 2개 이상의 단계는 동시에 진행할 수 없다.

※ 휴식 시간은 없는 것으로 함.

〈표〉

기술 단계	선정 지수(점)	소요 시간(시간)
A	2	1
B	2	1
C	6	1.5
D	20	7
E	12	3
F	25	10
G	10	0.5
H	60	15

① 53점　　② 61점

③ 76점　　④ 129점

정답 해설 보고서 작성 시 'A, B, C, D'의 단계는 포함하여야 한다고 했는데, 이 단계까지의 총 선정 지수는 '30점'이고 총 소요 시간은 '10.5시간'이다. 남은 E ~ H 중 소요 시간 당 선정 지수가 가장 낮은 단계인 F는 제외하고, 가장 높은 G는 포함해야 한다. 따라서 'A, B, C, D, G'의 경우 총 선정 지수는 '40점', 총 소요 시간은 '11시간'이 된다. 남은 E와 H 중 선정 지수가 가장 큰 H단계만 포함시키는 경우, 총 소요 시간은 6시간 초과되므로 총 선정 지수는 '40+60 - 24=76점'이 된다. 여기에 E단계까지 포함시키는 경우 3시간이 추가되므로, 총 선정 지수는 '76+12 - 12=76점'으로 같다. 따라서 갑의 최대 선정 지수는 '76점'이 된다.

1DAY 2DAY 3DAY

60 다음의 A, B, C, D가 퇴직할 때 받게 되는 연금액수는 근무연수와 최종평균보수월액에 의해 결정된다. 아래의 〈연금액수 산출방법〉을 따를 때 〈보기〉의 예상 중 옳은 것으로 묶은 것은? (다만, 연금은 본인에게만 지급되며 물가는 변동이 없다고 가정한다.)

〈연금액수 산출방법〉

연금액수 산출방법에는 월별연금 지급방식과 일시불연금 지급방식이 있다.

(1) 월별연금지급액＝최종평균보수월액×{0.5＋0.02×(근무연수－20)}

(다만, 월별연금지급액은 최종평균보수월액의 80%를 초과할 수 없다.)

(2) 일시불연금지급액＝(최종평균보수월액×근무연수×2)＋{최종평균보수월액×(근무연수－5)×0.1}

〈표〉 퇴직자 연금액수 산출자료

퇴직자	근무연수(년)	최종평균보수월액(만원)
A	20	100
B	35	100
C	37	100
D	10	200

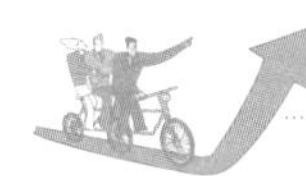

보기

㉠ A의 일시불연금지급액은 D의 일시불연금지급액보다 많을 것이다.
㉡ A가 100개월밖에 연금을 받을 수 없다면 월별연금보다 일시불연금을 선택하는 것이 유리할 것이다.
㉢ B가 C보다 월별연금지급액을 4만 원 더 받게 될 것이다.
㉣ D가 월급에 변화없이 10년을 더 근무한다면 D의 일시불연금지급액은 현재 받을 수 있는 일시불연금지급액의 두 배가 넘을 것이다.

① ㉠, ㉡　　② ㉠, ㉣
③ ㉡, ㉢　　④ ㉡, ㉣

㉠ A는 근무연수가 20년이며 최종평균보수월액이 100만 원이다. 이를 〈연금액수 산출방법〉 (2)에 대입해 일시불연금지급액을 구하면, A의 일시불연금지급액은 4,150만 원이다. D의 근무연수가 10년이며 최종평균보수월액이 200만 원이므로, D의 일시불연금지급액을 구하면 4,100만 원이 된다. 따라서 A의 일시불연금지급액이 더 많다.

㉣ 현재 근무연수(10년)에서 D의 일시불연금지급액은 4,100만 원이다. D가 월급에 변화없이 10년을 더 근무하는 경우 근무연수는 20년이 되고 최종평균보수월액은 그대로 200만 원이므로, 그 경우의 일시불연금지급액은 8,300만 원이 된다. 따라서 10년 더 근무하는 경우의 일시불연금지급액이 현재 받을 수 있는 일시불연금지급액의 두 배가 넘는다.

㉡ A는 근무연수가 20년이며 최종평균보수월액이 100만 원이다. 이를 〈연금액수 산출방법〉의 두 식에 대입해 각각의 금액을 구하면, A의 월별연금지급액은 50만원, 일시불연금지급액은 4,150만 원이다. 여기서 A가 100개월 동안 연금을 받을 수 있다면 월별연금지급액의 총액은 5,000만 원이 되므로, A는 일시불연금보다 월별연금을 선택하는 것이 더 유리하다.

㉢ 위와 같은 방법으로 하여 B의 월별연금지급액을 구하면 80만 원이 되며, C의 월별연금지급액은 84만 원이 된다. 그런데 제시문 (1)의 단서 조건에서 월별연금지급액은 최종평균보수월액의 80%를 초과할 수 없다고 하였으므로, C의 경우 최종평균보수월액(100만 원)의 80%인 80만 원이 월별연금지급액으로 인정된다. 따라서 B와 C의 월별연금지급액은 80만 원으로 같다.

61 다음 〈보기〉 중 외부경영활동에 대한 설명으로 적절하지 않은 것을 모두 고르면?

보기

㉠ 조직 내부에 대한 관리를 통해 조직 효과성을 높인다.
㉡ 기업에서는 주로 시장에서 이루어진다.
㉢ 인사관리, 재무관리, 생산관리 등이 해당된다.
㉣ 총수입을 극대화시키고 총비용을 극소화시킨다.

① ㉠, ㉢
② ㉡, ㉢
③ ㉡, ㉣
④ ㉢, ㉣

㉠ 외부경영활동은 조직외부에서 조직의 효과성을 높이기 위해 이루어지는 활동이다.
㉢ 내부경영활동은 조직 내부에서 인적, 물적 자원 및 생산기술을 관리하는 것으로 인사관리, 재무관리, 생산관리 등이 해당된다.

오답 해설
㉡ 외부경영활동은 조직외부에서 조직의 효과성을 높이기 위해 이루어지는 활동으로 기업의 경우 주로 시장에서 이루어진다.
㉣ 외부경영활동은 총수입을 극대화하고 총비용을 극소화하여 이윤을 창출한다.

62 다음 중 업무를 공적으로 수행할 수 있는 힘을 뜻하는 말은?

① 업무 기능
② 업무 권한
③ 업무 역할
④ 업무 책임

정답 해설
업무를 공적으로 수행할 수 있는 힘을 업무 권한이라고 하며, 직업인은 업무 권한에 따라 자신이 수행한 일에 대한 책임도 부여받게 된다.

63 다음 중 조직에 대한 설명으로 옳은 것은?

① 조직은 공동목표 달성을 위해 강제적으로 행하는 집합체이다.
② 공식화 정도에 따라 공식조직과 비공식조직으로 구분되며, 역사적으로 비공식조직으로부터 공식조직으로 발전하였다.
③ 군대는 유기적 조직으로 엄격한 위계질서가 잡혀있다.
④ 영리조직에는 이윤을 추구하는 기업, 병원, 대학, 종교단체 등이 있다.

정답해설 조직은 공식화 정도에 따라 공식조직과 비공식조직으로 구분할 수 있는데, 조직이 발달해 온 역사를 보면 비공식조직으로부터 공식화가 진행되어 공식조직으로 발전해 왔다.

오답해설 ① 조직은 두 사람 이상이 공동의 목표를 달성하기 위해 자발적으로 구성된 상호작용과 조정을 행하는 행동의 집합체이다.
③ 군대는 비유기적으로 엄격한 위계질서가 있으며, 업무가 분명하고 상하간의 의사소통이 공식적인 경로로 이루어진다.
④ 조직은 영리성을 기준으로 영리조직과 비영리조직으로 구분할 수 있는데, 영리조직은 기업과 같이 이윤을 목적으로 하는 조직이며, 비영리조직은 정부조직을 비롯하여 공익을 추구하는 병원, 대학, 시민단체, 종교단체 등이 해당한다.

64 다음 중 경영에 대한 다음 설명으로 적절하지 않은 것은?

① 일반적으로 인사관리와 재무관리, 생산관리는 외부경영활동에 해당한다.
② 경영의 과정은 경영계획, 경영실행, 경영평가의 과정으로 이루어진다.
③ 목적 달성을 위한 활동과 조직구성원 관리는 경영실행 단계에서 이루어진다.
④ 일반경영은 조직의 특성에 관계없이 공통적으로 적용할 수 있다.

정답해설 경영활동은 외부경영활동과 내부경영활동으로 구분할 수 있는데, 외부경영활동은 조직 내부를 관리 · 운영하는 것이 아니라 조직외부에서 조직의 효과성을 높이기 위해 이루어지는 활동을 말하며, 내부경영활동은 조직내부에서 인적 · 물적 자원 및 생산기술을 관리하는 인사관리 · 재무관리 · 생산관리 등을 말한다. 따라서 ①은 옳지 않은 설명이다.

② 경영의 과정은 경영자가 경영목표를 설정하고, 경영자원을 조달 · 배분하여 경영활동을 실행하며, 이를 평가하는 일련의 과정으로 이해될 수 있다.

③ 조직목적 달성을 위한 활동과 조직구성원을 관리하는 것은 경영실행 단계이다. 경영의 과정 중 경영계획 단계에서는 조직 미래상의 결정과 대안분석, 실행방안 선정 등이 이루어지며, 경영평가는 경영실행에 대한 평가를 말하며, 이는 수행결과를 감독 · 교정하여 다시 피드백하는 단계로 이루어진다.

④ 특정 조직에게 적합한 특수경영 외에, 일반경영은 조직의 특성에 관계없이 공통적으로 적용할 수 있는 개념이다.

65 다음 중 경영자의 역할에 대한 설명으로 적절하지 않은 것은?

① 조직의 수직적 체계에 따라 최고경영자와 중간경영자, 하부경영자로 구분된다.

② 중간경영자는 현장에서 작업을 직접 지휘하고 감독한다.

③ 민츠버그가 분류한 경영자의 역할 중 의사결정적 역할은 협상가, 분쟁조정자, 자원배분자로서의 역할을 의미한다.

④ 정보적 역할은 외부 환경 변화를 모니터링하고 이를 조직에 전달한다.

정답해설 중간경영자는 재무관리 · 생산관리 · 인사관리 등과 같이 경영부문별로 최고경영층이 설정한 경영목표와 전략, 정책을 집행하기 위한 제반활동을 수행하며 하위경영자는 현장에서 실제로 작업을 하는 근로자를 직접 지휘 · 감독하는 경영층을 의미한다.

오답해설 ① 조직의 규모가 커지게 되면 한 명의 경영자가 조직의 모든 경영활동을 수행하는데 한계가 있으므로, 수직적 체계에 따라 최고경영자와 중간경영자, 하부경영자로 구분되게 된다.

③ 민츠버그(Mintzberg)가 분류한 경영자의 역할은 대인적 · 정보적 · 의사결정적 활동의 3가지로 구분되는데, 대인적 역할은 대외적으로 조직을 대표하고 대내적으로 조직을 이끄는 리더로서 역할을 의미하며, 의사결정적 역할은 조직 내 문제를 해결하고 대외적 협상을 주도하는 협상가, 분쟁조정자, 자원배분자로서의 역할을 의미한다.

④ 경영자의 역할 중 정보적 역할은 조직을 둘러싼 외부 환경의 변화를 모니터링하고, 이를 조직에 전달하는 정보전달자의 역할을 의미한다.

66 다음 중 경영전략 추진과정을 적절하게 나열한 것은?

① 전략 도출 → 환경분석 → 목표 설정 → 전략 실행 → 평가 및 피드백
② 전략 도출 → 목표 설정 → 전략 실행 → 환경분석 → 평가 및 피드백
③ 목표 설정 → 환경분석 → 전략 도출 → 전략 실행 → 평가 및 피드백
④ 목표 설정 → 전략 도출 → 환경분석 → 전략 실행 → 평가 및 피드백

정답해설 경영전략 추진과정은 다음과 같이 이루어진다.

- 조직은 먼저 전략을 통해 미래에 도달하고자 하는 비전을 규명하고, 목표(미션)를 설정한다.
- 목표를 설정하면 전략대안들을 수립하고 실행 및 통제하는 관리과정을 거치는데, 최적의 대안을 수립하기 위하여 조직의 내 · 외부 환경을 분석해야 한다.
- 환경 분석이 이루어지면 이를 토대로 전략을 도출하는데, 조직의 전략은 조직전략, 사업전략, 부문전략으로 구분할 수 있으며 이들은 위계적 수준을 가지고 있다.
- 전략이 수립되면 이를 실행하여 경영목적을 달성하고, 결과를 평가하여 피드백하는 과정을 거친다.

67 다음 중 조직변화에 대한 설명으로 옳지 않은 것은?

① 조직이 새로운 아이디어나 행동을 받아들이는 것을 조직변화라 한다.
② 조직변화의 과정은 환경변화를 인지하는 데에서 시작된다.
③ 제품이나 서비스의 변화는 고객이나 새로운 시장 확대를 위해서 이루어진다.
④ 기존의 조직구조와 경영방식 하에서 환경변화에 따라 조직변화가 이루어진다.

정답해설 전략이나 구조의 변화는 조직구조나 경영방식을 개선하는 것을 말하므로, ④는 옳은 설명으로 볼 수 없다. 조직변화는 제품과 서비스, 전략, 구조, 기술, 문화 등에서 이루어질 수 있는데, 조직변화 중 전략이나 구조의 변화는 조직의 목적을 달성하고 효율성을 높이기 위해서 조직의 경영과 관계되며, 조직구조와 경영방식, 각종 시스템 등을 개선하는 것을 말한다.

오답해설 ① 조직이 새로운 아이디어나 행동을 받아들이는 것을 조직변화 혹은 조직혁신이라고 한다. 조직에서 일하는 직업인들은 환경의 변화를 인지하고, 이것의 수용가능성을 평가한 후 새로운 아이디어를 내거나, 새로운 기술을 채택하거나, 관리자층의 변화방향에 공감하고 실행하는 역할을 담당한다.

② 조직의 변화는 환경의 변화를 인지하는 데에서 시작된다. 환경의 변화는 해당 조직에 영향을 미치는 변화를 인식하는 것으로, 이는 조직구성원들이 현실에 안주하려는 경향이 있으면 인식하기 어렵다. 환경의 변화가 인지되면 이에 적응하기 위한 조직변화 방향을 수립하고 조직변화를 실행하며,

마지막으로 조직개혁의 진행사항과 성과를 평가한다(환경변화 인지 → 조직변화방향 수립 → 조직변화 실행 → 변화결과 평가).

③ 조직변화 중 제품이나 서비스의 변화는 기존 제품이나 서비스의 문제점을 인식하고 고객의 요구에 부응하기 위한 것으로, 고객을 늘리거나 새로운 시장을 확대하기 위해서 이루어진다.

68 다음은 한 기업의 〈직무전결표〉의 내용 중 일부이다. 이 직무전결표에 따라 업무를 처리할 때 적절하지 않은 것은?

〈직무전결표〉

직무내용	대표이사	위임전결권자		
		전무	상무	부서장
일반 업무 보고(월별)				○
부서 단위 인수인계업무			○	
해외 관련 업무		○		
1억 원 이상 예산집행업무	○			
1억 원 미만 예산집행업무		○		
운영위원회 위원 위촉	○			
부서장급 인사업무			○	

① 개편된 홍보팀의 업무 인수인계와 관련해 상무이사의 결재를 받아 집행하였다.

② 대표이사 출장시 홍콩에 설치한 사무시설 설비비를 전무이사가 전결하였다.

③ 2억 원이 소요되는 업무를 대표이사 부재로 전무이사가 전결하였다.

④ 영업팀장의 교체건을 상무이사가 전결하였다.

정답 해설 1억 원 이상이 소요되는 예산집행업무는 대표이사의 결재사항이며, 위임전결사항이 아니다. 따라서 2억 원이 소요되는 업무를 전무이사가 전결하는 것은 적절하지 않다.

오답해설 ① 부서 단위의 인수인계업무는 상무이사의 위임전결사항이므로, 홍보팀 인수인계업무는 상무이사의 결재를 받아 집행한다.

② 해외 업무는 전무이사의 위임전결사항이므로, 홍콩의 사무시설 설비비는 전무이사가 전결한다.

④ 부서장급 인사업무는 상무이사의 위임전결사항이므로, 영업팀장 교체건은 상무이사가 전결한다.

69 조직목표에 관한 설명 중 옳지 않은 것은?

① 공식적 조직 목표와 실제적 활동을 통해 달성하고자 하는 목표는 일치한다.

② 조직목표는 조직의 정당성과 합법성을 제공하고 조직설계의 기준이 된다.

③ 조직은 다수의 조직목표를 추구하며, 조직목표간 위계적 관계가 존재한다.

④ 조직목표들은 계속 지속되는 것이 아니라 다양한 원인들에 의해 변동되거나 없어지기도 한다.

정답해설 조직목표는 공식적 목표와 실제적 목표가 다를 수 있다. 조직의 사명은 조직의 비전, 가치와 신념, 조직의 존재 이유 등을 공식적인 목표로 표현한 것인데 비해, 세부목표나 운영목표는 조직이 실제적인 활동을 통해 달성하고자 하는 것으로, 사명에 비해 측정 가능한 형태로 기술되는 단기적인 목표이다.

오답해설 ② 조직목표의 기능에 해당하는 것으로는 조직이 존재하는 정당성과 합법성 제공, 조직이 나아갈 방향 제시, 조직구성원 의사결정의 기준, 조직구성원 행동수행의 동기유발, 수행평가 및 조직설계의 기준 등이 있다.

③ 조직은 다수의 조직목표를 추구할 수 있는데, 이러한 조직목표들은 위계적 상호관계가 있어 서로 상하관계에 있으면서 영향을 주고받는다.

④ 조직목표들은 한번 수립되면 달성될 때까지 지속되는 것이 아니라, 환경이나 조직 내의 다양한 원인들에 의하여 변동되거나 없어지기도 하고, 새로운 목표로 대치되기도 한다.

70 다음 중 조직에서의 의사결정 과정에 대한 설명으로 옳지 않은 것은?

① 조직에서의 의사결정은 부분적 · 점증적 방식보다 혁신적 방식으로 이루어진다.

② 진단 단계는 문제의 심각성에 따라 체계적 또는 비공식적으로 이루어진다.

③ 개발 단계는 확인된 문제에 대하여 해결방안을 모색하는 단계이다

④ 선택 단계는 실행 가능한 해결안을 선택하는 단계이다.

정답해설 조직에서의 의사결정은 혁신적인 결정보다 현재의 체제 내에서 순차적 · 부분적으로 의사결정이 이루어져서, 기존의 결정을 점증적으로 수정해나가는 방식으로 이뤄지므로 ①은 반대로 설명되었다.

오답해설 ② 확인 단계(진단 단계)는 의사결정이 필요한 문제를 인식하고 이를 진단하는 단계로, 문제의 심각성에 따라서 체계적 또는 비공식적으로 이루어지기도 한다. 또한, 문제를 신속히 해결할 필요가 있는 경우에는 진단시간을 줄이고 즉각적인 대응이 필요하다.

③ 개발 단계는 확인된 문제에 대하여 해결방안을 모색하는 단계라 할 수 있다. 이러한 개발 단계는 2가지 방식으로 이루어질 수 있는데, 하나는 조직 내의 기존 해결 방법 중에서 새로운 문제의 해결 방법을 찾는 탐색과정으로, 조직 내 관련자와의 대화나 공식적인 문서 등을 참고하여 이루어질 수 있다. 다른 하나는 이전에 없었던 새로운 문제의 경우 이에 대한 해결안을 설계하는 것으로, 이 경우에는 의사결정자들이 모호한 해결방법만을 가지고 있기 때문에 다양한 의사결정 기법을 통하여 시행착오적 과정을 거치면서 적합한 해결방법을 찾아나간다.

④ 선택 단계는 해결방안을 마련한 후 실행 가능한 해결안을 선택하는 단계이다. 이렇게 해결방안이 선택되면, 마지막으로 조직 내에서 공식적인 승인절차를 거친 후 실행된다.

71 개인과 조직의 상호관계에서 조직이 개인에게 줄 것으로 적절하지 않은 것은?

- 개인 → (지식, 기술) → 조직
- 조직 → (   ) → 개인

① 연봉　　② 성과급
③ 만족감　　④ 경험

정답해설 경험은 개인이 조직에 줄 수 있는 부분이다.

- 조직이 개인에게 주는 것으로는 연봉, 성과급, 인정, 칭찬, 만족감 등이 있다.
- **조직** : 두 명 이상이 공동의 목표를 달성하기 위해 구성된 상호작용을 하는 집합체

[72~73] 다음은 조직이 변화하는 한 사례이다. 지문을 읽고 이어지는 질문에 답하시오.

공학기계를 제작하는 S사에서 근무하고 있는 H부장은 지난 달 보너스를 받았다. 경쟁업체의 도약으로 하마터면 망할 뻔 했던 회사를 살려낸 것이다. 처음 공학기계 제작의 신기술이 세계적으로 알려졌을 때, H부장을 제외한 다른 사람들은 이를 잘 알지 못했고 H부장은 신기술 도입의 중요성을 인지하고 이를 사내에 소개하였다.

그러나 회사의 다른 사람들은 새로운 기술이 도입될 경우, 기술을 새로 배워야 하는 번거로움과 라인의 변경 등에 따른 추가비용의 부담이 발생한다는 이유로 도입을 꺼려하였다. 그러나 H부장은 경쟁업체가 이를 받아들일 경우 회사에 막대한 손실을 끼칠 것이라는 구체적인 예상결과를 제시하였고, (　　　　　)에 따른 조직변화 방향을 수립하였다.

실제로 경쟁업체에서도 신기술을 받아들여 획기적인 발전을 이루었지만, 이에 대해 대비를 하고 철저하게 준비하였던 S사는 계속해서 동종업계 1위 자리를 고수할 수 있었다.

72 위 지문의 빈칸에 들어갈 조직변화의 유형은?

① 제품과 서비스　　② 전략과 구조

③ 기술　　④ 문화

정답 해설 지문은 신기술의 도입으로 인한 변화에 대한 내용이기 때문에 기술로 인한 조직변화의 유형에 속한다.

- **제품과 서비스** : 기존 제품이나 서비스의 문제점을 인식하고 고객의 요구를 받아들이는 방법으로 고객을 늘리거나 시장을 확대할 때 사용하는 방법이다.
- **전략과 구조** : 조직의 목적을 달성하고 효율성을 높이기 위해서 조직의 경영과 관계된 조직구조, 경영방식, 시스템 등을 개선하는 방법이다.
- **기술** : 새로운 기술이 도입되는 것으로 신기술이 발명되었을 때나 생산성을 높이기 위해 이루어지는 방법이다.
- **문화** : 구성원들의 사고방식이나 가치체계를 변화시키는 것으로 조직의 목적과 일치시키기 위한 방법이다.

73 위 지문의 조직변화의 과정에 대한 설명으로 옳지 않은 것은?

① 환경인지 변화 : 신기술의 발명

② 조직변화 방향 수립 : 신기술의 도입

③ 조직변화 실행 : 신기술 예산결과 제시

④ 변화결과 평가 : 동종업계 1위 자리 고수

 조직변화 실행에는 조직변화가 수립되고 실제 일어난 변화의 모습이 해당된다.

- 조직변화의 과정은 환경인지 변화 → 조직변화 방향 수립 → 조직 변화 실행 → 변화 결과 평가 순으로 이루어진다.
- 지문의 경우는 신기술이 발명되어 환경이 변화되었고, 신기술을 도입하자는 H부장의 방향 수립 단계를 거쳐 동종업계 1위 자리를 고수하는 결과를 가져왔다. 조직변화의 실행에 대한 내용은 지문에서 찾을 수 없다.

1DAY 2DAY 3DAY

74 다음 중 경영을 구성하는 4요소로 적합한 것을 모두 고른 것은?

㉠ 조직의 목적을 위해 경영자가 수립하는 것으로, 구체적인 방법과 과정이 담겨 있다.

㉡ 생산자가 팔려는 상품이나 서비스를 소비자에게 효율적으로 제공하기 위한 체계적인 경영활동이다.

㉢ 조직에서 일하는 구성원으로, 경영은 이들의 직무수행에 기초하여 이루어지기 때문에 배치 및 활용이 중요하다.

㉣ 경영을 하는데 사용할 수 있는 금전으로, 이것이 충분히 확보되는 정도에 따라 경영의 방향과 범위가 정해지게 된다.

㉤ 특정한 경제적 실체에 관하여 이해관계를 가진 사람들에게 합리적인 경제적 의사결정을 하는 데 유용한 재무적 정보를 제공하기 위한 일련의 과정 또는 체계이다.

㉥ 조직이 변화하는 환경에 적응하기 위하여 경영활동을 체계화하는 것으로, 목표달성을 위한 수단이 된다.

① ㉠, ㉡, ㉢, ㉣　　② ㉠, ㉡, ㉤, ㉥

③ ㉠, ㉢, ㉣, ㉥　　④ ㉡, ㉢, ㉣, ㉤

 ㉠, ㉢, ㉣, ㉥ 경영은 경영목적, 인적자원, 자금, 경영전략의 4요소로 구성되는데, ㉠은 경영목적에 대한 설명이며, ㉢은 인적자원, ㉣은 자금, ㉥은 경영진략에 대한 설명에 해당한다.

 ㉡ 마케팅에 대한 설명이다. 마케팅은 소비자에게 최대의 만족을 주고 생산자의 생산 목적을 가장 효율적으로 달성시키는 것을 목표로 한다.

㉤ 회계(accounting)에 대한 설명이다.

75 다음 조직문화 구성요소 7S모형에 대한 설명 중 옳지 않은 것은?

① 리더십 스타일 : 구성원들의 행동이나 사고를 특정 방향으로 이끌어가는 원칙

② 시스템 : 조직 운영의 의사 결정과 일상 운영의 틀이 되는 각종 시스템

③ 전략 : 조직의 장기적인 목적과 계획 그리고 이를 위한 장기적 행동지침

④ 구조 : 조직의 전략을 수행하는데 필요한 틀로서 구성원의 역할과 그들 간의 상호관계를 지배하는 공식요소

 조직 구성원들의 행동이나 사고를 특정 방향으로 이끌어가는 원칙은 공유가치이다.

- 리더십 스타일은 조직 구성원들의 행동이나 사고를 특정 방향으로 이끌어 나가는 리더의 전반적인 조직관리 스타일이다.
- **조직문화 구성요소 7S모형** : 공유가치, 리더십 스타일, 구성원, 시스템, 구조, 전략, 관리기술

76 다음 〈결재규정〉에 따라 인사팀 사원 G는 기획팀 H대리의 결혼 축의금 50만 원을 회사 명의로 지급하기로 했다. G씨가 작성한 결재 양식으로 옳은 것은?

〈결재규정〉

- 결재를 받으려는 업무에 대해서는 최고결재권자(대표이사)를 포함한 이하 직책자의 결재를 받아야 한다.
- '전결'이라 함은 회사의 경영활동이나 관리활동을 수행함에 있어 의사 결정이나 판단을

요하는 일에 대하여 최고결재권자의 결재를 생략하고, 자신의 책임 하에 최종적으로 의사 결정이나 판단을 하는 행위를 말한다.

- 전결사항에 대해서도 위임 받은 자를 포함한 이하 직책자의 결재를 받아야 한다.
- 표시내용 : 결재를 올리는 자는 최고결재권자로부터 전결 사항을 위임 받은 자가 있는 경우 결재란에 전결이라고 표시하고 최종 결재권자란에 위임 받은 자를 표시한다. 다만, 결재가 불필요한 직책자의 결재란은 상향대각선으로 표시한다.
- 최고결재권자의 결재사항 및 최고결재권자로부터 위임된 전결사항은 아래의 표에 따른다.

구분	내용	금액기준	결재서류	팀장	본부장	대표이사
접대비	거래처 식대, 경조사비 등	20만 원 이하	접대비지출품의서 지출결의서	● ■		
		30만 원 이하			● ■	
		30만 원 초과				● ■
교통비	국내 출장비	30만 원 이하	출장계획서 출장비신청서	● ■		
		50만 원 이하		●	■	
		50만 원 초과		●		■
	해외 출장비			●		■
소모품비	사무용품		지출결의서	■		
	문서, 전산 소모품					■
	기타 소모품	20만 원 이하		■		
		30만 원 이하			■	
		30만 원 초과				■
교육비	사내외 교육		기안서 지출결의서	●		■
법인카드	법인카드 사용	50만 원 이하	법인카드신청서	■		
		100만 원 이하			■	
		100만 원 초과				■

※ ● 기안서, 출장계획서, 접대비지출품의서

※ ■ 지출결의서, 세금계산서, 발행요청서, 각종신청서

①

접대비지출품의서				
결재	담당	팀장	본부장	최종 결재
	G	/	/	팀장

②

접대비지출품의서				
결재	담당	팀장	본부장	최종 결재
	G		전결	본부장

③

접대비지출품의서				
결재	담당	팀장	본부장	최종 결재
	G	전결	/	대표이사

④

접대비지출품의서				
결재	담당	팀장	본부장	최종 결재
	G			대표이사

정답 해설 규정에 따르면 경조사비 50만 원의 결재권은 대표이사에게 있으며 누구에게도 전결되지 않았으므로 ④가 정답이다.

[77~78] 유통업체 경영기획부에 근무하는 J는 부서 주간회의에 참석하여 회의록을 작성한 후, 이번 주 부서업무를 정리하려고 한다. 아래의 제시 상황을 보고 이어지는 질문에 답하시오.

회의록		문서	경영－A－0420
		작성자	사원 J
일시	20××년 4월 21일(화) PM 13 : 00~15 : 00		
장소	B동 제 3회의실		
참석	경영기획부 부장 P, 차장 K, 과장 E, 대리 S, 사원 J		

내용	협력부서 및 기한
1. 경쟁업체 '△△ 아웃렛' 오픈 건 • 자사 동일상권 내 경쟁업체 매장 오픈(5/15)으로 인한 매출 영향력을 최소화하기 위한 경영전략 수립 필요 • 경쟁사 판매 전략 및 입점 브랜드 분석(자사와 비교)	
• 총 3주에 걸쳐 추가 매장 프로모션 기획 – △△사 오픈 1주 전, 오픈 주, 오픈 1주 후 – 주요 할인 브랜드 및 품목 할인율 체크	영업팀 (다음달 1일)
• 미디어 대응 전략 수립 : 대응 창구 및 메시지 통일	홍보팀(4/28)
• 광고 전략 수립 : 옥외광고 및 온라인광고 추가 진행	마케팅팀(4/24)
2. 가정의 달 프로모션 건 • 5월 한 달 간 '가정의 달' 특별 프로모션 기간 지정 – 주요 할인 브랜드 및 할인율 체크	영업팀 (4/23)
• 주요 기념일 고객 참여 현장 이벤트 기획 – 어린이날(5/5), 어버이날(5/8), 스승의날(5/15), 부부의 날(5/21)	경영지원팀(4/27)
3. 윤리경영 캠페인 • 협력사를 비롯해 전사적 참여 독려 • 윤리경영 조직 별도 구성 : 임직원, 협력업체 담당자 • 주요 활동 : 청렴거래 협약서 작성, 정도경영 실천교육, 정기적 윤리경영 평가 등	
비고	• 차주부터 부서 주간회의 시간 변경 : 매주 월요일 AM 10 : 00 • 1/4분기 매출 보고 회의 : 5월 1일 (시간미정) • 지난달 실시한 포인트 제도 변경 관련 유관 매출 분석 보고(익월 1일) 지시

77 상사의 지시에 따라 회의록을 수정한 J는 회의에서 나온 안건을 협력부서와 함께 협의하고자 메일을 보내려 한다. 다음 중 J가 잘못 작성한 곳은?

일시	20××. 04. 21 PM 18 : 03
수신	㉠ 마케팅팀
참조	경영기획부

정답 77 ①

발신	경영기획부 사원 J
제목	㉡ △△아웃렛 오픈 관련 프로모션 건

안녕하세요, 경영기획부 사원 J입니다.
내달 15일 오픈하는 △△아웃렛 오픈에 대비해 당사의 매장 프로모션을 추가로 기획하고자 합니다. ㉢ 오픈 주를 기준으로 전후 일주일씩 총 3주에 걸쳐 진행 계획에 있습니다. ㉣ 참여 가능한 브랜드와 주요 품목 및 할인율을 체크하여 5월 1일까시 회신 주시기 비랍니다. 자세한 내용은 첨부 파일을 확인 부탁드립니다.

① ㉠ ② ㉡

③ ㉢ ④ ㉣

정답해설 안건과 관련된 협력부서에만 메일을 보내야 하므로 수신은 영업팀에 해야 한다.

78 J는 메일 발송 후에 바로 이번 주에 해야 할 부서업무를 정리했다. 회의록을 참고 할 때, 다음 중 J가 금주에 완수해야 하는 부서업무는?

① 홍보팀과 미디어 대응 전략 수립

② 포인트 제도 변경 관련 매출 분석 보고

③ 5월 기념일 고객 참여 현장 이벤트 기획

④ 경쟁사 매장 오픈 관련 대응 광고 전략 수립

정답해설 메일 발송 일시가 4월 21일이고, 회의록에 따르면 21일은 화요일인데 이번 주는 4월 20일부터 26일까지임을 알 수 있다. 미디어 대응 전략은 4월 28일, 포인트제도 변경 관련 매출 분석 보고는 5월 1일에 진행하고 5월 기념일 고객 참여 현장 이벤트 기획은 4월 27일, 광고 전략 수립은 4월 24일까지 해야 하므로 정답은 ④번이다.

79 다음 SWOT 분석결과에 대응하는 가장 적절한 전략은?

강점(Strength)	• 차별화된 맛과 메뉴 • 폭넓은 네트워크
약점(Weakness)	• 매출의 계절적 변동폭이 큼 • 딱딱한 기업 이미지
기회(Opportunity)	• 소비자의 수요 트랜드 변화 • 가계의 외식 횟수 증가 • 경기회복 가능성
위협(Threat)	• 새로운 경쟁자의 진입 가능성 • 과도한 가계부채

① SO전략 : 계절 메뉴 개발을 통한 분기 매출 확보

② WO전략 : 고객의 소비패턴을 반영한 광고를 통한 이미지 쇄신

③ ST전략 : 소비 트랜드 변화를 반영한 시장 세분화 정책

④ WT전략 : 고급화 전략을 통한 매출 확대

정답해설 딱딱한 이미지를 현재 소비자의 수요 트랜드라는 환경 변화에 대응하여 바꿀 수 있다.

80 다음 SWOT 분석결과에 대응하는 가장 적절한 전략은?

강점(Strength)	• 전기차용 전지의 경쟁력 및 인프라 확보 • 연구개발 비용 확보
약점(Weakness)	• 핵심, 원천기술의 미비 • 높은 국외 생산 의존도로 환율변동에 민감
기회(Opportunity)	• 고유가 시대, 환경규제 강화에 따른 개발 필요성 증대 • 새로운 시장 진입에서의 공평한 경쟁
위협(Threat)	• 선진업체의 시장 진입 시도 강화 • 전기차 시장의 불확실성 • 소재가격 상승

① SO전략 : 지속적 시장 상태 관망을 통한 신중한 의사결정

② WO전략 : 수익성 제고를 위한 조직 슬림화 추진

③ ST전략 : 국내 기업들과 연대를 통한 공동투자 및 선진기업의 시장 점유 차단

④ WT전략 : 선진기업의 기술 지원을 위한 적극적 투자

정답 해설 공동투자를 통해 경쟁력과 인프라, 개발비용을 확보하고 시장 진입을 도모하는 선진기업들을 방어하는 데 적절한 전략이다.

금융 / 경제지식 및 일반상식

01 **다음 중 제1금융권과 제2금융권의 차이점을 잘못 말하고 있는 것은?**

	제1금융권	제2금융권
①	많은 점포 수	적은 점포 수
②	제도권 금융	비제도권 금융
③	낮은 금리	높은 금리
④	까다로운 대출 자격	비교적 쉬운 대출

정답해설 제1금융권은 일반은행, 지방은행 등이며 제2금융권은 은행을 제외한 나머지 증권과 보험사, 상호저축은행, 새마을금고 등을 총칭한다. 제1금융과 제2금융은 모두 제도권 금융에 속하는데 제1금융은 가장 다양한 금융상품을 취급하고 있으며 많은 점포를 가지고 있어 거래하기 편리하고 많은 사람들이 이용하기 때문에 금리가 낮다는 장점이 있지만 신용등급에 따라 이용에 불편함이 있을 수 있다. 제2금융권은 대출조건이 제1금융에 비해 까다롭지 않아서 대출이 빠르고 손쉽게 차입할 수 있으나 금리가 높다는 단점이 있고 비제도권 금융은 제3금융권뿐이다.

02 **국제적 신용질서의 유지를 목적으로 설립되어 은행의 자기자본규제에 대한 국제적 통일기준을 설정하는 역할을 하고 있는 국제금융기구는?**

① 국제결제은행　② 국제금융공사

③ 국제투자보증기금　④ 상품공동기금

정답해설 국제결제은행(BIS)은 각국의 중앙은행 간 협력 증진과 원활한 국제금융결제를 목적으로 1930년 설립된 기구로 금융정책의 조정, 국제통화문제에 관한 토의와 결정 등에 중요한 역할을 수행하고 있다. 우리나라는 1997년 가입하였으며 산하에 바젤은행감독위원회(BCBS), 지급결제제도위원회(CPSS), 세계금융제도위원회(CGFS), 시장위원회(MC)가 있다.

03 각국의 조세비율이 다음 〈표〉와 같다고 할 때 다음 중 알맞은 것은?

〈표〉 조세비율

구분	한국	미국	중국	일본
직접세	44.1%	90.9%	54.3%	72.7%
간접세	55.9%	9.1%	45.7%	27.3%

① 중국은 미국보다 소득 재분배의 효과가 클 것이다.
② 미국의 저소득층이 가장 불리할 것이다.
③ 일본은 한국보다 물가 상승의 자극이 클 것이다.
④ 한국은 타국에 비해 조세 징수가 간편할 것이다.

정답해설 직접세의 비중이 클수록 소득 재분배의 효과가 크고 조세 저항이 크다. 간접세의 비중이 클수록 세 부담의 역진성이 커져서 저소득층에 불리하고 물가 상승의 우려가 높다. 한편 조세 징수가 편리하고 조세 저항이 적은 것은 간접세이다.

04 다음 중 경제 원칙에 대하여 바르게 설명한 것은?

① 사회 전체 이익에 반해서 소유권을 행사할 수 없다는 원칙이다.
② 사회 질서에 반하거나 공정성을 잃은 계약은 보호받지 못한다는 원칙이다.
③ 일정한 효과를 얻는 데 최소의 비용을 지불하려는 원칙이다.
④ 고의나 과실이 없어도 남에게 피해를 줄 경우 보상해야 한다는 원칙이다.

정답해설 최소비용의 원칙에 대한 설명이다. 경제 원칙이란 최소의 비용으로 최대의 효과를 얻으려는 원칙으로 최대잉여 원칙과 최대효과 원칙, 최소비용의 원칙이 있다.

오답해설 ① 현대 민법의 원칙 중 소유권 공공의 원칙이다.
② 계약공정의 원칙이다.
④ 무과실 책임의 원칙에 관한 내용이다.

05 다음 내용을 종합하는 개념을 정의한다면?

- A는 집 주변 공한지를 이용하여 지난해 작황 소득이 좋았던 고구마를 심기로 했다.
- B는 생산 공장을 확장하면서 노동인력과 기계설비 양자를 놓고 선택의 고민을 하던 중 장기적으로 보아 인건비 상승이 우려되어 당장은 투자비가 더 들지만 기계설비 쪽을 선택하였다.

① 시장지배 ② 시장실패
③ 수요공급 ④ 가격기능

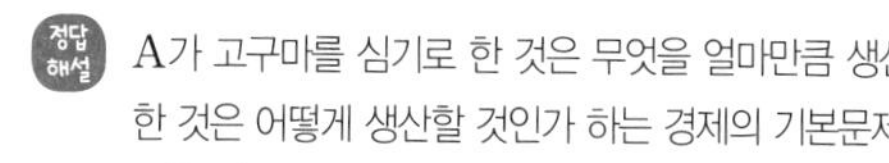

정답해설 A가 고구마를 심기로 한 것은 무엇을 얼마만큼 생산할 것인가 하는 문제이며, B가 기계 설비를 선택한 것은 어떻게 생산할 것인가 하는 경제의 기본문제이다. 경제주체가 경제생활의 향상을 자유롭게 추구할 권리가 부여된 사회에서는 시장가격의 기능에 의해 경제의 기본문제가 자연스럽게 해결된다.

06 다음 제시된 A국과 B국의 경제를 비교해서 추론할 수 있는 내용은?

국가	GNP(국민총생산)	GDP(국내총생산)
A	1,350	1,500
B	890	760

① A국은 B국보다 해외투자가 활발하다.
② B국은 해외지급 요소소득보다 해외수취 요소소득이 더 많다.
③ A국은 B국보다 삶의 질이 더 높다.
④ B국은 A국보다 소득이 공평하게 분배되고 있다.

정답해설 GNP가 GDP보다 크다는 것은 해외수취소득이 해외지급 요소소득보다 많다는 의미이다.

오답 해설 ① 해외투자가 활발하면 GNP가 GDP보다 크다.
③ 삶의 질은 GNP나 GDP만 가지고는 단언할 수 없다.
④ GNP나 GDP에는 소득분배가 고려되지 않는다.

07 다음 표는 어느 나라의 직접세와 간접세의 비율을 나타낸 표이다. 이 표를 통해 추론할 수 있는 결과로서 옳지 않은 것만을 〈보기〉에서 골라 묶은 것은?

연도	1990년	1995년	2000년	2005년
직접세	32.1%	35.6%	42.7	45.4%
간접세	65.4%	60.8%	54.8%	53.0%

보기

ㄱ. 국민들의 조세 저항이 점차 증가할 것이다.
ㄴ. 정부의 조세 징수가 보다 용이해질 것이다.
ㄷ. 경제개발에 필요한 자본 축적이 이루어질 것이다.
ㄹ. 저소득층에게 유리해서 소득격차가 줄어들 것이다.

① ㄱ, ㄷ
② ㄱ, ㄹ
③ ㄴ, ㄷ
④ ㄴ, ㄹ

정답 해설 표에서는 점차 직접세의 비중이 높아지고 간접세의 비중이 낮아지고 있다. 즉, 직접세의 비중이 높아지게 되면 조세징수가 복잡해지고 조세 저항이 커지며, 소득 재분배 효과의 증대로 소득격차가 줄어들 것이므로 ㄴ과 ㄷ의 설명은 옳지 않다.

08 다음 〈보기〉에서 가격차별화가 이루어질 수 있는 조건만 고른 것은?

보기

ㄱ. 시장이 2개 이상으로 분할될 수 있다.
ㄴ. 단기적으로 많은 이윤을 확보할 수 있다.
ㄷ. 시장 사이에 상품유통이 불가능하다.
ㄹ. 각 시장 사이의 수요의 가격탄력성이 다르다.
ㅁ. 상품차별화를 통한 시장의 독점적 지배가 가능하다.

① ㄱ, ㄴ, ㄷ
② ㄱ, ㄴ, ㄹ
③ ㄱ, ㄷ, ㄹ
④ ㄴ, ㄷ, ㄹ

가격차별화란 동일한 상품에 대하여 두 가지 이상의 가격을 매기는 것으로, 가격차별화가 성립하려면 시장이 2개 이상으로 분할될 수 있고 상품의 유통이 불가능하며 수요의 가격탄력성이 달라야 한다.

09 주가나 거래량의 단기 이동평균선이 중장기 이동평균선을 아래에서 위로 돌파해 올라가는 경제 현상을 일컫는 용어는?

① 데드크로스
② 골든크로스
③ 실버크로스
④ 라이브크로스

골든크로스(Golden Cross)는 주가를 예측하는 기술적 분석상의 한 지표로 단기 주가이동평균선이 장기 주가이동평균선을 아래서 위로 급속히 돌파하는 상황을 말하며 강세장으로의 강력한 전환신호로 해석된다. 보통 단기, 중기, 장기로 나뉘는데 단기 골든크로스는 5일 이동평균선이 20일 이동평균선을 상향 돌파하는 것을 말하며, 중기 골든크로스는 20일 이동평균선이 60일 이동평균선을 상향 돌파하는 것, 그리고 장기 골든크로스는 60일 이동평균선이 100일 이동평균선을 상향 돌파하는 것을 말한다. 골든크로스의 반대는 데드크로스(Dead Cross)로 약세장으로의 전환신호이며 중기적인 주가를 예측하는 기술적 분석상의 지표로서 활용된다.

정답 07 ③ | 08 ③ | 09 ②

10 대기업집단을 대표하는 동일인의 판단과 공개를 매년 담당하고 있는 기관은?

① 금융위원회
② 금융감독원
③ 경영평가위원회
④ 공정거래위원회

정답 해설 동일인은 독점규제 및 공정거래에 관한 법률, 즉 공정거래법상에서 주로 사용되는 용어로 그룹을 실질적으로 지배하는 자를 의미하며 현실에서는 대부분 법률 용어가 아닌 총수로 더 자주 불리는 개념이다. 공정거래위원회는 매년 자산 5조 원 이상 대기업집단을 발표하면서 이들 그룹을 대표하는 동일인도 공개하는데 동일인은 해당 그룹에서 신청한 사람이 우선 고려되지만 최종적으로는 공정위원회에서 주식 지분과 지배력 등을 종합 검토해 판단한다.

11 다음 중 개인형 퇴직연금제도(IRP)에 관한 설명으로 올바르지 않은 것은?

① 근로자가 이직하거나 퇴직할 때 받은 퇴직급여를 55세 이후에 연금화할 수 있다.
② 연간 1,800만 원의 한도 내에서 적립 및 운용이 가능하다.
③ 자영업자, 공무원, 퇴직급여제도 미설정 근로자 등은 가입할 수 없다.
④ 가입자가 추가로 납입한 부담금은 연간 최대 700만 원의 세액공제 혜택이 제공된다.

정답 해설 개인형 퇴직연금제도는 본래 퇴직연금사업자, 퇴직연금 수령자, 자기부담으로 추가 설정을 원하는 퇴직연금제도 가입자에 한정되어 운영되었지만 2017년 7월부터는 자영업자, 공무원, 퇴직급여제도 미설정 근로자 등도 가능해져 소득이 있는 모든 취업자들은 가입이 가능하다.

12 다음 중 소득세법에서 정하고 있는 과세소득의 범위에 포함되지 않는 것은?

① 원천소득　② 종합소득
③ 퇴직소득　④ 양도소득

정답해설 과세소득은 과세권자가 조세를 부과할 수 있는 소득으로 소득세법상 과세소득에는 이자 · 배당 · 사업 · 근로 · 연금 · 기타소득 등을 합산한 종합소득과 퇴직소득, 양도소득, 산림소득이 있다.

13 태풍과 홍수로 도로 운송 사정이 곤란해지자 농산물 가격이 급등하고, 폭우로 인하여 채소 값도 두 배로 껑충 뛰었다고 한다. 이러한 현상에 대한 설명으로 적절하지 않은 것을 모두 고른 것은?

ㄱ. 농산물과 같은 생활필수품은 수요의 가격탄력성이 일반적으로 작기 때문이다.
ㄴ. 농산물에 대한 수요는 가격에 따라 크게 변동하지 않으므로 수요의 가격탄력성이 매우 크기 때문이다.
ㄷ. 농산물의 수요와 공급이 모두 감소하면 가격이 오르고 거래량은 감소하나 판매액은 증가한다.
ㄹ. 농산물은 기후조건의 영향을 많이 받고 재배기간이 길기 때문에 공급의 가격탄력성이 비탄력적이기 때문이다.

① ㄱ, ㄴ　② ㄱ, ㄷ
③ ㄱ, ㄹ　④ ㄴ, ㄷ

정답해설 농산물과 생활필수품은 가격탄력성이 일반적으로 작고(비탄력적이고), 자동차와 같은 고가품은 탄력성이 크다. 농산물은 수요공급의 탄력성이 비탄력적이므로 가격이 매우 불안정하다. 제시문의 내용은 기후조건에 따라 공급이 감소하는 상태이다.

14 다음 글에 나타난 재화와 관련된 설명으로 옳은 것은?

국방이나 전파와 같은 공공재는 가격을 지불하지 않고 소비하는 것을 막을 수 없다. 또한 다른 사람들이 그 재화를 소비한다고 해서 나의 소비기회가 줄어드는 것도 아니다. 각 개인이 특정한 공공재를 필요로 하는 정도에 따라 비용을 부담시키려 하면, 사람들은 자신의 수요를 감추려 할 것이다. 사람들은 다른 사람들이 공공재 생산비용을 부담해주기를 바라면서 자신은 공짜로 소비하려 한다.

① 민간기업이 공공재를 생산하면 높은 수익을 올릴 수 있다.
② 정부는 국민 개개인의 공공재 수요를 정확히 조사할 수 있다.
③ 공공재는 모든 사람의 수요를 합한 만큼 생산되어야 한다.
④ 공공재의 공급은 시장에 의해서 원활하게 이루어지기 어렵다.

정답 해설 공공재란 시장에 의해서 자율적으로 공급되기 어려운 재화와 서비스를 말하는데, 교육 · 국방 · 치안 · 도로 · 교량 · 댐 등을 말한다. 공공재는 많은 자본이 소요되며, 수익성이 떨어지고, 사용이나 수익에 있어 배타성이 없다. 가계나 기업의 경제활동에 반드시 필요하지만 시장에 의해서는 충분히 공급되기가 어렵다.

15 어떤 사람이 일정한 소비 지출액으로 X, Y라는 두 재화를 구입할 때 다음과 같이 X재 1원어치의 한계효용이 더 크게 나타났다. 이때 이 사람은 재화의 소비를 어떻게 조정해야 가장 합리적인 소비가 되겠는가?

X재의 한계효용 / X재의 가격 > Y재의 한계효용 / Y재의 가격

① X재의 소비 감소, Y재의 소비 감소
② X재의 소비 감소, Y재의 소비 증가
③ X재의 소비 증가, Y재의 소비 증가
④ X재의 소비 증가, Y재의 소비 감소

정답 해설 한계효용균등의 법칙과 효용극대화의 조건

한계효용균등의 법칙	각 상품 마지막 단위의 소비에 지출하는 화폐 1단위의 한계효용이 서로 같도록 각 상품의 소비량을 정할 때 소비자는 가장 큰 총효용을 얻게 되어 합리적 소비를 하게 된다는 것을 한계효용균등의 법칙이라고 한다.
효용극대화의 조건	소비자가 X, Y 두 재화를 소비하는 경우, 다음의 조건에 맞도록 X, Y 두 재화의 소비량을 정하면 합리적 소비가 된다. X재의 한계효용/X재의 가격＝Y재의 한계효용/Y재의 가격 즉, X재 1원어치의 한계효용＝Y재 1원어치의 한계효용

16 다음과 같은 특징을 지닌 실업에 대한 대책으로 가장 적절한 것은?

산업구조가 고도화되고 기술혁신이 급격하게 진행됨에 따라 낮은 기술수준의 기능인력에 대한 수요가 줄어들어 직장을 잃는 경우가 있다.

① 공공투자를 확대한다.
② 인력개발정책을 실시한다.
③ 농촌의 가내공업을 육성한다.
④ 사회보장제도를 확대, 실시한다.

정답 해설 구조적 실업은 사업구조가 고도화되고 기술혁신이 급격해짐에 따라 낮은 기술수준의 기능 인력에 대한 수요가 줄어들어 발생하는 실업이다. 대책으로는 기능수준이 낮은 노동력에 대하여 인력개발과 직업 · 기술교육을 실시하여 재고용의 기회를 마련한다.

17 다음 〈표〉는 떡볶이와 튀김을 소비할 때 얻을 수 있는 총만족도를 나타낸 것이다. 갑이 5,000원을 소비할 때 이에 대해 옳지 않은 분석을 〈보기〉에서 모두 고른 것은? (단, 두 상품의 가격은 1단위당 1,000원이며, 1단위씩 구매한다.)

〈표〉 만족도

구분	1	2	3	4	5
떡볶이	100	190	270	340	400
튀김	90	170	240	300	350

보기

ㄱ. 떡볶이 5단위를 소비하는 것이 합리적 소비이다.

ㄴ. 첫 번째는 튀김을 소비하는 것이 합리적 소비이다.

ㄷ. 합리적 소비를 하면 얻을 수 있는 총만족도는 440이다.

ㄹ. 두 번째는 떡볶이와 튀김 중 어느 것을 선택하여도 합리적 소비이다.

① ㄱ, ㄴ　② ㄱ, ㄷ

③ ㄴ, ㄷ　④ ㄷ, ㄹ

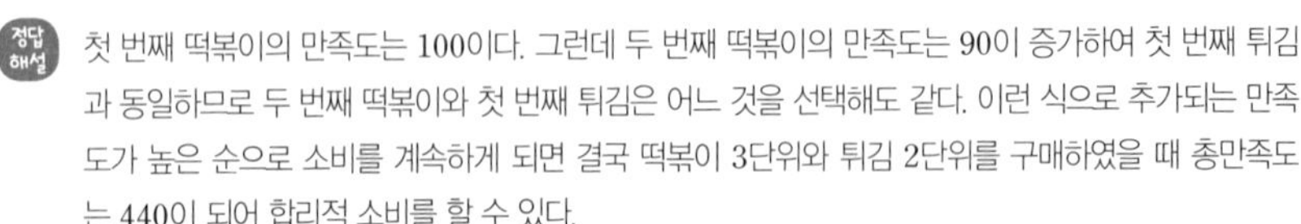

정답해설 첫 번째 떡볶이의 만족도는 100이다. 그런데 두 번째 떡볶이의 만족도는 90이 증가하여 첫 번째 튀김과 동일하므로 두 번째 떡볶이와 첫 번째 튀김은 어느 것을 선택해도 같다. 이런 식으로 추가되는 만족도가 높은 순으로 소비를 계속하게 되면 결국 떡볶이 3단위와 튀김 2단위를 구매하였을 때 총만족도는 440이 되어 합리적 소비를 할 수 있다.

ㄱ. 떡볶이만을 5단위 소비하면 총만족도는 400이 되고, 떡볶이 3단위와 튀김 2단위를 소비하면 총만족도는 440이 되어 만족도가 더 크다.

ㄴ. 첫 번째는 떡볶이를 소비하는 경우 만족도는 100이고, 튀김은 90이므로 첫 번째는 떡볶이를 선택하는 것이 만족도면에서 10이 크다.

18

컴퓨터 조립에 사용할 그래픽 카드의 모델 A와 B 중에서 한 대를 구입하고자 한다. 자료에 대한 옳은 설명이나 자료에 근거한 합리적 선택을 〈보기〉에서 모두 고른 것은? (단, A와 B컴퓨터는 소비자에게 동일한 만족을 준다.)

판매업체	A 모델 가격	B 모델 가격	배송료(구매자 부담)	판매업체 신뢰도
(가)	156만 원	156만 원	2만 원	하
(나)	158만 원	157만 원	없음	상
(다)	159만 원	158만 원	2만 원	상

보기

ㄱ. 판매업체의 신뢰도가 같으면 그래픽 카드의 가격도 같다.
ㄴ. A모델을 구입하려면 (나) 판매업체에서 구입해야 한다.
ㄷ. 최소비용으로 최대만족을 얻으려면 B모델을 구입해야 한다.

① ㄱ ② ㄱ, ㄴ
③ ㄱ, ㄷ ④ ㄴ, ㄷ

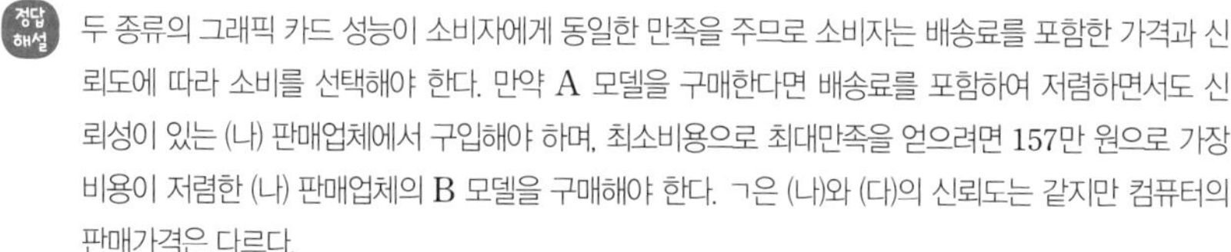

정답 해설 두 종류의 그래픽 카드 성능이 소비자에게 동일한 만족을 주므로 소비자는 배송료를 포함한 가격과 신뢰도에 따라 소비를 선택해야 한다. 만약 A 모델을 구매한다면 배송료를 포함하여 저렴하면서도 신뢰성이 있는 (나) 판매업체에서 구입해야 하며, 최소비용으로 최대만족을 얻으려면 157만 원으로 가장 비용이 저렴한 (나) 판매업체의 B 모델을 구매해야 한다. ㄱ은 (나)와 (다)의 신뢰도는 같지만 컴퓨터의 판매가격은 다르다.

19 다음 자료에서 언급된 두 나라가 서로 무역을 할 경우에 대한 분석으로 옳은 것은?

다음 표는 A, B 두 나라의 생산가능 곡선을 도출하기 위한 생산량의 자료이다. 두 나라 모두 동일한 양의 노동만을 생산요소로 투입하며, 노동 한 단위당 생산량은 일정하고 유휴 노동력은 없다. 또한 노동자 수와 생산기술의 변화는 없다.

[A국]

구분	X재	Y재
2020년 3월	40	30
2020년 4월	60	20

[B국]

구분	X재	Y재
2020년 3월	60	5
2020년 4월	40	10

① A국에서 Y재로 평가한 X재의 가격이 상승하는 요인이 된다.

② B국에서 X재로 평가한 Y재의 가격이 상승하는 요인이 된다.

③ A국은 B국에 X재를 수출하고 Y재를 수입한다.

④ X재와 Y재의 교환비율이 3 : 1일 때 두 나라 모두 무역의 이익을 얻는다.

정답 해설 A, B 양국은 기회비용이 상대적으로 작은 쪽, 즉 A국은 Y재를, B국은 X재를 특화하게 된다. A국은 Y재 1개의 기회비용이 X재 2개이고, B국은 X재 4개이다. 따라서 Y재 1개에 대한 X재의 교환비율이 2개와 4개 사이일 때 두 국가는 무역 이익을 얻게 된다.

20 다음 중 채권시장에 대한 설명으로 올바른 것은?

① 단기채가 장기채에 비해 금리가 낮다.

② 우리나라에서는 회사채가 차지하는 비중이 가장 크다.

③ 채권 투자자들은 대부분 개인이다.

④ 채무불이행 위험이 높을수록 채권수익은 내려간다.

1DAY 2DAY 3DAY

정답해설 채권의 상환기간별 분류는 다음과 같다.

- **단기채** : 통상적으로 상환기간이 1년 이하의 채권을 단기채권이라 하고, 우리나라에는 통화안정증권, 양곡기금증권, 금융채 중 일부가 여기에 속한다.
- **중기채** : 상환기간이 1년 초과 5년 이하의 채권을 말한다. 우리나라에서는 대부분의 회사채 및 금융채가 만기 3년으로 발행되고 있다.
- **장기채** : 상환기간이 5년 초과인 채권이며 우리나라에서는 주로 국채가 만기 5년 또는 10년으로 발행되고 있다.

오답해설 ② 우리나라의 채권시장은 회사채보다 국공채가 차지하는 비중이 더 크다.
③ 채권은 한국거래소보다 장외시장에서 기관투자자들끼리 주로 거래한다.
④ 채무불이행 위험이 높다는 것은 리스크가 높다는 것이고 리스크가 높으면 채권수익률이 높아진다.

21 다음 중 예비타당성 조사제도에서 대규모 개발 사업에 대해 검증하는 요소가 아닌 것은?

① 우선순위 ② 적정 투자시기

③ 사업의 합법성 ④ 재원의 조달방법

정답해설 예비타당성 조사제도는 대규모 개발 사업에 대해 우선순위, 적정 투자시기, 재원 조달방법 등 타당성을 검증함으로써 대형 신규 사업에 신중하게 착수하여 재정투자의 효율성을 높이기 위한 제도로 사업의 합법성은 그 검증 요소에 포함되지 않으며 일반 타당성조사가 주로 기술적 타당성을 검토하는 반면, 예비타당성조사는 경제적 타당성을 주된 조사대상으로 삼는다. 조사기관도 타당성조사의 경우 사업부처가 담당하지만 예비타당성조사는 기획재정부가 담당한다.

정답 19 ④ | 20 ① | 21 ③

22 다음 중 '코로나바이러스－19'가 일으키는 질병은?

① 빈혈 ② 폐렴

③ 천식 ④ 폐혈증

코로나바이러스－19(COVID－19)는 2019년 12월 중국 후베이성 우한에서 처음 발견된 사람 코로나바이러스 변종으로 주요 증상은 발열과 폐렴, 호흡기 증상(기침 · 인후통 · 호흡곤란)이다. 환자에 따라 두통 · 근육통 · 오한 · 가슴 통증 · 설사 등의 증상이 나타나기도 하며 감염증에 대한 백신이나 치료제가 없어 환자의 증상에 따라 대처하는 대증요법만 가능하다.

23 다음 중 레거시 미디어(Legacy Media)에 대한 설명으로 올바른 것은?

① '뉴미디어'에 대비되는 개념이다.

② 웹 기반의 새로운 미디어 플랫폼을 가리킨다.

③ 현재에는 사용되지 않는 매체를 지칭한다.

④ 콘텐츠 플랫폼의 다양화로 크게 주목받고 있다.

정답 해설

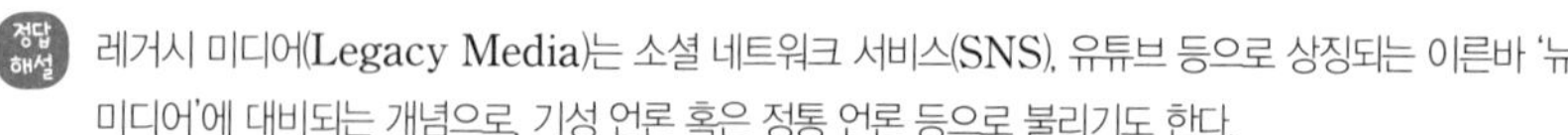

레거시 미디어(Legacy Media)는 소셜 네트워크 서비스(SNS), 유튜브 등으로 상징되는 이른바 '뉴미디어'에 대비되는 개념으로, 기성 언론 혹은 정통 언론 등으로 불리기도 한다.

오답 해설

② 레거시 미디어는 웹 기반의 새로운 미디어 플랫폼에 견줘 전통적 미디어인 TV, 라디오, 신문 등을 가리킨다.

③ 레거시 미디어는 현재에도 여전히 사용되지만, 과거에 출시되었거나 개발된 오래된 대중매체를 지칭한다.

④ 콘텐츠 플랫폼의 다양화로 레거시 미디어의 위기론이 고개를 들고 있다.

24 다음 중 콘텐츠 사업자가 제로 레이팅(Zero Rating)을 도입하였을 때 얻을 수 있는 장점으로 옳지 않은 것은?

① 소비자는 데이터 요금을 아낄 수 있고 통신사업자는 소비자에게 받을 요금을 콘텐츠 사업자에게 받으므로 손해가 없다.
② 다수의 중소 콘텐츠 사업자들이 시장에서 안정적인 성장을 할 수 있다.
③ 콘텐츠 제공자가 서비스 진입 장벽을 낮춰 더 많은 고객을 유치할 수 있다.
④ 취약계층의 통신비 감소 등 공공영역에 활용할 수 있다.

정답해설 제로 레이팅(Zero Rating)은 통신사와 콘텐츠 사업자가 제휴를 맺고 이용자가 특정 콘텐츠를 쓸 때 발생하는 데이터 이용료를 할인해주거나 면제해주는 제도로 이를 도입하였을 때 소비자는 데이터 요금을 아낄 수 있고, 통신사업자 입장에서는 소비자에게 받을 요금을 콘텐츠 사업자에게 받기 때문에 손해가 없다는 점, 콘텐츠 제공자 입장에서는 서비스 진입 장벽을 낮춰 더 많은 고객을 유치할 수 있다는 점, 취약계층의 통신비 감소 등 공공영역에 활용할 수도 있다는 점 등의 장점이 있으나 보상에 따라 데이터를 차별적으로 취급하여 망 중립성을 위반할 우려가 있고 중소 콘텐츠 사업자들이 고품질의 콘텐츠를 제작해도 데이터 요금 무료를 지원하는 대기업 때문에 고객을 유치하기 어려워 대규모 자본을 가진 소수 기업이 시장을 장악할 수 있다는 단점도 있다.

25 다음 중 '코로나바이러스-19'의 감염을 예방하는 방법으로 올바르지 않은 것은?

① 보건용 마스크를 착용한다.
② 흐르는 물에 30초 이상 손을 씻는다.
③ 깨끗한 물을 자주 섭취한다.
④ 사람들이 밀집한 지역에 접근하지 않는다.

정답해설 질병관리본부에서 발표한 '코로나바이러스-19' 감염의 예방법은 증상이 있는 사람과의 접촉을 피하기 위해 사람들이 밀집해 있는 장소나 지역에 가능한 한 접근을 삼가고 흐르는 물에 30초 이상 손 씻기, 외출하거나 의료기관에 들를 때 마스크 착용 등이 있다.

정답 22 ② | 23 ① | 24 ② | 25 ③

26 다음 중 티핑 포인트(Tipping Point)가 다양한 분야에 적용되는 예시로 올바른 것은?

① 기상 분야 – 험악한 기후가 격한 변화를 통해 안정된 상태로 바뀌는 임계점
② 의료 분야 – 전염병이 특정 지역에만 집중되어 급격히 퍼지는 현상
③ 언론 분야 – 언론의 보도가 매우 큰 변화를 가져오는 변화
④ 마케팅 분야 – 극적인 판매의 증가를 가져오는 지점 등을 설명하는 데 활용

정답해설 티핑 포인트(Tipping Point)는 '1만 시간의 법칙'으로 유명한 워싱턴포스트 기자 출신 말콤 글래드웰이 동명의 저서에서 제시한 개념으로, 균형이 무너지면서 어느 한쪽으로 기울어지는(tipping) 현상이 나타나기 시작하는 시점(point)을 뜻한다. 작은 변화들이 어느 정도 기간을 두고 쌓여, 이제 작은 변화가 한 차례 더 발생하기만 해도 갑자기 큰 변화를 일으킬 수 있는 상태가 된 단계라고 할 수 있으며 특히 마케팅 분야에서는 인기가 없던 제품이 갑자기 폭발적인 인기를 끌게 되는 시점이나 계기라는 의미로 쓰여서 소수의 소비자층으로 티핑 포인트로 설정하고 마케팅 전략을 펴기도 한다.

오답해설 ① 기상 분야에서는 기후 티핑 포인트라고 정의하여 안정한 상태의 기후 상태에서 급격한 변화를 통해 또 다른 안정된 상태로 바뀌게 되는 임계점을 말한다.
② 의료 분야에서는 전염병이 특정 지역에서의 통제 범위를 넘어서 퍼지는 현상으로 쓰인다.
③ 언론 분야에서는 사회학적 현상이나 인구통계학적 데이터 또는 매우 큰 변화를 가져오는 변화로 쓰인다.

27 네티즌들이 이메일이나 다른 전파 가능한 매체를 통해 자발적으로 어떤 기업이나 기업의 제품을 홍보할 수 있도록 제작하여 널리 퍼지는 마케팅 기법은?

① 버즈 마케팅 ② 니치 마케팅
③ 데카르트 마케팅 ④ 바이럴 마케팅

정답해설 바이럴 마케팅(Viral Marketing)은 네티즌들이 이메일이나 다른 전파 가능한 매체를 통해 자발적으로 어떤 기업이나 기업의 제품을 홍보할 수 있도록 제작하여 널리 퍼지는 마케팅 기법으로, 컴퓨터 바이러스처럼 확산된다고 해서 이러한 이름이 붙었다.

오답 해설 ① 버즈 마케팅(Buzz Marketing)은 소비자들이 자발적으로 메시지를 전달하게 하여 상품에 대한 긍정적인 입소문을 퍼뜨리는 마케팅 기법으로 꿀벌이 윙윙거리는 것처럼 소비자들이 상품에 대해 말하는 것을 마케팅으로 삼았다.

② 니치 마케팅(Niche Marketing)은 마치 틈새를 비집고 들어가는 것과 같다는 뜻에서 붙여진 이름으로 특정한 성격을 가진 소규모의 소비자를 공략하는 판매기법이다.

③ 데카르트 마케팅(Techart Marketing)은 기술(Tech)과 예술(Art)의 합성어로 하이테크 기술을 바탕으로 생산된 제품에 예술적 디자인을 적용하여 소비자의 감성에 호소하고 브랜드 이미지와 품격을 높이는 마케팅 기법이다.

28 다음 중 클라우드 서비스(Cloud Service)가 아닌 것은?

① 스트리밍 서비스 ② 인프라 서비스

③ 플랫폼 서비스 ④ 소프트웨어 서비스

정답 해설 클라우드 서비스(Cloud Service)는 인터넷으로 연결된 초대형 고성능 컴퓨터에 소프트웨어와 콘텐츠를 저장하고 필요할 때마다 꺼내 쓸 수 있는 서비스로 데이터 저장공간과 서버만 제공하고 소프트웨어 문제는 고객이 알아서 해결하는 인프라 서비스(IaaS), 소프트웨어를 개발할 수 있는 플랫폼을 묶음으로 제공하는 플랫폼 서비스(PaaS), 소프트웨어까지 함께 주는 소프트웨어 서비스(SaaS) 등으로 나뉘어지며 대기업과 공공기관 등이 주 고객인 IaaS 시장을 주도하는 업체는 아마존웹서비스(점유율 33%), 마이크로소프트(13%), 구글(6%) 등이다.

29 다음 중 국제교통개발정책연구원(ITDP)에서 평가하는 BRT 교통체계의 평가 기준이 아닌 것은?

① 전용도로 ② 전철 웨이 정렬

③ 선상 운임징수 ④ 교차로 처리

정답 해설 국제교통개발정책연구원(ITDP)는 자전거에서 버스까지 지속가능하고 편리한 도시 운송 및 교통수단을 연구하기 위해 설립된 국제 비영리 조직으로 BRT 교통수단의 표준을 세워 각국에서 운영되는

BRT 교통 체계를 골드, 실버, 브론즈 세 단계로 평가하는데 이 평가의 기준이 되는 BRT의 기본 특성은 다음 5가지이다.

- **전용도로** : 도로 정체에 방해받지 않도록 구분된 도로
- **버스 웨이 정렬** : 다른 차선과의 충돌 최소화
- **선상 운임징수** : 승하차 구분 없는 입구, 역 체류시간 최소화
- **교차로 처리** : 교차로 버스 지연 최소화, 교통 신호 우선책
- **플랫폼 레벨 탑승** : 차량 대 플랫폼 간극 감소

30 다음 중 헌법재판소에서 심판하는 법안으로 잘못된 것은?

① 국회의 제청에 의한 법률의 위헌여부 심판

② 탄핵의 심판

③ 정당의 해산 심판

④ 법률이 정하는 헌법소원에 관한 심판

정답해설 헌법재판소는 한 국가 내에서 최고의 실정법 규범인 헌법에 관한 분쟁이나 의의(疑義)를 사법적 절차에 따라 해결하는 특별재판소로 법관의 자격을 가진 자 중에서 대통령과 국회 및 대법원장이 각기 3인씩 선임하는 9명의 재판관으로 구성되었으며(111조 2~3항) ① 법원의 제청에 의한 법률의 위헌여부 심판, ② 탄핵의 심판, ③ 정당의 해산 심판, ④ 국가기관 상호간, 국가기관과 지방자치단체 간 및 지방자치단체 상호간의 권한쟁의에 관한 심판, ⑤ 법률이 정하는 헌법소원에 관한 심판을 담당하고(헌법 111조 1항) 헌법재판소의 장은 국회의 동의를 얻어 재판관 중에서 대통령이 임명한다(111조 4항).

31 국회의원들이 안건에 대해 무제한 토론을 벌이는 필리버스터(Filibuster)를 할 수 있으려면 몇 명의 재적의원이 서명을 해야 하는가?

① 2분의 1　　② 3분의 1

③ 4분의 1　　④ 5분의 1

정답 해설 필리버스터(Filibuster)는 국회법에 명시된 합법적 의사진행 방해를 뜻하는 소수당이 다수당의 독주를 막기 위한 제도로 현행 국회법은 '재적의원 3분의 1 이상'의 서명으로 필리버스터를 할 수 있도록 하고 있다.

32 정부가 특정 지역의 부동산 과열 양상을 억제하기 위해 규제를 강화하면, 투기수요가 이전되어 다른 지역의 부동산 가격 상승으로 이어져 온 현상에 어울리는 표현은?

① 밴드웨건 효과 ② 앵커링 효과
③ 백로 효과 ④ 풍선 효과

정답 해설 풍선 효과(Balloon Effect)는 풍선의 한쪽을 누르면 다른 쪽이 불룩 튀어나오는 것처럼 어떤 부분의 문제를 해결하면 다른 부분에서 문제가 다시 발생하는 현상을 가리키는 말이다. 즉, 사회적으로 문제가 되는 특정 사안을 규제 등의 조치를 통해 억압하거나 금지하면 규제조치가 통하지 않는 또 다른 경로로 우회하여 유사한 문제를 일으키는 사회적 현상을 의미한다.

오답 해설 ① 밴드웨건 효과(Band Wagon Effect)는 유행에 따라 상품을 구입하는 소비현상을 뜻하는 경제용어로, 곡예나 퍼레이드의 맨 앞에서 행렬을 선도하는 악대차(樂隊車)가 사람들의 관심을 끄는 효과를 내는 데에서 유래한다. 특정 상품에 대한 어떤 사람의 수요가 다른 사람들의 수요에 의해 영향을 받는 현상이다.

② 앵커링 효과(Anchoring Effect)는 닻을 내린 배가 많이 움직이지 못하는 것처럼 최초에 제시된 숫자가 기준점 역할을 하여 합리적인 사고를 하지 못하고 이후의 판단에 영향을 주는 현상을 일컫는다.

③ 백로 효과(Snob Effect)는 특정상품에 많은 사람이 몰리면 희소성이 떨어져 차별화를 위해 다른 상품을 구매하려는 현상으로 우아한 백로처럼 남들과 다르게 보이려는 심리를 반영한다고 해서 이름이 붙었다.

33 무슨 일이 발생하였을 때 주변의 사람이 많을수록 주저하기만 할 뿐 곤경에 빠진 사람을 돕지 않는 현상의 이름은?

① 플린 효과 ② 노시보 효과
③ 방관자 효과 ④ 호손 효과

정답 30 ① | 31 ② | 32 ④ | 33 ③

 방관자 효과(Bystander Effect)는 주변에 사람이 많을수록 곤경에 빠진 사람을 돕지 않는 현상으로 사람이 많으니 꼭 자신이 아니어도 누군가 도울 것이라고 생각하여 책임을 회피하는 것이다.

 ① 플린 효과(Flynn Effect)는 세계적으로 관찰되는 세대의 진행에 따른 IQ 증가 현상으로 1980년대 초반 뉴질랜드의 심리학자 제임스 플린이 국가별 IQ지수의 변동추세를 조사하면서 밝혀졌다.

② 노시보 효과(Nocebo Effect)는 심리학 용어로, 약효에 대한 불신 또는 부작용에 대한 염려와 같은 부정적인 믿음 때문에 실제로 부정적인 결과가 나타나는 현상을 일컫는다.

④ 호손 효과(Howthorn Effect)는 실험에 참가한 개인이 자신이 관찰되고 있다는 사실을 알 때 자신의 행동을 바꾸거나 작업의 능률이 올라가는 현상이다.

34 의회에서 한 번 부결된 안건은 같은 회기 내에 다시 제출할 수 없는 원칙은?

① 의사 공개의 원칙 ② 일사부재리의 원칙
③ 회기 계속의 원칙 ④ 일사부재의의 원칙

 일사부재의의 원칙은 합의체의 의결이 있는 이상 그 합의체의 의사진행 원활화, 특히 소수파의 의사방해의 배제를 주요 목적으로 하며 현행 국회법은 부결된 안건은 같은 회기 중에 다시 발의 또는 제출하지 못한다고 규정하고 있다.

 ① 의사공개의 원칙이란 대의기관인 국회의 의사를 공개하여 국사의 공개토론 및 국민의 비판을 가능하게 하는 국회제도의 본질적 원칙으로서 거의 모든 나라가 인정하고 있다.

② 일사부재리의 원칙은 어떤 사건에 대하여 일단 판결이 내리고 그것이 확정되면 그 사건을 다시 소송으로 심리 · 재판하지 않는다는 원칙이다.

③ 회기 계속의 원칙은 회기 중에 의안이 의결되지 않을 경우 그 의안을 폐기하지 않고 다음 회기에서 계속 심의할 수 있다는 원칙이다.

35 어떤 사람이나 사물을 평가할 때 어느 한 측면의 특질이 다른 특질에까지 영향을 미치는 현상은?

① 스프롤 현상 ② 고착관념
③ 헤일로 효과 ④ 가면 현상

헤일로 효과(Halo Effect)는 사람이나 사물 등 일정한 대상을 평가하면서 그 대상에 대한 일반적인 견해가 대상의 구체적인 특성을 평가하는 데 영향을 미치는 현상으로 후광 효과라고도 한다.

① 스프롤 현상(Sprawl Phenomenon)은 도시의 급격한 발전과 지가(地價)의 앙등 등으로 도시 주변이 무질서하게 확대되는 현상이다.
② 고착관념(Fixed Idea)은 본의가 아님에도 마음이 어떤 대상에 쏠려 끊임없이 의식을 지배하며, 모든 행동에까지 영향을 끼치는 것과 같은 관념이다.
④ 가면 현상(Imposter phenomenon)은 현대 사회에서 나타나는 정체성 상실현상으로 사회적으로 존경받는 지위와 신분에 이르렀으면서도 끊임없이 나의 참모습이 아니라는 망상에 시달리는 현상이다.

36 디지털 매체의 과도한 사용으로 인한 부작용을 해소하기 위한 프로그램이나 기술을 의미하는 말은?

① 웨버홀리즘
② 슬랙티비즘
③ 디지털 디톡스
④ 디지털 리터러시

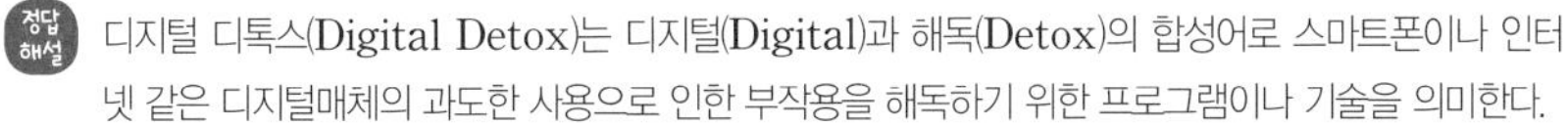
디지털 디톡스(Digital Detox)는 디지털(Digital)과 해독(Detox)의 합성어로 스마트폰이나 인터넷 같은 디지털매체의 과도한 사용으로 인한 부작용을 해독하기 위한 프로그램이나 기술을 의미한다.

① 웨버홀리즘(Webeholism)은 인터넷 중독으로 의존성과 금단 현상 등이 나타나 일상생활에 지장을 받는 상태이다.
② 슬랙티비즘(Slacktivism)은 사회 현안에 대해 특정한 의사를 지니고 있지만 이를 직접 행동으로 옮기기를 주저하는 소극적 사회참여 방법이다.
④ 디지털 리터리시(Digital Literacy)는 디지털 미디어로 만들어지는 정보들을 비판적으로 수용하고 스스로도 디지털 미디어로 의미를 만들어내며 전할 수 있는 능력이다.

37 다음 중 재판연구원(Law Clerk)에 대한 설명으로 올바른 것은?

① 작성된 사건 관련 보고서를 검토하는 게 주요 업무이다.
② 변호사 자격을 얻은 사람이 법원에서 업무를 보조한다.
③ 국내에서의 임기는 3년이다.
④ 계약직 공무원의 일종이다.

정답 34 ④ | 35 ③ | 36 ③ | 37 ②

정답 해설 재판연구원(Law Clerk)은 미국에서 처음 시작되었으며 우리나라에서는 2012년 도입되었고 사법연수원 또는 로스쿨을 통해 변호사 자격을 얻은 사람들 중 일부가 일정기간 법원에서 업무를 보조하는 제도이다.

오답 해설 ① 재판연구원의 주요 업무는 사건 관련 보고서를 직접 작성하는 것이다.
③ 국내 재판연구원의 임기는 2년이다.
④ 재판연구원은 임기제 공무원의 일종이다.

38 다음 중 강사법과 관련된 내용으로 옳지 않은 것은?

① 강사는 2년 이상 고용해야 한다.
② 강사에게 대학 교원의 지위를 부여한다.
③ 강사에게 3년까지 재임용 절차를 보장한다.
④ 강사에게 방학 동안에도 임금을 지불한다.

정답 해설 강사는 임용 기준과 절차 교수시간에 따라 임용 기간, 임금 등을 포함한 근무조건을 정해 서면계약으로 임용하며, 임용 기간은 1년 이상이어야 한다.

39 양자 역학에 기반을 둔 독특한 논리 연산 방법으로 기존의 것보다 처리속도가 높은 컴퓨터의 이름은?

① 뉴로 컴퓨터 ② 탠덤 컴퓨터
③ 양자 컴퓨터 ④ 하이브리드 컴퓨터

정답 해설 양자 컴퓨터는 양자 중첩의 지수적인 정보 표현, 양자 얽힘을 이용한 병렬 연산과 같은 양자역학적인 물리현상을 활용하여 계산을 수행하는 컴퓨터로 양자 전산기라고도 한다.

오답 해설 ① 뉴로 컴퓨터(Neruo)는 인간 신경세포의 동작을 본뜬 소자를 여러 개 결합하여 고도의 정보 처리를 할 수 있는 컴퓨터이다.

② 탠덤 컴퓨터(Tandom)은 하나의 컴퓨터 안에 다수의 중앙처리장치를 갖춘 컴퓨터이다.
④ 하이브리드 컴퓨터(Hybrid) 컴퓨터는 디지털 컴퓨터와 아날로그 컴퓨터를 상호 결합한 컴퓨터 시스템으로 아날로그 데이터를 입력해 디지털 처리를 할 때 유용하다.

40 다음 중 니치 마케팅에 대한 설명으로 옳지 않은 것은?

① 시장의 빈틈을 공략하는 상품을 내놓는다.
② 특별한 제품 없이도 셰어를 유지시킨다.
③ 마케팅의 영역을 사회적 교환 과정으로 확대한다.
④ 소규모의 소비자를 대상으로 판매목표를 설정한다.

정답 해설 니치 마케팅(Niche Marketing)은 '틈새시장'이란 뜻을 가진 말로 시장의 빈틈을 공략하는 새로운 상품을 연달아 내놓음으로써 특별한 제품 없이도 셰어를 유지시켜 가는 판매전략을 말한다. ③번의 설명은 메타 마케팅(Meta Marketing)에 관한 설명이다.